Hodes · Hessisches Nachbarrecht

Hessisches Nachbarrecht

3., vermehrte und verbesserte Auflage

erläutert von

Dr. Fritz Hodes

Richter am Oberlandesgericht a. D. in Frankfurt a. Main

1976

J. Schweitzer Verlag · Berlin

CIP-Kurztitelaufnahme der Deutschen Bibliothek

Hodes, Fritz
Hessisches Nachbarrecht
ISBN 3-8059-0381-2

Satz: Behr, München – Druck: H. Gerber, München – Printed in Germany

Vorwort zur 3. Auflage

Seit dem Inkrafttreten des Hessischen Nachbarrechtsgesetzes am 1. November 1962 sind inzwischen fast 13 Jahre und seit dem Erscheinen der 2. Auflage 8 Jahre vergangen. Dazu kann rückblickend die Feststellung getroffen werden, daß es die Feuerprobe bestanden hat. Zwar haben sich bei der täglichen Handhabung des Gesetzes Zweifelsfragen ergeben. Dank der mit Genehmigung des Herrn Oberlandesgerichtspräsidenten in Frankfurt von den hessischen Gerichten mir zur Kenntnis gebrachten Entscheidungen und dank der sonstigen von dritter Seite an mich herangetragenen Anregungen und an mich gestellten Anfragen war es möglich, diese inzwischen aufgetauchten Fragen in der neuen, vermehrten und verbesserten 3. Auflage zu erörtern und einer Lösung zuzuführen. Das Werk ist damit auf den neuesten Stand gebracht.

Allen, die auf die angegebene Weise mir Hilfen geleistet haben, sei herzlicher Dank gesagt. Zugleich sei die Bitte angefügt, daß sie auch künftig ihre Unterstützung nicht versagen möchten, damit ständig weitere Schritte auf dem Weg zu weiterer Vervollkommnung des Werkes im Interesse der Vereinheitlichung des hessischen Nachbarrechts und der Erhaltung oder auch der Wiederherstellung des nachbarlichen Friedens getan werden können.

Frankfurt, den 1. Oktober 1975 Dr. Hodes

Vorwort zur 1. Auflage

Wohl kein anderes Bundesland konnte oder kann auf dem Gebiet seines Landesrechts eine solche Buntscheckigkeit oder Rechtszersplitterung aufweisen wie das heutige Land Hessen. Ursächlich hierfür ist seine historische Entwicklung, die Gebiete mit den verschiedensten Rechtsordnungen zu einem Staatswesen zusammenfügte, ohne zugleich auch die notwendige Rechtsvereinheitlichung durchführen zu können. Den ersten bedeutenden Schritt hierzu tat das Gesetz zur Bereinigung des Hessischen Landesrechts vom 6. 2. 1962 (GVBl. S. 21), das eine Vielzahl gegenstandslos gewordener Rechtsvorschriften beseitigte und die übrigen in einem Positiv-Katalog zusammenstellte. Von diesem Gesetz blieben die partikularrechtlichen Vorschriften des Nachbarrechts, die sich in nicht weniger als 15 verschiedenen Rechtskreisen darstellten, unberührt, da hierbei nicht nur überholte Vorschriften zu entfernen waren, sondern zugleich das gesamte Nachbarrecht neu kodifiziert werden mußte. Diese Aufgabe hat nun der Landesgesetzgeber durch das Gesetz über das Hessische Nachbarrecht vom 24. 9. 1962 (GVBl. S. 417) zu lösen unternommen. Dabei hat er sich nicht darauf beschränkt, die altrechtlichen Bestimmungen neu zu formulieren, sondern er hat sich zugleich zum Ziel gesetzt, die nachbarrechtlichen Vorschriften den Erfordernissen neuzeitlichen Bau- und Siedlungswesens anzupassen.

Die Erläuterungen dieses Buches wollen Sinn und Wesensgehalt der gesetzlichen Bestimmungen nicht nur dem Rechtsbeflissenen, sondern zugleich der breiten Öffentlichkeit nahebringen. Daher sind die rechtstheoretischen Erörterungen auf das unbedingt notwendige Maß beschränkt, im übrigen ist auf eine möglichst gemeinverständliche Art der Erläuterungen besonderes Gewicht gelegt worden.

Dem vorangestellten Abschnitt über „Die Rechtsquellen des bisherigen partikularen Nachbarrechts im heutigen Land Hessen" sind die für die einzelnen Gebiete, Städte oder Gemeinden geltenden Rechtskreise zu entnehmen. Die „Einführungen" vor den einzelnen Abschnitten des Gesetzes zeigen auf, ob und welche Vorschriften das partikulare Nachbarrecht zu dem jeweiligen Gegenstand normiert hatte. Im „Anhang" ist das hess. „Gesetz zur Überleitung des Stockwerkseigentums" erläutert.

Möge das Werk dem Hauptzweck des Gesetzes, den nachbarlichen Frieden zu erhalten und zu stärken, auf seine Weise dienlich sein.

Frankfurt, den 1. November 1962 Dr. Hodes

INHALTSVERZEICHNIS

Vierter Abschnitt
Einfriedung

Fünfter Abschnitt
Veränderung des Grundwasserspiegels

Sechster Abschnitt
Wild abfließendes Wasser

Siebenter Abschnitt
Dachtraufe

Achter Abschnitt
Hammerschlags- und Leiterrecht

Neunter Abschnitt
Duldung von Leitungen

Zehnter Abschnitt
Höherführen von Schornsteinen und Lüftungsschächten

Elfter Abschnitt
Grenzabstände für Pflanzen

Zwölfter Abschnitt
Anwendungsbereich des Gesetzes

Dreizehnter Abschnitt
Schlußbestimmungen

ANHANG

Literaturverzeichnis

Archiv für die Praxis des im Herzogtum Nassau geltenden Rechts:

	Band 1–11, 1859–1874
	Band 5, S. 177: Umfang der im Herzogtum Nassau geltenden Statutenrechte
Bärmann	Wohnungseigentumsgesetz 1958, 1. Aufl.
Becher	Ausführungsgesetze zum BGB, Band 1–2, 1901
–	Das rechtsrheinisch-bayerische Landeszivilrecht und Landeszivilprozeßrecht, I. Band, 1896
Bender	Lehrbuch des Privatrechts der freien Stadt Frankfurt, 1. Teil, 1835
–	Handbuch des Frankfurter Privatrechts, 1848
Bertram	Nassauisches Privatrecht, 1878
Best	Hess. Ausf.Ges. zum BGB, 1900
Bluhme	System des in Deutschland geltenden Privatrechts mit Einschluß des Zivilprozesses, 1855, 2. Aufl.
Crusen-Müller	Preuß. AG.BGB, 1901
Danzer	Das Bayr. Landrecht vom Jahre 1756 in seiner heutigen Geltung, 1894
Dernburg	Die allg. Lehren und das Sachenrecht des Privatrechts Preußens und des Reichs I. Band, 1881, 3. Aufl.
–	Hess. Landesprivatrecht, 1910
Diester	Wohneigentumsgesetz, 1. Aufl.
Fahne	Das Fenster- und Lichtrecht nach römischem, gemeindeutschem, preußischem und französischem Recht, 1835
Fenner u. Mecke	Zivilrechtl. Entscheidungen der obersten Gerichtshöfe Preußens für die gemeinrechtl. Bezirke des Preuß. Staates, Band 1–8, 1870–1877
Flach	Entscheidungen des herzogl. nassauischen OberAppGer. in Wiesbaden 1. Teil, 1842; 2. Teil, 1844; 3. Teil, 1853
Foerster-Eccius	Preuß. Privatrecht, 7. Aufl.

Frankfurter Gesetzes- und Statutensammlung

Frankfurter Rechtsquellen, Sammlung der bis 1866 für Frankfurt erlassenen Gesetze, Verordnungen usw., 1892

Gauf-Fuchs — Hess. Landesprivatrecht (Dernburg Erg.Bd. VII)

Götz — Das Anwenderecht, insbesondere seine Verbreitung in Vergangenheit und Gegenwart sowie das Fürfallrecht, 1925

Gruchot — Beiträge zur Erläuterung des deutschen Rechts, begründet von Gruchot

Heinemann — Die statutarischen Rechte für Erfurt und sein Gebiet, 1822

Hesse — Die Rechtsverhältnisse zwischen Grundstücksnachbarn, 2 Bände, 1859—1862

Heuser — Annalen

Hoffmann — Über die Grundzüge des Nachbarrechts beim Grundeigentum in Archiv f. prakt. Rechtswissenschaften, Neue Folge 1. Bd., 1864

Ihering — „Zur Lehre von den Beschränkungen des Grundeigentümers im Interesse des Nachbars" in Iherings Jahrb. Band 6 S. 81, 1863

Jünger — Territorium und Rechtsquellen im Bezirk des Oberlandesgerichts Frankfurt, 1896

— Die nassauischen Landesrechte, Wiesbaden 1859

Kahn — Fensterrecht nach den wichtigeren geltenden Partikularrechten Deutschlands, 1913

v. Kamptzsch — Die Provinzial- und Statutarrechte in der preuß. Monarchie 3 Bände, 1828

Kersting — Die Sonderrechte im Kurfürstentum Hessen, 1857

Kissel — Neuere Territorial- und Rechtsgeschichte des Landes Hessen, 1961

Küchler — Handbuch des Privatrechts, Band 3

Kühnle — Das Württemberg. Nachbarrecht, 1954, 4. Aufl.

Kulenkamp — Literatur des gesamten kurhessischen Rechts nebst einer Nachweisung aller gedruckt. Entscheidungen des OberAppGer. Kassel, 1846

— System. Repetitorium für die Gesetze von 1813—1845 (Kurhessen)

Kunkel	Quellen zur neuen deutschen Privatrechtsgeschichte, 1938

Kurfürstl. Mayntzische gnädigste Ordnungen vor Dero Stadt Erffurth und zugehörige Land- und schriftliche Verordnungen vom 16. 1. 1747

Landrecht der Grafschaft Erbach und der Herrschaft Breuburg 1824

Lange	Landesprivatrecht der Fürstentümer Waldeck-Pyrmont 1910 in Dernburg: Das bürgerliche Recht, Erg.Band VIII
v. Mangoldt-Klein	Das Bonner Grundgesetz, 2. Aufl.
Meisner-Ring	Nachbarrecht in Bayern, 6. Aufl., 1972
Meisner-Stern-Hodes	Nachbarrecht im Bundesgebiet und in Westberlin, 5. Aufl., 1970
v. d. Nahmer	Die Landrechte des Ober- und Mittelrheins, 1831
—	Sammlung der merkwürdigen Entscheidungen des herzogl. nassauischen OberAppGer. zu Wiesbaden; 1824 und 1825

Neue Sammlung der Landesordnungen, Rundschreiben und anderer allg. Verfügungen, 1524—1806

Oertmann	Bayr. Landesprivatrecht, 1903
Palandt-Hoche	Handkommentar zum BGB, 33. Aufl., 1974
Planck	BGB nebst Einführungsgesetz, 4. Aufl.
Platner	Sachenrecht mit besonderer Rücksicht auf das frühere Kurfürstentum Hessen, 1875

Preußische Gesetzessammlung ab 1866

Reichsgerichtsräte-Komm. zum BGB. 11. Aufl.

v. Roth	Bayr. Zivilrecht, I. Teil, 1881, 2. Aufl.
—	System des Deutschen Privatrechts, 3. Teil (Sachenrecht), 1886
v. Roth-Becher	Bayr. Zivilrecht, II. Teil 1. u. 2. Abtlg., 1897/98, 2. Aufl.
v. Roth-Maibom	Kurhessisches Privatrecht, 1858
Rühl	Das gemeine deutsche Privatrecht mit vorzügl. Hinweisung auf die bes. Privatrechtsquellen im Großherzogtum Hessen, 1837

Sammlung Fürstl. Hessischer Landesordnungen und Ausschreibungen, 1337—1806

Sammlung von Gesetzen, Verordnungen usw. für Kurhessen, 1846—1866

Sammlung der Landesherrl. Edikte und anderer Verordnungen für Nassau
Band 1: bis 1815
Band 2: 1816
Band 4: 1824—1845

Sammlung der wichtigeren bis 1800 erlassenen hessischen Verordnungen, Ausschreibungen, 1827

Sayn — Rechtskarte des Oberlandesgerichts Frankfurt, 1902

Schelhaß — Das Nachbarrecht, 1863

Schmidt — Die geschichtlichen Grundlagen des bürgerlichen Rechts im Großherzogtum Hessen, 1893

Scotti — Sammlung der Gesetze und Verordnungen in den vormaligen Wied-Neuwied, Wied-Runkel, Solms-Braunfels, Solms-Hohensolms, Nassau-Usingen, Nassau-Weilburgisch, herzoglich-nassauischen und wetzlarischen nunmehr preußischen Landesgebieten, 1815 und 1816

Soergel — EG.BGB 1955, 8. Aufl.

Staudinger — EG.BGB 1939, 10. Aufl.

Staudinger-Kober — BGB (Sachenrecht), 11. Aufl.

Stobbe — Geschichte der deutschen Rechtsquellen, 1864
Handbuch des Deutschen Privatrechts, 1885
Handbuch des Deutschen Privatrechts,
Band I 1893, 3. Aufl.
Band II 1898, 3. Aufl.
Rechtsquellen

Stölzel — Über Fensterrecht, Arch. f. Ziv. Pr. 52 S. 203

Thomas — Fuldisches Privatrecht, 1790

Weigel — Einleitung in das Waldeckische Landesrecht, 1846

Weitenauer-Wirths — Wohnungseigentumsgesetz, 5. Aufl. 1974

Westermann-Liermann — Bauliches Nachbarrecht (Band 4 der Schriftenreihe des Bundesministers für Wohnungsbau)

Westermann — Sachenrecht 5. Aufl. 1966

Wüsthoff — Handbuch des deutschen Wasserrechts, 1949

Zimmermann — Die Sonderrechte der Provinzen Starkenburg und Oberhessen, Darmstadt 1873

Abkürzungsverzeichnis

ALR	Allgemeines Landrecht für die preußischen Staaten von 1794
Arch. f. Nass. Prax	Archiv für Nassauische Praxis
BB.	Betriebsberater
BBauBl.	Bundesbaublatt
BBauG	Bundesbaugesetz vom 23. 6. 60 (BGBl. I 341) in Verbindg. mit ÄnderungsG. BGBl. I 72 S. 873
BGBl.	Bundesgesetzblatt
BGH	Bundesgerichtshof
BlGBW	Blätter für Grundstücks-, Bau- und Wohnungswesen
BTDr.	Bundestagsdrucksache
BVG	Bundesverwaltungsgericht
C. c.	Code civil
DÖV	Die öffentliche Verwaltung
DVBl.	Deutsches Verwaltungsblatt
DVO	Durchführungsverordnung
DWW	Deutsche Wohnungswirtschaft
FN	Fußnote
FStrG.	Bundesfernstraßen-Gesetz i. d. F. vom 1. 10. 74 (BGBl. 74 I S. 2414 ff.)
GVBl.	Gesetz- und Verordnungsblatt für das Land Hessen
HAppGE	Entscheidungen des Hof- und Appellationsgerichts
HBO	Hessische Bauordnung vom 6. 7. 1957 (GVBl. S. 101) mit Änderungen vom 4. Juli 1966 (GVBl. S. 171), 5. Oktober 1970 (GVBl. S. 598) und vom 13. Juli 1971 (GVBl. S. 191)
Hess.AG.BGB	Hessisches Ausführungsgesetz zum BGB vom 17. 7. 1899
Hess.ForstG	Hessisches Forstgesetz vom 10. 11. 1954 (GVBl. S. 211) i. d. F. vom 13. 5. 70 (GVBl. S. 344 ff.)
Hess.NRG	Hessisches Nachbarrechtsgesetz vom 24. 9. 1962 (GVBl. S. 417)
Hess.RegBl.	Regierungsblatt des früheren Großherzogtums und späteren Volksstaats Hessen
Hess.StraßenG	Hessisches Straßengesetz vom 9. 10. 1962 (GVBl. S. 437)
Hess.VGH	Hessischer Verwaltungsgerichtshof
Hess.WasserG	Hessisches Wassergesetz vom 6. 7. 1960 (GVBl. S. 69)
HuGr	„Haus und Grundbesitz"

JR	Juristische Rundschau
JW	Juristische Wochenschrift
JZ	Juristenzeitung
LG	Landgericht
LM	Lindenmaier-Möhring (Entscheidungen des Bundesgerichtshofs)
LTDr.	Landtagsdrucksache
LZ	Leipziger Zeitschrift für Deutsches Recht
MDR	Monatsschrift für Deutsches Recht
NF	Neue Folge
NJW	Neue Juristische Wochenschrift
OAppG	Oberappellationsgericht
OLG Rspr.	Rechtsprechung der Oberlandesgerichte
OTrE	Entscheidungen des Preuß. Obertribunals
OVGE	Entscheidungen des preuß. Oberverwaltungsgerichts
Preuß.AGBGB	Preußisches Ausführungsgesetz zum Bürgerlichen Gesetzbuch
PrGS	Preuß. Gesetzessammlung
RdL	Recht der Landwirtschaft
RG	Reichsgericht
RGBl.	Reichsgesetzblatt
RGK	Kommentar zum BGB, erläutert von Reichsgerichtsräten, 10. Aufl.
RGZ	Entscheidungen des Reichsgerichts in Zivilsachen
S.	Seite
SchlHA	Schleswig-Holsteinischer Anzeiger
SchlHLandesbauO	Schleswig-Holsteinische Landesbau-Ordnung
SeuffA	Seuffert's Archiv für Entscheidungen der höchsten Gerichtshöfe in deutschen Staaten
SeuffBl.	Seuffert's Blätter für Rechtsanwendung
VO	Verordnung
WasserG	Wassergesetz
Wasserhaus-haltsG	Wasserhaushaltsgesetz vom 27. 7. 1957 (BGBl. I S. 1110) in der Fassung vom 15. 8. 1967 (BGBl. I S. 909)
WohnrBewG.	Wohnraumbewirtschaftungs-Gesetz i. d. F. vom 23. 6. 1960 (BGBl. I S. 418
WEG	Wohnungseigentumsgesetz
WM	Wohnungswirtschaft und Mietrecht
ZPO	Zivilprozeßordnung

Die Rechtsquellen[1] des bisherigen[2] partikularen Nachbarrechts[3] im heutigen Land Hessen

In seinen §§ 903 bis 924 regelt das Bürgerliche Gesetzbuch eine Anzahl nachbarrechtlicher Tatbestände. Daneben sind durch Art. 124 EG.BGB. alle landesgesetzlichen Vorschriften, die das Eigentum an Grundstücken zugunsten der Nachbarn noch anderen als den in den genannten Vorschriften enthaltenen Beschränkungen unterwerfen oder nach welchen Anlagen sowie Bäume und Sträucher nur in einem bestimmten Abstand von der Grenze gehalten werden dürfen, ausdrücklich aufrecht erhalten. Dieser Vorbehalt zugunsten partikularrechtlicher Bestimmungen sowie die rechtsgeschichtliche Entwicklung der Gebiete, die das heutige Land Hessen ausmachen, haben dazu geführt, daß das Nachbarrecht in Hessen aus einer Vielzahl von Rechtsquellen geschöpft werden mußte.

Im heutigen Land Hessen bestanden bisher folgende nachbarrechtliche Rechtsquellen:

A. Das **Gebiet des früheren Großherzogtums Hessen,** das im wesentlichen das Gebiet des heutigen Hessen südlich des Mains (Frankfurt-Sachsenhausen ausgnommen) sowie das Gebiet von Oberhessen bis zur Grenze des Kreises Waldeck umfaßte, wies folgende Rechtskreise auf:

I. 1. Im Südwesten gehörten bis 1803 zum Bistum Worms die Orte Lampertheim, Hofheim, Bobstadt und Nordheim; ferner im Süden das Gebiet von Langenthal bis Neckarsteinach und Darsberg. In diesen Gebieten galt aber nicht die Wormser Reformation, deren Rechtswirksamkeit auf die Stadt Worms beschränkt blieb, sondern das Kurpfälzer Landrecht von 1582 mit den späteren Änderungen von 1610 und 1698.

2. Bis 1803 gehörten zu Kurmainz folgende Gebiete:
Im Südwesten Viernheim, Lorsch, Bürstadt, Biblis, Walterheim und das Gebiet von Gernsheim über Heppenheim bis Hirschhorn;
im Nordosten das Gebiet von Mühlheim (Main) bis Zellhausen, ferner Jügesheim und von Messenhausen bis Dieburg und Kleinzimmern;
ferner nördlich des Mains im nördlichen Oberhessen die Orte von Obermörlen bis Rockenberg.
In diesem Gebiet galten das Churfürstlich-Mayntzische Landrecht und Ordnungen vom 24. 7. 1755.

---

1 Siehe hierzu auch Kissel: „Neuere Territorial- und Rechtsgeschichte des Landes Hessen", 1961.

2 Wegen der Weitergeltung bestehender Rechte vgl. §§ 46 und 48.

3 Das Stockwerkseigentum ist im „Anhang" abgehandelt.

3. Bis 1803 gehörten zur Kurpfalz das Amt Lindenfels und das Amt Otzberg, das etwa das Gebiet von Riechen bis Hassenroth sowie von Niederklingen bis Hetschbach umfaßte. Hier galt Kurpfälzer Landrecht. (Vgl. oben I. 1.)
4. Im Südosten, nämlich im Gebiet um Erbach im Odenwald, das im Norden von Höchst im Odenwald und Neustadt im Odenwald, im Westen von Reichelsheim im Odenwald und im Süden von Rotenberg und Hebstahl begrenzt ist, galt das Erbacher Landrecht von 1520/1552.
5. In Offenbach, Sprendlingen, Dreieichenhain, Babenhausen und Schaafheim sowie im oberhessischen Gebiet Gambach – Lich – Laubach – Hungen – Wölfersheim war die Solmser Gerichts- und Landordnung vom 4. 4. 1571 in Kraft.
6. In Niedererlenbach und in Dortelweil galt die Frankfurter Reformation vom 10. 9. 1611.
7. Im westlichen Teil des Großherzogtums Hessen, etwa mit Darmstadt in der Mitte, nämlich von Kelsterbach bis Zwingenberg und vom Rhein bis etwa Gundernhausen galt die Catzenelnbogener Landordnung von 1779.
8. In Ilbenstadt, Groß Karben, Okarben und Heldenbergen galt die Polizeiverordnung für die Burggrafschaft Friedberg von 1680.
9. In Grünberg war der Grünb rger Stadt- und Amtsbrauch von 1572 in Kraft.
10. In Butzbach galt das Butzbacher Stadtrecht von 1578.
11. Im übrigen galt Gemeines Recht, das auch in den oben erwähnten Rechtskreisen subsidiäre Geltung hatte.

Diese elf verschiedenen Rechtskreise im Gebiet des früheren Großherzogtums Hessen, abgesehen von der Provinz Rheinhessen (vgl. nachstehend II.), verloren ihre Bedeutung bereits dadurch, daß die zu Ziff. 1 bis 10 genannten Rechtsordnungen durch Art. 286 Abs. 1 Ziff. 1 bis 5, Ziff. 7 bis 10 und Abs. 2 Ziff. 2 des Hess.AG.BGB. vom 17. 7. 1899 außer Kraft gesetzt wurden und daß Art. 286 Abs. 1 Ziff. 11 e Hess.AG.BGB. auch alle Vorschriften des Gemeinen Rechts, welche das Eigentum an Grundstücken zugunsten der Nachbarn noch anderen als den im BGB bestimmten Beschränkungen unterwarfen, d. h. die nachbarrechtlichen Bestimmungen des Gemeinen Rechts aufhob. Zugleich wurde für dieses Gebiet des früheren Großherzogtums Hessen – vorbehaltlich der Provinz Rheinhessen (vgl. unten II.) – in den Art. 82–89 und in Art. 278 des Hess AG.BGB.. ein einheitliches Landesnachbarrecht geschaffen.[4]

4 AG Darmstadt vom 16. 2. 73 – Az. 366 C 1927/72 – hat die Nichtanwendbarkeit von Vorschriften des ALR. im südwestlichen Teil von Darmstadt rechtsirrtümlich mit dem lHnweis auf § 48 Nr. 9 Hess. NRG begründet; es hat dabei übersehen, daß das ALR. im Gebiet des heutigen

II. Das Gebiet von Kastel und Kostheim wurde im Jahre 1790 von Frankreich besetzt und dem Departement Donnersberg eingegliedert. Im Frieden von Lunéville vom 9. 2. 1801 kam es an Kurmainz. Von dort ging es durch den Reichsdeputationshauptschluß vom 25. 2. 1803 an Nassau-Usingen über. Durch Staatsvertrag vom 12. 3. 1806 erwarb es Frankreich wieder zurück und setzte dort am 1. 1. 1807 den 1804 erlassenen Code civil in Kraft. Nachdem die Franzosen im Jahre 1814 Kastel und Kostheim aufgegeben hatten, ergriff der Großherzog von Hessen gemäß Patent vom 8. 7. 1816[5] von diesem Gebiet Besitz unter gleichzeitiger Anordnung der Weitergeltung des Code civil. Dieser Rechtszustand änderte sich, als mit Wirkung vom 1. 1. 1900 das Hess. AG.BGB mit seinem Art. 286 Abs. 1 Ziff. 12 den Code civil für das ganze Gebiet von Rheinhessen, dem Kastel und Kostheim zugehörten, aufhob und zugleich für Rheinhessen die Artikel 209 bis 266 Hess.AG.BGB in Kraft setzte. Nachbarrechtlichen Inhalt im strengen Sinne hatte von diesen Sondervorschriften allerdings nur der Art. 215, denn er befaßte sich mit den Rechtsverhältnissen der Mauern, die am 1. 1. 1900 im Bau waren, diese Bestimmung kann heute als gegenstandslos außer Betracht bleiben. Darüber hinaus normierten die Artikel 216 bis 219 Hess.AG.BGB das rheinhessische Stockwerkseigentum neu, das allerdings nur in einem weiteren Sinne dem Nachbarrecht zuzurechnen ist[6]. Da diese Vorschriften durch Art. 182 EG.BGB inhaltlich aufrechterhalten blieben, konnte man insoweit von einem rheinhessischen Rechtskreis sprechen.

Bei der Neueinteilung der Länder im Jahre 1945 wurde aus den früheren Herrschaftsgebieten von Nassau, Kurhessen und Darmstadt – aber ohne das westrheinisch gelegene Gebiet der früheren, bereits durch Gesetz vom 1. 4. 1937 (Hess.Reg.Bl. S. 121) aufgelösten rPovinz Rheinhessen – das neue Land Großhessen (heute Hessen) geschaffen. Dabei wurden zur Wahrung der Einheitlichkeit eine Anzahl rechtsrheinisch gelegener Gemeinden, die durch Gesetz vom 7. 4. 1938 (Hess. Reg.Bl. S. 37) mit Wirkung vom 1. 10. 1398 linksrheinisch gelegenen, ehemals rheinhessischen Kreisen zugeteilt worden waren, wieder in rechtsrheinisch gelegene, hessische Kreise eingegliedert. So kamen die Gemeinden Biblis, Bobstadt, Bürstadt, Groß-Rohrheim, Hofheim, Lampertheim, Nordheim, Riedrode und Wattenheim vom Landkreis Worms zum Landkreis Bergstraße; das Gebiet „Kühkopf" wurde von den Landkreisen Worms und Mainz dem Landkreis Groß-Gerau eingegliedert; ferner wurden die Stadtteile Mainz-Bischofsheim, Mainz-Ginsheim und Mainz-Gustavsburg dem Landkreis Groß-Gerau zugeteilt; schließlich wurden die Gemeinden Mainz-Kastel und Mainz-Kostheim dem Stadtkreis Wiesbaden zugeschlagen. Diese kommunalen Grenz-

---

Landes Hessen nur in den beiden Orten Seesen und Werleshausen – nicht im Gebiet von Darmstadt – gegolten hat und daher dort nicht durch das Hess. NRG aufgehoben werden konnte. Vgl. hierzu auch oben C Nr. 6.

5 Archiv der Großherzoglich-Hessischen Gesetze und Verordnungen, 2. Band, S. 247.

6 Die Überleitung des rheinhessischen Stockwerkseigentums in die modernen Rechtsformen des Wohnungs- und Teileigentums ist daher nicht im Rahmen des Hess. Nachbarrechtsgesetzes, sondern in einem besonderen Überleitungsgesetz vorgenommen worden. Vgl. hierzu unten im „Anhang".

veränderungen sind allerdings für die Frage nach der Geltung des partikularen Rechts unerheblich, da es hierfür lediglich auf den staatsrechtlichen Status am 1. 1. 1900 ankommt (Art. 124, Art. 182 EG.BGB.).

III. Hiernach ist für das Gebiet des früheren Großherzogtums Hessen, soweit es dem heutigen Land Hessen zugehört, festzustellen, daß partikulare Rechtsquellen die Artikel 82 bis 89 und Art. 278 Hess. AG.BGB. und für Kastel und Kostheim die rheinhessischen Sondervorschriften der Art. 209 ff. sind, von denen nachbarrechtlich aber nur die Art. 216 bis 219 Hess. AG.BGB. Bedeutung haben.

B. In dem **Gebiet westlich des früheren Großherzogtums Hessen,** das etwa im Süden von der Linie Frankfurt bis zum Rhein und im Norden vom Dillkreis (diesen eingeschlossen) begrenzt ist, galten folgende Landesrechte:

1. Bis 1803 gehörten zu Kurmainz die Ämter Rüdesheim, Eltville, Hochheim, Hofheim, Höchst, Kronberg, Königstein und Oberursel, also der heutige Rheingaukreis einschließlich Ober- und Niedergladenbach, ferner das Gebiet von Hochheim bis ausschließlich Frankfurt – wegen Kastel und Kostheim vgl. oben A. II. – und nördlich bis Glashütten, Oberursel und Kalbach.

   Nicht zu Kurmainz gehörten der Bereich der Herrschaft Eppstein, das Amt Wallau mit dem Gebiet von Massenheim bis Lorsbach sowie die beiden Reichsdörfer Bad Soden und Sulzbach.

   In den Kurmainzer Gebieten galt Kurmainzer Recht (vgl. oben A. I. 2.).

2. Bis 1803 gehörte zu Kurtrier das Gebiet von Elz über Limburg bis Würges sowie nördlich bis Haintchen, Villmar, Arfurt und Langhecke; ferner Wehrheim, Obernhain und Anspach. In diesen Gebieten galt das Landesrecht des Erzstifftes Trier vom 27. 4. 1713. In Camberg galt allerdings vorwiegend gemeines Recht.

3. Das Eppsteiner Landrecht vom 9. 5. 1578, das mit der Solmser Landesordnung (vgl. nachstehend B 4) im wesentlichen übereinstimmte, galt in dem Bereich des Amtes Wallau, also im Gebiet von Massenheim bis Lorsbach.

4. Die Solmser Gerichts- und Landesordnung vom 4. 4. 1571 galt im Gebiet der Ämter Braunfels und Greifenstein, also von Kröffelbach bis Greifenstein, von da bis Ahrt und Mudersbach und hinunter bis Hohensolms.

5. Die Nassau-Catzenelnbogener Landesordnung vom 1. 5. 1616 galt kraft Gewohnheitsrechts im Gebiet der Ämter Hadamar, Ellar, Driedorf, Beilstein, Herborn und Dillenburg, also von Offheim über Hadamar bis Hausen und dann weiter nach Norden, den heutigen Landkreis Dillenburg eingeschlossen. Ferner ist dieses Recht rezipiert in dem Fürst Wied-Runkel-Gebiet mit Ober- und Untertiefenbach im Westen und Laubuseschbach und Wolfenhausen im Osten.

6. In Wetzlar galt zunächst die Wetzlarer Reformation. Im Jahre 1803 wurde aber das Mainzer Landrecht eingeführt; unter dem 2. 9. 1807 wurden ferner die dem Mainzer Landrecht „zuwiderlaufenden Statuten und Gewohnheiten sowie die Wetzlarer Reformation" ausdrücklich aufgehoben. Wetzlar gehört seitdem zu dem Rechtskreis Kurmainzer Landrecht (vgl. oben A. I. 2.).

7. Nachdem im Jahre 1806 aus Nassau-Usingen, Nassau-Weilburg, Sayn-Hachenburg, Solms-Hohensolms und Braunfels, Wied-Runkel und Wied-Neuwied Nassau gebildet und dieses 1816 Herzogtum geworden war, kam als weiterer Rechtskreis das Nassauische Recht aus der Zeit von 1806 bis 1866 (1866 hörte Nassau infolge Eingliederung nach Preußen auf zu bestehen) in Betracht.

8. Soweit in den einzelnen Gebieten und Ortschaften ein eigenes Landrecht nicht vorhanden war, galt dort Gemeines Recht.

Hiernach kamen für das unter II. bezeichnete Gebiet 7 Rechtskreise in Betracht:

a) Kurmainzer Landrecht,
b) Kurtrierer Landrecht,
c) Eppsteiner Recht,
d) Solmser Landesrecht,
e) Nassau-Catzenelnbogener Landrecht,
f) Nassauisches Recht,
g) Gemeines Recht.

C. **In dem übrigen Gebiet des heutigen Landes Hessen** sind weiter folgende Rechtskreise zu unterscheiden:

1. In dem Frankfurter Gebiet galten zunächst die Frankfurter Reformation vom 10. 9. 1611 und die Ratsverordnung von 1708. Im Jahre 1726 wurde die Frankfurter Reformation auch in den Frankfurter Dorfschaften Bonames, Bornheim, Hausen, Niederursel (frankfurterseits), Niedererlenbach, Dortelweil, Niederrad und Oberrad eingeführt. Subsidiär galt die Solmser Landesordnung von 1571. Das Frankfurter Recht galt bis 1747 auch in Hanau und Gelnhausen, wo es dann aber vom Solmser Landesrecht abgelöst wurde. Für die innere Stadt Frankfurt und für Sachsenhausen erging im Jahre 1809 das Frankfurter Baustatut; später kam noch u. a. das Wichgesetz vom 1. 4. 1851 hinzu.

   Diese Vorschriften machen zusammen den Rechtskreis des Frankfurter Rechts[7] aus.

2. Das Gebiet um Bad Orb, das heute ebenfalls zu Hessen gehört, war bis zur Säkularisation Kurmainzer Land, so daß dort auch das Kurmainzer Landrecht eingeführt war. Im Jahre 1803 fiel es an Dalberg, kam aber 1810 zum Großherzogtum Frankfurt und 1815 zu Bayern. Von dort wurde es im Jahre 1866 an Preußen abgetreten[8]. Diese Veränderungen in der Gebietshoheit brachten aber keine Veränderung hinsichtlich des geltenden Partiku-

7 Vgl. hierzu auch Meisner-Stern-Hodes § 22 II 2 sowie LG Frankfurt vom 18. 1. 67 – 2/1 S 284/66 –

8 Pr. Ges.Samml. 1866 S. 876.

larrechts; vielmehr blieben das Kurmainzer Recht und subsidiär das gemeine Recht weiter in Geltung.

3. In dem Bereich der früheren Ämter Salmünster, Neuhof, Fulda, Großenlüder, Hünfeld[9], Burghaun, Eiterfeld und im Bezirk des Gerichts Romsthal, also in dem Gebiet der späteren Kreise Schlüchtern, Fulda, Hünfeld und in einem Teil des Kreises Lauterbach (Westgrenze etwa bei Herbstein) galt Fuldisches Recht.

4. Eine besondere Entwicklung hat das Bezirksamt Gersfeld aufzuweisen. Nachdem es nach vorausgegangener Lehnshoheit der Fürstäbte von Fulda bzw. der Fürstbischöfe von Würzburg im Jahre 1647 unter dem Freiherrn von Ebersberg genannt von Weyhers reichsunmittelbar geworden war, kam es 1804 zum Kurfürstentum Bayern. Bei der Trennung Würzburgs von Bayern im Jahre 1806 kamen Stadt und Herrschaft Gersfeld zum Großherzogtum Würzburg. Mit diesem wurde Gersfeld 1814 dem Königreich Bayern einverleibt. Die Ämter Weyers und Bieberstein sowie das Oberamt Fulda fielen nach vorübergehender Zugehörigkeit zu Nassau-Oranien, zum Großherzogtum Frankfurt und Österreich (1815) im Jahre 1816 gleichfalls an Bayern. 1866 schließlich wurde das gesamte Gebiet durch Staatsvertrag Preußen eingegliedert (Pr. Ges. S. 1866 Seite 876).

   Trotz dieser wechselnden staatlichen Zugehörigkeit galt am 1. 1. 1900 im Gebiet um Gersfeld ausschließlich Fuldisches und subsidiär Gemeines Recht.

5. Im übrigen Gebiet, das – Waldeck ausgenommen – zu Kurhessen gehörte, galt Kurhessisches Recht[10].

6. Im Jahre 1945 wurden dem heutigen Lande Hessen die Orte Neuseesen und Werleshausen vom Kreis Heiligenstadt, Bezirk Erfurt, zugeschlagen. Der Bezirk Erfurt gehörte seit 1664 zu Kurmainz. Es galt dort aber nicht die Kurmainzer Landsordnung. Vielmehr waren, bevor diese im Jahre 1755 erlassen wurde, besondere „Churmayntzliche Ordnungen" im Jahre 1744 für „Erfurt und zugehörige Lande" verkündet worden. Demgemäß wurden im Rubrum und im Einführungserlaß zum Kurmainzer Landrecht vom 24. 7. 1755 die Erfurtischen und Eichsfeldischen Lande von der Geltung dieser Rechts ausdrücklich mit der Begründung ausgenommen: „so Wir bereits mit besonderen Rechten versehen." Durch Besitznahme-Patent vom 6. 6. 1802 wurden Erfurt und das Einsfeld dem Preußischen Staat einverleibt. Mit Patent vom 24. 3. 1803 wurde in diesen Gebieten das Preußische Allgemeine Landrecht eingeführt. Nachdem Erfurt im Jahre 1807 vorübergehend an Frankreich gefallen war, kam es 1814 erneut zu Preußen. Mit Wirkung vom 1. 1. 1815 wurde alsdann das Preußische Allgemeine Landrecht in Erfurt und im Eichsfeld erneut eingeführt, jedoch mit der Maßgabe, daß Provinzialgesetz und Gewohnheiten, über deren Gegenstand das Preußische Allgemeine Landrecht

9 Ebenso LG Fulda vom 8. 7. 1964 – 2 S 6/64 –.

10 Hier galt kein Pr. Allg. Landrecht; so zutreffend AG Bad Hersfeld vom 14. 2. 67 – C 164/63 –.

Vorschriften nicht enthielt, bestehen bleiben sollten (§§ 1, 2 des Preußischen Gesetzes vom 9. 9. 1814 – Ges. S. 1814 Seite 89 ff.). Durch Erlaß vom 1. 4. 1944 (RGBl. I S. 110) wurden alsdann die Gemeinden Werleshausen und Neuseesen verwaltungsmäßig Thüringen unterstellt, womit allerdings eine Änderung hinsichtlich des geltenden partikularen Nachbarrechts nicht verbunden war.

Durch Einführung des Preußischen Allgemeinen Landrechts wurden also statutarische Rechte und Gewohnheiten, soweit sie dem Preuß. Allg. Landrecht nicht entgegenstanden, aufrechterhalten. Sie sollten in einem Provinzialgesetzbuch niedergelegt werden. Infolge des Eintritts der französischen Herrschaft kam es aber nicht zu dieser Kodifikation; vielmehr ergingen bis 1814 nur einzelne Verordnungen, die zum Nachbarrecht keine Beziehung hatten.[11]

Neben dem Preuß. Allg. Landrecht und dem subsidiär geltenden Gemeinen Recht galten hiernach in den Gemeinden Werleshausen und Neuseesen nur dem Preuß. Allg. Landrecht nicht widersprechende statutarische Bestimmungen. Solche sind aber nicht feststellbar.[12]

Für das Gebiet der Gemeinden Werleshausen und Neuseesen ergibt sich somit als weiterer Rechtskreis der des Preußischen Allgemeinen Landrechts.[13]

D. Nachdem im Jahre 1866 der größte Teil des heutigen Landes Hessen mit Ausnahme von Hessen-Darmstadt preußisch geworden war, kam als weiterer Rechtskreis das **Preußische Recht**, das mit dem Preuß. Allg. Landrecht von 1794 nicht verwechselt werden darf, hinzu.

E. Der Freistaat **Waldeck** wurde durch Gesetz vom 25. 7. 1928 gemäß Staatsvertrag vom 23. 3. 1928 Preußen eingegliedert.[14] Nach § 13 Abs. 1 des Staatsvertrages wurden in Waldeck die im Regierungsbezirk Kassel geltenden Preußischen Gesetze, Verordnungen und Verwaltungsvorschriften in Kraft und die Waldeckischen Gesetze, Verordnungen und Verwaltungsvorschriften außer Kraft gesetzt, soweit nicht ausdrücklich bestimmte Ausnahmen vorgesehen waren. Die Vorschriften, die ausnahmsweise Waldeckische Gesetze aufrechterhielten und in Abs. 3 des § 13 aaO. aufgeführt sind, betrafen keine nachbarrechtlichen Bestimmungen. Auch in der Verordnung über Ausnahmen von der Einführung des Preuß. Rechtsstandes in Waldeck vom 29. 3. 1932 (Preuß. Ges. S. Seite 153 ff.) ist von nachbarrechtlichen Vorschriften nicht die Rede.

F. Weitere Rechtsquellen für das in Hessen geltende Nachbarrecht sind seit 1945 die Gesetze des **Landes Hessen**[15].

11 Heinemann „Die statutarischen Rechte für Erfurt und sein Gebiet", 1822, S. 193 ff.

12 Vgl. v. Kamptzsch 1. Teil, §§ 244–264.

13 AG Darmstadt vom 16. 2. 73 Az. 366 C 1927/72 verkennt, daß das ALR. im Gebiet des heutigen Landes Hessen nur in Seesen und Werleshausen, nicht aber im „südwestlichen Teil von Darmstadt", gegolten hat.

14 Preuß. Ges.Samml. 1928 S. 179 ff.

15 Vgl. z. B. § 13 Hess. ForstGes. i. d. F. vom 13. 5. 70 (GVBl. S. 344)

G. Schließlich stellt seit 1949 die Gesetzgebung der **Bundesrepublik Deutschland** einen letzten zu beachtenden Rechtskreis dar.[16]

Somit bestanden **bisher als partikulare Rechtsquellen** für das Nachbarrecht **im heutigen Land Hessen** folgende Rechtskreise:

1. Hessisches AG.BGB	9. Gemeines Recht
2. Rheinhessisches Recht	10. Frankfurter Recht
3. Kurmainzer Recht	11. Fuldisches Recht
4. Kurtrierer Recht	12. Kurhessisches Recht
5. Eppsteiner Recht	13. Preußisches Allgemeines Landrecht
6. Solmser Landrecht	14. Preußisches Recht
7. Catzenelnbogener Landrecht	15. Gesetze des heutigen Landes Hessen
8. Nassauisches Recht	16. Gesetze der Deutschen Bundesrepublik.

Diese **Rechtszersplitterung auf nachbarrechtlichem Gebiet** hat § 48 Hess. NRG beseitigt, indem er die bei Inkrafttreten des Gesetzes, also am 1. 11. 1962 (§ 49 Hess. NRG), bestehenden partikularrechtlichen Vorschriften aufgehoben hat. Zugleich hat der § 46 als Übergangsvorschrift bestimmt daß der Umfang partikularer Rechte, die im genannten Zeitpunkt noch bestanden haben, sich künftig nach den Vorschriften des Hess. NRG richten. Nur für die Rechtsgebiete des Fenster- und Lichtrechts (§§ 46, 13), der Einfriedungen (§§ 46, 16 Abs. 2) und des Grenzabstandes von Anpflanzungen (§§ 46, 43 Abs. 1) sind zeitlich begrenzte Ausnahmeregelungen getroffen worden: In diesen Fällen ist dem Nachbarn vorbehalten worden, innerhalb 1 Jahres bzw. innerhalb 2 Jahre bzw. innerhalb von 5 Jahren seit dem 1. 11. 1962 gegen den am 1. 11. 1962 bestehenden Rechtszustand mit der Begründung klageweise vorzugehen, der Rechtszustand habe dem partikularen Recht widersprochen und sei daher unrechtmäßig; in solchen Rechtsstreiten hat es daher einer Beurteilung der Rechtslage nach partikularem Recht noch bedurft; nach Ablauf der Klagefristen ist diese Notwendigkeit aber weggefallen. Bedenkt man nun, daß das im heutigen Land Hessen früher in Geltung gewesene partikulare Recht aufgehoben ist (§ 48), daß ferner der Umfang von Rechten, die bei Inkrafttreten des Hess. NRG bestanden haben, sich künftig nach dem Hess. NRG richtet, und geht man davon aus, daß Rechtsstreitigkeiten, die sich auf partikulares Fenster- und Lichtrecht (§ 13), auf Einfriedungen (§ 16 Abs. 2) oder auf den Grenzabstand von Anpflanzungen (§ 43 Abs. 1) bezogen, in den seit dem 1. 11. 1962 verflossenen Jahren entweder abgeschlossen oder nicht fristgemäß erhoben worden sind, so daß der **am 1. 11. 1962 bestehende Rechtszustand unanfechtbar** als rechtmäßig zu behandeln ist, so zeigt sich, daß das **gesamte früher im heutigen Land Hessen gültige partikulare Recht in vollem Umfang gegenstandslos geworden ist und ihm somit nur noch rechtshistorische Bedeutung zukommt.**[17]

16 Vgl. Art. 2 des Gesetzes zur Änderung der Gewerbeordnung und Ergänzung des Bürgerlichen Gesetzbuchs vom 22. 12. 1959 – (BGBl. I S. 781). Siehe ferner das „Bundesimmissionsschutzgesetz" vom 15. 3. 1974 (BGBl. I S. 721).

17 Vgl. aber unten § 13 FN. 79

Hessisches Nachbarrechtsgesetz

Vom 24. September 1962 (GVBl. S. 417)

Erster Abschnitt
NACHBARWAND

§ 1

Errichten einer Nachbarwand

(1) Nachbarwand ist die auf der Grenze zweier Grundstücke errichtete Wand, die den auf diesen Grundstücken errichteten oder zu errichtenden Bauwerken als Abschlußwand oder zur Unterstützung oder Aussteifung dient oder dienen soll.

(2) Der Eigentümer eines Grundstücks darf eine Nachbarwand errichten. wenn

1. die Bebauung seines und des benachbarten Grundstücks bis an die Grenze vorgeschrieben oder zugelassen ist und
2. der Eigentümer des benachbarten Grundstücks einwilligt.

§ 2

Beschaffenheit der Nachbarwand

Die Nachbarwand ist in der Art und in der Dicke auszuführen, wie es notwendig ist, um den beabsichtigten Zweck zu erreichen. Höchstens mit der Hälfte der hiernach gebotenen Dicke darf sie das angrenzende Grundstück in Anspruch nehmen.

§ 3

Anbau an die Nachbarwand

(1) Der Eigentümer des Nachbargrundstücks ist berechtigt, an die Nachbarwand anzubauen. Anbau ist die Mitbenutzung der Nachbarwand als Abschlußwand oder zur Unterstützung oder Aussteifung des neuen Bauwerks.

(2) Der anbauende Eigentümer des Nachbargrundstücks ist zur Zahlung einer Vergütung in Höhe des halben Wertes der Nachbarwand, höchstens des halben Wertes einer Nachbarwand im Sinne des § 2 Satz 1 verpflichtet, soweit die Nachbarwand durch den Anbau genutzt ist. Nimmt die Nachbarwand von dem angrenzenden Grundstück eine größere Bodenfläche in Anspruch, als § 2 Satz 2 vorsieht, so ist dies bei der Festsetzung der Vergütung angemessen zu berücksichtigen. Für die Berechnung des Wertes der Nachbarwand und für die Fällig-

keit der Vergütung ist der Zeitpunkt der Rohbauabnahme des Anbaus maßgebend. Auf Verlangen ist Sicherheit in Höhe der voraussichtlich zu gewährenden Vergütung zu leisten; in solchem Falle darf der Anbau erst nach Leistung der Sicherheit begonnen oder fortgesetzt werden.

(3) Bis zum Anbau an die Nachbarwand fallen die Unterhaltungskosten dem Eigentümer allein zur Last. Nach dem Anbau sind die Unterhaltungskosten für den gemeinsam genutzten Teil der Nachbarwand von beiden Grundstückseigentümern entsprechend dem Verhältnis der Beteiligung gemäß Abs. 2 Satz 1 und 2 zu tragen.

§ 4
Nichtbenutzen der Nachbarwand

(1) Wird das spätere Bauwerk nicht an die Nachbarwand angebaut, so hat der anbauberechtigte Eigentümer des Nachbargrundstücks für die durch die Errichtung der Nachbarwand entstandenen Mehraufwendungen gegenüber den Kosten der Herstellung einer Grenzwand (§ 8 Abs. 1) Ersatz zu leisten; dabei ist in angemessener Weise zu berücksichtigen, daß das Nachbargrundstück durch die Nachbarwand teilweise weiter genutzt wird. Der zu erstattende Betrag darf jedoch nicht höher sein als der, den der Eigentümer des Nachbargrundstücks im Falle des Anbaus nach § 3 Abs. 2 Satz 1 bis 3 zu zahlen hätte. Der Anspruch wird mit der Rohbauabnahme des späteren Bauwerks fällig.

(2) Der anbauberechtigte Eigentümer des Nachbargrundstücks ist ferner verpflichtet, die Fuge zwischen der Nachbarwand und seinem an die Nachbarwand herangebauten Bauwerk auf seine Kosten bündig mit der Außenfläche seines Bauwerks zu verdecken.

§ 5
Beseitigen der Nachbarwand

(1) Der Eigentümer der Nachbarwand ist berechtigt, die Nachbarwand ganz oder teilweise zu beseitigen, solange und soweit noch nicht angebaut ist.

(2) Das Recht nach Abs. 1 besteht nicht, wenn der anbauberechtigte Eigentümer des Nachbargrundstücks die Absicht, die Nachbarwand ganz oder teilweise durch Anbau zu nutzen, dem Eigentümer der Nachbarwand anzeigt und spätestens binnen 6 Monaten den erforderlichen Bauantrag bei der Bauaufsichtsbehörde einreicht.

(3) Abs. 2 ist nicht anwendbar, wenn der Eigentümer der Nachbarwand, bevor er eine Anzeige nach Abs. 2 erhalten hat, die Absicht, die Nachbarwand ganz oder teilweise zu beseitigen, dem Eigentümer des Nachbargrundstücks anzeigt und spätestens binnen 6 Monaten den erforderlichen Bauantrag bei der Bauaufsichtsbehörde einreicht.

(4) Gehen die Anzeigen nach Abs. 2 und 3 ihren Empfängern gleichzeitig zu, so hat die Anzeige nach Abs. 3 keine Rechtswirkung.

(5) Macht der Eigentümer der Nachbarwand von seinem Beseitigungsrecht zulässigen Gebrauch, so hat er dem Eigentümer des Nachbargrundstücks für die

Dauer der Nutzung des Nachbargrundstücks durch den hinübergebauten Teil der Nachbarwand eine angemessene Vergütung zu leisten. Beseitigt der Eigentümer der Nachbarwand diese ganz oder teilweise, obwohl gemäß Abs. 2 ein Recht hierzu nicht besteht, so hat er dem anbauberechtigten Eigentümer des Nachbargrundstücks Ersatz für den durch die völlige oder teilweise Beseitigung der Anbaumöglichkeit zugefügten Schaden zu leisten; der Anspruch wird mit der Rohbauabnahme des späteren Bauwerks fällig.

§ 6
Erhöhen der Nachbarwand

Jeder Grundstückseigentümer ist berechtigt, die Nachbarwand in voller Dicke auf seine Kosten zu erhöhen. Für den erhöhten Teil der Nachbarwand gelten die §§ 3, 4 Abs. 2, sowie § 5 Abs. 1 bis 4 und Abs. 5 Satz 2 entsprechend.

§ 7
Verstärken der Nachbarwand

Jeder Grundstückseigentümer darf die Nachbarwand auf seinem Grundstück verstärken.

Zweiter Abschnitt
GRENZWAND

§ 8
Anbau an eine Grenzwand

(1) Grenzwand ist die an der Grenze zum Nachbargrundstück auf dem Grundstück des Erbauers errichtete Wand.

(2) Der Eigentümer des Nachbargrundstücks darf eine Grenzwand durch Anbau nutzen, wenn der Eigentümer der Grenzwand einwilligt. Anbau ist die Mitbenutzung der Grenzwand als Abschlußwand oder zur Unterstützung oder Aussteifung des neuen Bauwerks.

(3) Der anbauende Eigentümer des Nachbargrundstücks hat eine Vergütung in Höhe des halben Wertes der Grenzwand, soweit sie durch den Anbau genutzt ist, zu zahlen und ferner eine angemessene Vergütung dafür zu leisten, daß er den für die Errichtung einer eigenen Abschlußwand erforderlichen Baugrund einspart. Für die Berechnung des Wertes der Grenzwand und für die Fälligkeit der Vergütung ist der Zeitpunkt der Rohbauabnahme des Anbaus maßgebend. Auf Verlangen ist Sicherheit in Höhe der voraussichtlich zu gewährenden Vergütung zu leisten; in solchem Fall darf der Anbau erst nach Leistung der Sicherheit begonnen oder fortgesetzt werden.

(4) Nach dem Anbau sind die Unterhaltungskosten für den gemeinsam genutzten Teil der Grenzwand von den beiden Grundstückseigentümern zu gleichen Teilen zu tragen.

§ 9

Errichten einer zweiten Grenzwand

Steht auf einem Grundstück ein Bauwerk an der Grenze und wird später auf dem Nachbargrundstück an dieser Grenze ein Bauwerk errichtet, aber nicht an die Grenzwand angebaut, so ist dessen Erbauer verpflichtet, die Fuge zwischen den Grenzwänden auf seine Kosten bündig mit der Außenfläche des Bauwerks zu verdecken.

§ 10

Besondere Gründung

(1) Auf Verlangen des Eigentümers des Nachbargrundstücks ist der Erbauer eines an der gemeinsamen Grenze zu errichtenden Bauwerks verpflichtet, eine solche Gründung vorzunehmen, daß bei der späteren Durchführung des Bauvorhabens des Eigentümers des Nachbargrundstücks zusätzliche Baumaßnahmen vermieden werden. Der Eigentümer des Nachbargrundstücks kann das Verlangen nur bis zum Eingang des Bauantrags bei der Bauaufsichtsbehörde dem Bauherrn gegenüber stellen.

(2) Die durch das Verlangen nach Abs. 1 entstehenden Mehrkosten sind zu erstatten. In Höhe der voraussichtlich erwachsenden Mehrkosten ist auf Verlangen des Bauherrn binnen zwei Wochen Vorschuß zu leisten. Der Anspruch auf die besondere Gründung erlischt, wenn der Vorschuß nicht fristgerecht geleistet wird.

(3) Soweit der Bauherr die besondere Gründung auch zum Vorteil seines Bauwerks ausnutzt, beschränkt sich die Erstattungspflicht des Eigentümers des Nachbargrundstücks auf den angemessenen Kostenanteil. Bereits gezahlte Kosten können zurückgefordert werden.

Dritter Abschnitt
FENSTER- UND LICHTRECHT

§ 11

Umfang und Inhalt

(1) In oder an der Außenwand eines Gebäudes, die parallel oder in einem Winkel bis zu 60° zur Grenze des Nachbargrundstücks verläuft, dürfen Fenster oder Türen oder zum Betreten bestimmte Bauteile nur mit der Einwilligung des Eigentümers des Nachbargrundstücks angebracht werden, wenn die Fenster, die Türen oder die Bauteile von der Grenze einen geringeren Abstand als 2,5 m einhalten sollen.

(2) Die Einwilligung muß erteilt werden, wenn keine oder nur geringfügige Beeinträchtigungen zu erwarten sind.

§ 12

Ausnahmen

§ 11 Abs. 1 gilt nicht,

1. soweit nach öffentlich-rechtlichen Vorschriften Fenster, Türen oder zum Betreten bestimmte Bauteile anzubringen sind;

2. für lichtdurchlässige, jedoch undurchsichtige und gegen Feuereinwirkung widerstandsfähige Wandbauteile;
3. für Außenwände gegenüber Grenzen zu öffentlichen Straßen, zu öffentlichen Grünflächen und zu Gewässern.

§ 13

Ausschluß des Beseitigungsanspruchs

Der Anspruch auf Beseitigung einer Einrichtung nach § 11 Abs. 1, die einen geringeren als den in § 11 Abs. 1 vorgeschriebenen Abstand einhält, ist ausgeschlossen,

1. wenn die Einrichtung bei Inkrafttreten dieses Gesetzes vorhanden ist und ihr Abstand dem bisherigen Recht entspricht oder
2. wenn der Nachbar nicht binnen einem Jahr nach dem Anbringen der Einrichtung Klage auf Beseitigung erhoben hat; diese Frist beginnt frühestens mit dem Inkrafttreten dieses Gesetzes.

Vierter Abschnitt

EINFRIEDUNG

§ 14

Errichtung

(1) Der Eigentümer eines bebauten oder gewerblich genutzten Grundstücks ist auf Verlangen des Eigentümers des Nachbargrundstücks verpflichtet, sein Grundstück einzufrieden, soweit die Grenze zum Nachbargrundstück nicht mit Gebäuden besetzt ist. Sind beide Grundstücke bebaut oder gewerblich genutzt, so sind die Eigentümer der beiden Grundstücke gegenseitig verpflichtet, bei der Errichtung der Einfriedung mitzuwirken. Stellt das Verlangen nach Satz 1 der Eigentümer eines Grundstücks, das weder bebaut noch gewerblich genutzt ist, aber innerhalb eines im Zusammenhang bebauten Ortsteils gelegen oder in einem Bebauungsplan als Bauland ausgewiesen ist, so ist er berechtigt, bei der Errichtung der Einfriedung mitzuwirken.

(2) Die Einfriedung ist im Falle des Abs. 1 Satz 1 – vorbehaltlich des § 16 Abs. 1 – entlang der Grenze, in den übrigen Fällen auf der Grenze zu errichten.

(3) Als gewerblich genutzt im Sinne des Abs. 1 Satz 1 gilt nicht ein Grundstück, das dem Erwerbsgartenbau dient.

§ 15

Beschaffenheit

Die Einfriedung besteht aus einem ortsüblichen Zaun; läßt sich eine ortsübliche Einfriedung nicht feststellen, so besteht sie aus einem 1,2 m hohen Zaun aus verzinktem Maschendraht. Schreiben öffentlich-rechtliche Vorschriften eine andere Art der Einfriedung vor, so tritt diese an die Stelle der in Satz 1 genannten Einfriedungsart.

§ 16

Abstand von der Grenze

(1) Die Einfriedung muß von der Grenze eines Grundstücks, das außerhalb eines im Zusammenhang bebauten Ortsteils liegt und nicht in einem Bebauungsplan als Bauland ausgewiesen, ist 0,5 m zurückbleiben, auch wenn ein Verlangen nach § 14 Abs. 1 nicht gestellt worden ist. Dies gilt nicht gegenüber Grundstükken, für die nach Lage, Beschaffenheit oder Größe eine Bearbeitung mit Gespann oder Schlepper nicht in Betracht kommt.

(2) Der Anspruch auf Beseitigung einer Einfriedung, die einen geringeren als den nach Abs. 1 vorgeschriebenen Abstand einhält, ist ausgeschlossen,

1. wenn die Einfriedung bei Inkrafttreten dieses Gesetzes vorhanden ist und ihr Abstand dem bisherigen Recht entspricht oder
2. wenn der Nachbar nicht binnen zwei Jahren nach der Errichtung Klage auf Beseitigung erhoben hat; diese Frist beginnt frühestens mit dem Inkrafttreten dieses Gesetzes.

(3) Wird eine Einfriedung, die einen geringeren als den nach Abs. 1 vorgeschriebenen Abstand einhält, durch eine andere ersetzt, so gilt Abs. 1.

§ 17

Kosten der Errichtung

(1) In den Fällen des § 14 Abs. 1 Satz 2 und 3 tragen die beteiligten Grundstückseigentümer die Kosten der Errichtung der Einfriedung zu gleichen Teilen.

(2) Wird das an ein eingefriedetes Grundstück angrenzende Grundstück bebaut oder gewerblich genutzt, so ist der Eigentümer des angrenzenden Grundstücks, sofern eine Verpflichtung zur Übernahme anteiliger Errichtungskosten für ihn noch nicht entstanden ist, zur Zahlung einer Vergütung in Höhe der Hälfte der Kosten der Errichtung der Einfriedung unter angemessener Berücksichtigung der bisherigen Abnutzung verpflichtet; das gleiche gilt, wenn das angrenzende Grundstück in den im Zusammenhang bebauten Ortsteil einbezogen oder in einem Bebauungsplan als Bauland ausgewiesen wird, sofern der Eigentümer dieses Grundstücks oder sein Rechtsvorgänger die Errichtung der Einfriedung verlangt hatte.

(3) Der Berechnung sind die Errichtungskosten einer Einfriedung im Sinne des § 15, höchstens die tatsächlichen Aufwendungen, einschließlich der Eigenleistungen, zugrunde zu legen. Ist nur für eines der beiden Grundstücke eine Einfriedungsart nach § 15 Satz 2 vorgeschrieben, so sind der Berechnung die Errichtungskosten einer Einfriedung nach § 15 Satz 1, höchstens die tatsächlichen Aufwendungen, einschließlich der Eigenleistungen, zugrunde zu legen.

§ 18

Kosten der Unterhaltung

(1) Die Kosten der Unterhaltung der Einfriedung tragen die beteiligten Grundstückseigentümer je zur Hälfte, wenn für sie oder ihre Rechtsvorgänger die Verpflichtung zut Tragung von Errichtungskosten begründet worden ist.

(2) § 17 Abs. 3 gilt entsprechend.

§ 19

Ausnahmen

Die §§ 14 bis 18 gelten nicht für Einfriedungen zwischen Grundstücken und den an sie angrenzenden öffentlichen Straßen, öffentlichen Grünflächen und Gewässern.

Fünfter Abschnitt

VERÄNDERUNG DES GRUNDWASSERSPIEGELS

§ 20

Der Eigentümer und die Nutzungsberechtigten eines Grundstücks dürfen auf dessen Untegrund mit physikalischen oder chemischen Mitteln nicht in einer Weise einwirken, daß der Grundwasserspiegel steigt oder sinkt und dadurch auf einem Nachbargrundstück erhebliche Beeinträchtigungen hervorgerufen werden.

Sechster Abschnitt

WILD ABFLIESSENDES WASSER

§ 21

Abfluß und Zufluß

(1) Wild abfließendes Wasser ist oberirdisch außerhalb eines Bettes abfließendes Quell- oder Niederschlagswasser.

(2) Der Eigentümer und die Nutzungsberechtigten eines Grundstücks dürfen nicht

1. den Abfluß wild abfließenden Wassers auf Nachbargrundstücke verstärken,
2. den Zufluß wild abfließenden Wassers von Nachbargrundstücken auf ihr Grundstück hindern,

wenn dadurch die Nachbargrundstücke erheblich beeinträchtigt werden.

(3) Der Eigentümer und die Nutzungsberechtigten eines Grundstücks dürfen den Abfluß von Niederschlagswasser von ihrem Grundstück auf Nachbargrundstücke mindern oder unterbinden.

§ 22

Wiederherstellung des früheren Zustandes

(1) Haben Naturereignisse den Abfluß wild abfließenden Wassers von einem Grundstück auf ein Nachbargrundstück verstärkt oder den Zufluß wild abfließenden Wassers von einem Nachbargrundstück auf ein Grundstück gemindert oder unterbunden und wird dadurch das Nachbargrundstück erheblich beeinträchtigt, so müssen der Eigentümer und die Nutzungsberechtigten des Grundstücks die Wiederherstellung des früheren Zustandes durch den Eigentümer und die Nutzungsberechtigten des beeinträchtigten Nachbargrundstücks dulden.

(2) Die Wiederherstellung muß binnen drei Jahren vom Ende des Jahres ab, in dem die Veränderung eingetreten ist, durchgeführt werden. Während der Dauer eines Rechtsstreits über die Verpflichtung zur Duldung der Wiederherstellung ist der Lauf der Frist für die Prozeßbeteiligten gehemmt.

§ 23

Schadensersatz

Schaden, der bei Ausübung des Rechts auf dem betroffenen Grundstück entsteht, ist zu ersetzen. Auf Verlangen ist Sicherheit in Höhe des voraussichtlichen Schadensbetrages zu leisten; in solchem Falle darf das Recht erst nach Leistung der Sicherheit ausgeübt werden.

§ 24

Anzeigepflicht

(1) Die Absicht, das Recht nach § 22 Abs. 1 auszuüben, ist zwei Wochen vor Beginn der Bauarbeiten dem Eigentümer und, soweit deren Rechtsstellung oder Besitzstand davon berührt wird, auch den Nutzungsberechtigten des betroffenen Grundstücks anzuzeigen.

(2) Ist der Duldungspflichtige, der nicht unmittelbarer Besitzer ist, nicht bekannt oder infolge Aufenthalts im Ausland nicht alsbald erreichbar und hat er auch keinen Vertreter bestellt, so genügt insoweit die Anzeige an den unmittelbaren Besitzer.

§ 25

Wegfall der Verpflichtung zur Sicherheitsleistung und zur Anzeige

Ist die Ausübung des Rechts nach § 22 Abs. 1 zur Abwendung einer gegenwärtigen erheblichen Gefahr erforderlich, so entfällt die Verpflichtung zur Sicherheitsleistung und zur Anzeige.

Siebenter Abschnitt

DACHTRAUFE

§ 26

Niederschlagswasser

(1) Der Eigentümer und die Nutzungsberechtigten eines Grundstücks müssen ihre baulichen Anlagen so einrichten, daß

1. Niederschlagswasser nicht auf das Nachbargrundstück tropft oder nach diesem abgeleitet wird,
2. Niederschlagswasser, das auf das eigene Grundstück tropft oder abgeleitet ist, nicht auf das Nachbargrundstück übertritt.

(2) Abs. 1 findet keine Anwendung auf freistehende Mauern entlang öffentlicher Straßen und öffentlicher Grünflächen.

§ 27
Anbringen von Sammel- und Abflußeinrichtungen

(1) Der Eigentümer und die Nutzungsberechtigten eines Grundstücks die aus besonderem Rechtsgrund verpflichtet sind, das von den baulichen Anlagen eines Nachbargrundstücks tropfende oder abgeleitete oder von dem Nachbargrundstück übertretende Niederschlagswasser aufzunehmen, sind berechtigt, auf eigene Kosten besondere Sammel- und Abflußeinrichtungen an der baulichen Anlage des traufberechtigten Nachbarn anzubringen, wenn die damit verbundene Beeinträchtigung nicht erheblich ist. Sie haben diese Einrichtungen zu unterhalten.

(2) Für die Verpflichtungen zum Schadensersatz und zur Anzeige gelten die §§ 23 und 24 entsprechend.

Achter Abschnitt
HAMMERSCHLAGS- UND LEITERRECHT

§ 28
Inhalt und Umfang

(1) Der Eigentümer und die Nutzungsberechtigten eines Grundstücks müssen dulden, daß ihr Grundstück von dem Eigentümer und den Nutzungsberechtigten des Nachbargrundstücks zwecks Errichtung, Veränderung, Unterhaltung oder Beseitigung einer baulichen Anlage betreten wird, und daß auf oder über ihm Gerüste aufgestellt sowie die zu den Bauarbeiten erforderlichen Gegenstände über das Grundstück gebracht oder dort niedergelegt werden, wenn und soweit

1. das Vorhaben anders nicht zweckmäßig oder nur mit unverhältnismäßig hohen Kosten durchgeführt werden kann,
2. die mit der Duldung verbundenen Nachteile oder Belästigungen nicht außer Verhältnis zu dem von dem Berechtigten erstrebten Vorteil stehen und
3. das Vorhaben den baurechtlichen Vorschriften entspricht.

(2) Das Recht ist mit tunlichster Schonung auszuüben. Wird das betroffene Grundstück landwirtschaftlich oder gewerbsmäßig gärtnerisch genutzt, so darf das Recht nicht zur Unzeit geltend gemacht werden, wenn sich die Arbeiten unschwer auf einen späteren Zeitpunkt verlegen lassen.

(3) Abs. 1 findet auf die Eigentümer öffentlicher Straßen keine Anwendung.

§ 29
Schadensersatz und Anzeigepficht

Für die Verpflichtungen zum Schadensersatz und zur Anzeige gelten die §§ 23 bis 25 entsprechend.

Neunter Abschnitt
DULDUNG VON LEITUNGEN

§ 30
Leitungen in Privatgrundstücken

(1) Der Eigentümer und die Nutzungsberechtigten eines Grundstücks müssen dulden, daß durch ihr Grundstück der Eigentümer und die Nutzungsberechtigten des Nachbargrundstücks auf ihre Kosten Versorgungs- und Abwasserleitungen hindurchführen, wenn

1. der Anschluß an das Versorgungs- und Entwässerungsnetz anders nicht zweckmäßig oder nur mit unverhältnismäßig hohen Kosten durchgeführt werden kann und
2. die damit verbundene Beeinträchtigung nicht erheblich ist.

(2) Ist das betroffene Grundstück an das Versorgungs- und Entwässerungsnetz bereits angeschlossen und reichen die vorhandenen Leitungen aus, um die Versorgung oder Entwässerung der beiden Grundstücke durchzuführen, so beschränkt sich die Verpflichtung nach Abs. 1 auf das Dulden des Anschlusses. Im Falle des Anschlusses ist zu den Herstellungskosten des Teils der Leitungen, der nach dem Anschluß mitbenutzt werden soll, ein angemessener Beitrag und auf Verlangen Sicherheit in Höhe des voraussichtlichen Beitrags zu leisten. In solchem Falle darf der Anschluß erst nach Leistung der Sicherheit vorgenommen werden.

(3) Bestehen mehrere Möglichkeiten der Durchführung, so ist die für das betroffene Grundstück schonendste zu wählen.

§ 31
Unterhaltung

(1) Der Berechtigte hat die nach § 30 Abs. 1 verlegten Leitungen oder die nach § 30 Abs. 2 hergestellten Anschlußleitungen auf seine Kosten zu unterhalten. Zu den Unterhaltungskosten der Teile der Leitungen, die von ihm mitbenutzt werden, hat er einen angemessenen Beitrag zu leisten.

(2) Zur Durchführung von Maßnahmen im Sinne des Abs. 1 Satz 1 darf der Berechtigte das betroffene Grundstück betreten.

§ 32
Schadensersatz und Anzeigepflicht

Für die Verpflichtungen zum Schadensersatz und zur Anzeige gelten die §§ 23 bis 25 entsprechend.

§ 33
Nachträgliche erhebliche Beeinträchtigung

(1) Führen die nach § 30 Abs. 1 verlegten Leitungen oder die nach § 30 Abs. 2 hergestellten Anschlußleitungen nachträglich zu einer erheblichen Beeinträchtigung, so können der Eigentümer und die Nutzungsberechtigten des betroffenen Grundstücks von dem Berechtigten verlangen, daß er seine Leitungen be-

seitigt und die Beseitigung der Teile der Leitungen, die gemeinschaftlich benutzt werden, duldet. Dieses Recht entfällt, wenn der Berechtigte die Beeinträchtigung so herabmindert, daß sie nicht mehr erheblich ist.

(2) Schaden, der durch die Maßnahmen nach Abs. 1 auf dem betroffenen Grundstück entsteht, ist zu ersetzen.

§ 34
Anschlußrecht des Duldungspflichtigen

(1) Der Eigentümer und die Nutzungsberechtigten eines Grundstücks, das gemäß § 30 Abs. 1 in Anspruch genommen ist sind berechtigt, ihrerseits an die verlegten Leitungen anzuschließen, wenn diese ausreichen, um die Versorgung oder Entwässerung der beiden Grundstücke durchzuführen. § 30 Abs. 2 Satz 2 und § 31 Abs. 1 gelten entsprechend.

(2) Soll ein auf dem betroffenen Grundstück errichtetes oder noch zu erstellendes Gebäude an die Leitungen angeschlossen werden, die der Eigentümer oder die Nutzungsberechtigten des Nachbargrundstücks nach § 30 Abs. 1 durch das Grundstück hindurchführen wollen, so können der Eigentümer und die Nutzungsberechtigten des betroffenen Grundstücks verlangen, daß die Leitungen in einer ihrem Vorhaben Rechnung tragenden und technisch vertretbaren Weise verlegt werden. Die durch dieses Verlangen entstehenden Mehrkosten sind zu erstatten. In Höhe der voraussichtlich erwachsenden Mehrkosten ist auf Verlangen binnen zwei Wochen Vorschuß zu leisten; der Anspruch nach Satz 1 erlischt, wenn der Vorschuß nicht fristgerecht geleistet wird.

§ 35
Leitungen in öffentlichen Straßen

Die §§ 30 bis 34 gelten nicht für die Verlegung von Leitungen in öffentlichen Straßen und in öffentlichen Grünflächen.

Zehnter Abschnitt
HÖHERFÜHREN VON SCHORNSTEINEN UND LÜFTUNGSSCHÄCHTEN

§ 36
Inhalt und Umfang

(1) Der Eigentümer und die Nutzungsberechtigten eines Grundstücks müssen dulden, daß an ihrem Gebäude der Eigentümer und die Nutzungsberechtigten des angrenzenden niederen Gebäudes ihre Schornsteine und Lüftungsschächte befestigen, wenn

1. die Erhöhung der Schornsteine und Lüftungsschächte zur Erzielung der notwendigen Zug- und Saugwirkung erforderlich ist und
2. die Befestigung der höhergeführten Schornsteine und Lüftungsschächte an-

ders nicht zweckmäßig oder nur mit unverhältnismäßig hohen Kosten durchgeführt werden kann.

(2) Der Eigentümer und die Nutzungsberechtigten des betroffenen Grundstücks müssen ferner dulden, daß die höhergeführten Schornsteine und Lüftungsschächte des Nachbargebäudes von ihrem Grundstück aus unterhalten und gereinigt und die hierzu erforderlichen Einrichtungen angebracht werden, wenn diese Maßnahmen anders nicht zweckmäßig oder nur mit unverhältnismäßig hohen Kosten durchgeführt werden können. Sie können aber den Berechtigten darauf verweisen, eine Steigleiter an ihrem Gebäude anzubringen und zu benutzen, wenn diese Lösung technisch zweckmäßig ist.

§ 37

Schadensersatz und Anzeigepflicht

Für die Verpflichtung zum Schadensersatz und zur Anzeige gelten die §§ 23 bis 25 entsprechend. Die Anzeigepflicht entfällt auch, wenn die nach der Kehrordnung vorgeschriebene Reinigung durchgeführt werden soll.

Elfter Abschnitt
GRENZABSTÄNDE FÜR PFLANZEN

§ 38

Grenzabstände für Bäume, Sträucher und einzelne Rebstöcke

Der Eigentümer und die Nutzungsberechtigten eines Grundstücks haben bei dem Anpflanzen von Bäumen, Sträuchern und einzelnen Rebstöcken von den Nachbargrundstücken – vorbehaltlich des § 40 – folgende Abstände einzuhalten:

1. mit Allee- und Parkbäumen, und zwar
   a) sehr stark wachsenden Allee- und Parkbäumen, insbesondere dem Eschenahorn (Acer negundo), sämtlichen Lindenarten (Tilia), der Platane (Platanus acerifolia), der Roßkastanie (Aesculus hippocastanum), der Rotbuche (Fagus sylvatica), der Stieleiche (Quercus robur), ferner der Atlas- und Libanon-Zeder (Cedrus atlantica u. libani), der Douglasfichte (Pseudotsuga taxifolia), der Eibe (Taxus baccata), der österreichischen Schwarzkiefer (Pinus nigra austriaca) . . . . 4 m,
   b) stark wachsenden Allee- und Parkbäumen, insbesondere der Mehlbeere (Sorbus intermedia), der Weißbirke (Betula pendula), der Weißerle (Alnus incana), ferner der Fichte oder Rottanne (Picea abies), der gemeinen Kiefer oder Föhre (Pinus sylvestris), dem abendländischen Lebensbaum (Thuja occidentalis) . . . . 2 m,
   c) allen übrigen Allee- und Parkbäumen . . . . 1,5 m
2. mit Obstbäumen, und zwar
   a) Walnußsämlingsbäumen . . . . 4 m,
   b) Kernobstbäumen, soweit sie auf stark wachsender Unterlage veredelt sind, sowie Süßkirschenbäumen und veredelten Walnußbäumen . . 2 m,

c) Kernobstbäumen, soweit sie auf schwach wachsender Unterlage veredelt sind, sowie Steinobstbäumen, ausgenommen die Süßkirschenbäume . 1,5 m,

3. mit Ziersträuchern, und zwar
   a) stark wachsenden Ziersträuchern, insbesondere der Alpenrose (Rhododendron-Hybriden), dem Feldahorn (Acer campestre), dem Feuerdorn (Pyracantha coccinea), dem Flieder (Syringa vulgaris), dem Goldglöckchen (Forsythia intermedia), der rotblättrigen Haselnuß (Corylus avellana v. fuscorubra), den stark wachsenden Pfeifensträuchern – falscher Jasmin – (Philadelphus coronarius, satsumanus, zeyheri u. a.), ferner dem Wacholder (Juniperus communis) . . . . 1 m,
   b) allen übrigen Ziersträuchern . . . . 0,5 m,
4. mit Beerenobststräuchern, und zwar
   a) Brombeersträuchern . . . . 1 m,
   b) allen übrigen Beerenobststräuchern . . . . 0,5 m,
5. mit einzelnen Rebstöcken . . . . 0,5 m.

§ 39
Grenzabstände für lebende Hecken

(1) Der Eigentümer und die Nutzungsberechtigten eines Grundstücks haben bei dem Anpflanzen lebender Hecken von den Nachbargrundstücken – vorbehaltlich des § 40 – folgende Abstände einzuhalten:
1. mit Hecken über 2 m Höhe . . . . 0,75 m,
2. mit Hecken bis zu 2 m Höhe . . . . 0,50 m,
3. mit Hecken bis zu 1,2 m Höhe . . . . 0,25 m.

(2) Abs. 1 gilt nicht für Hecken, die das öffentliche Recht als Einfriedung vorschreibt.

§ 40
Ausnahmen

(1) Die doppelten Abstände nach den §§ 38 und 39 sind einzuhalten gegenüber Grundstücken, die
1. dem Weinbau dienen,
2. landwirtschaftlich nutzbar sind oder dem Erwerbsgartenbau oder dem Kleingartenbau dienen und im Außenbereich (§ 19 Abs. 2 des Bundesbaugesetzes) liegen oder
3. durch Bebauungsplan der landwirtschaftlichen, erwerbsgärtnerischen ode' kleingärtnerischen Nutzung vorbehalten sind.

(2) Die §§ 38 und 39 gelten nicht für
1. Anpflanzungen, die hinter einer Wand oder Mauer vorgenommen werden und diese nicht überragen,
2. Anpflanzungen an den Grenzen zu öffentlichen Straßen, zu öffentlichen Grünflächen und zu Gewässern,

3. Anpflanzungen auf öffentlichen Straßen.

(3) § 13 Abs. 3 und 4 des Hessischen Forstgesetzes vom 10. November 1954 (GVBl. S. 221) bleibt unberührt.*

§ 41

Berechnung des Abstandes

Der Abstand wird von der Mitte des Baumstammes, des Strauches oder des Rebstocks bis zur Grenzlinie gemessen, und zwar an der Stelle, an der der Baum, der Strauch oder der Rebstock aus dem Boden austritt.

§ 42

Grenzabstand im Weinbau

(1) Der Eigentümer und die Nutzungsberechtigten eines dem Weinbau dienenden Grundstücks haben bei dem Anpflanzen von Rebstöcken folgende Abstände einzuhalten:

1. gegenüber den parallel zu den Rebzeilen verlaufenden Grenzen die Hälfte des geringsten Zeilenabstandes, gemessen zwischen den Mittellinien der Rebzeilen, mindestens aber 0,75 m,
2. gegenüber den sonstigen Grenzen, gerechnet von dem äußersten Rebstock oder von der Verankerung, falls eine solche vorhanden ist, 0,5 m.

(2) Übersteigt die Gesamthöhe der Rebanlage 1,8 m (Rebschnittgärten, Weitraumanlage), so beträgt der Abstand nach Abs. 1 Nr. 1 mindestens 1,5 m.

§ 43

Ausschluß des Beseitigungsanspruchs und Ersatzanpflanzungen

(1) Der Anspruch auf Beseitigung von Anpflanzungen, die geringere als die in den §§ 38 bis 42 vorgeschriebenen Abstände einhalten, ist ausgeschlossen,

1. wenn die Anpflanzungen bei Inkrafttreten dieses Gesetzes vorhanden sind und ihre Abstände dem bisherigen Recht entsprechen oder
2. wenn der Nachbar nicht binnen fünf Jahren nach dem Anpflanzen Klage auf Beseitigung erhoben hat; diese Frist beginnt frühestens mit dem Inkrafttreten dieses Gesetzes.

(2) Werden für die in Abs. 1 genannten Anpflanzungen Ersatzanpflanzungen vorgenommen, so gelten die §§ 38 bis 42. Werden aber in geschlossenen Obstanlagen einzelne Obstbäume nachgepflanzt, so bleibt der Abstand der anderen Obstbäume maßgebend.

§ 44

Nachträgliche Grenzänderungen

Die Rechtmäßigkeit des Abstandes einer Anpflanzung wird durch nachträgliche Grenzänderungen nicht berührt; jedoch gilt § 43 Abs. 2 entsprechend.

---

*) § 40 Abs. 3 ist infolge Änderung des Hess. ForstGes. durch Art. 3 des Ges. vom 16. 3. 70 (GVBl. S. 234) nun folgendermaßen zu lesen:

„(3) § 13 Abs. 4 und 5 des Hessischen Forstgesetzes vom 10. November 1954 in der Fassung vom 13. Mai 1970 (GVBl. S. 344) bleibt unberührt."

Zwölfter Abschnitt
ANWENDUNGSBEREICH DES GESETZES

§ 45

Die §§ 1 bis 44 gelten nur, soweit öffentlich-rechtliche Vorschriften nicht entgegenstehen oder die Beteiligten nichts anderes vereinbaren.

Dreizehnter Abschnitt
SCHLUSSBESTIMMUNGEN

§ 46
Übergangsvorschriften

Der Umfang von Rechten, die bei Inkrafttreten dieses Gesetzes bestehen, richtet sich – unbeschadet des § 13, des § 16 Abs. 2 und des § 43 Abs. 1 – nach den Vorschriften dieses Gesetzes.

§ 47
Änderung des Hessischen Wassergesetzes

§ 73 des Hessischen Wassergesetzes vom 6. Juli 1960 (GVBl. S. 69) erhält folgende Fassung:

„§ 73
Veränderung des Zu- und Abflusses

Aus Gründen des Wohles der Allgemeinheit, insbesondere der Wasserwirtschaft und des öffentlichen Verkehrs, kann die obere Wasserbehörde eine künstliche Veränderung des Zu- oder Abflusses von wild abfließendem Wasser anordnen. Stellt die Anordnung eine Enteignung dar, so ist dafür Entschädigung zu leisten."

§ 48
Außerkrafttreten von Vorschriften

Die diesem Gesetz entgegenstehenden Vorschriften werden aufgehoben. Namentlich werden folgende Vorschriften aufgehoben, soweit sie nicht bereits außer Kraft getreten sind:

1. Achter Theil Titel I §§ VI bis XX, Titel III § II, Titel IV §§ I bis IV, Titel VI §§ V bis VII, Titel VII §§ II bis XI, Neunter Theil Titel IV §§ I bis X, Titel V §§ II und III der Frankfurter Reformation vom 10. September 1611,
2. Beschluß des Frankfurter Senats vom 7. Februar 1708: „Inwieferne der Nachbar eine Brandmauer mit zu bauen verbunden seyn solle",
3. 6. Theil Cap. III der Nassau-Catzenelnbogischen Land-Ordnung vom 1. Mai 1711.

4. Titel XXII §§ 2, 8 bis 16 des Landesrechts des Ertzstiffts Trier vom 27. April 1713,
5. Art. VI § 8, Art. XIII § 3, Art. XX § 8 der Kurhessischen Greben-Verordnung vom 6. November 1739,
6. Beschluß des Frankfurter Senats vom 3. Juni 1749: „Inwieferne des Nachbars Fenster verbauet werden können",
7. Titulus VII §§ 18 bis 23, 25, 32 bis 35 und Titulus VIII § 13 der Churfürstlich-Mayntzischen Lands-Ordnung vom 24. Juli 1755,
8. §§ 19 bis 47 der Kurhessischen Bauordnung vom 9. Januar 1784,
9. Erster Theil Titel 8 §§ 118 bis 186, Erster Theil Titel 22 §§ 55 bis 62 des Allgemeinen Landrechts für die preußischen Staaten vom 5. Februar 1794, 1794,
10. Kap. 1 §§ 11 bis 22, 24 bis 26,
    Kap. 2 § 4,
    Kap. 4 §§ 1 bis 5,
    Kap. 6 §§ 4 bis 8,
    Kap. 7 §§ 3 bis 18,
    Kap. 8 §§ 1 bis 3 des Neuen Baustatuts für die Stadt Frankfurt und Sachsenhausen vom 11. Juni 1809,
11. § 11 Abs. 1 der Verordnung, die Güterconsolidation sowie die Anlegung von Lagerbüchern und das Ab- und Zuschreiben in denselben betreffend, vom 12. September 1829 (Verordnungsblatt des Herzogtums Nassau S. 65),
12. Art. I §§ 1, 3, 4 und 23 des Frankfurter Gesetzes, den Wich, die Einfriedigungen, die Furchen und Notwege in den Gemarkungen von Frankfurt und Sachsenhausen betreffend, vom 1. April 1851,
13. § 3, § 4 Abs. 2, § 7 des Frankfurter Gesetzes, die Errichtung von Brandmauern betreffend, vom 1. April 1851,
14. Art. 46 des Gesetzes, die allgemeine Bauordnung betreffend, vom 30. 4. 1881 (RegBl. S. 71) in der Fassung des Art. 278 des Hessischen Gesetzes, die Ausführung des Bürgerlichen Gesetzbuches betreffend, vom 17. Juli 1899 (RegBl. S. 133),
15. Art. 82 bis 89 des Hessischen Gesetzes, die Ausführung des Bürgerlichen Gesetzbuches betreffend, vom 17. Juli 1899 (RegBl. S. 133),
16. Art. 23 §§ 1 bis 3 des Preußischen Ausführungsgesetzes zum Bürgerlichen Gesetzbuch vom 20. September 1899 (Preuß. Gesetzsamml. S. 177),
17. § 2 der Verordnung des Oberbürgermeisters der Stadt Frankfurt am Main als Ortspolizeibehörde vom 23. Oktober 1933 (Städt. Anzeigeblatt S. 558).

§ 49
Inkrafttreten des Gesetzes

Dieses Gesetz tritt am 1. November 1962 in Kraft.

Erläuterungen

Erster Abschnitt
NACHBARWAND

Einführung

Auf dem Gebiet des „Kommunmauerrechts“ war die Rechtszersplitterung besonders groß. Sie läßt sich zweckmäßig unter nachstehenden Gesichtspunkten darstellen:

1. Zwang zur Errichtung einer Nachbarwand

§ 13 der Bau-Ambts-Ordnung in Städten, Flecken und Dörffern außer der Stadt Mayntz in Verbindung mit § 18 der Bau-Ambts-Ordnung in der Stadt Mayntz (Titel VII der Mayntzer Lands-Ordnung) sowie das Frankfurter Recht (Theil VIII Titel I § VI der Frankfurter Reformation vom 10. 9. 1611, die Frankfurter Ratsverordnung vom 7. 2. 1708 sowie Kap. 1 §§ 11 bis 13 des Frankfurter Baustatuts vom 11. 6. 1809) enthielten für den Nachbarn die Verpflichtung, durch Hergabe von Baugrund und Übernahme von Baukosten bei der Herstellung einer gemeinsamen Mauer mitzuwirken.

Im früheren Großherzogtum (Volksstaat) Hessen stand nach Art. 46 Abs. 2 bis 6 der Allgemeinen Bauordnung in der Fassung des Art. 278 Hess. AGBGB dem Grundeigentümer, der an eine schon bestehende Brandmauer ohne Errichtung einer eigenen anbauen wollte, das Recht zu, gegen angemessene Geldentschädigung von dem Nachbarn die Einräumung einer entsprechenden Dienstbarkeit zu verlangen.

Diese Eigentumsbeschränkungen waren durch Art. 124 EG.BGB aufrechterhalten worden.

2. Eigentumsverhältnisse der Nachbarwand

§ 13 der Bau-Ambts-Ordnung in Städten, Flecken und Dörffern außer der Stadt Mayntz in Verbindung mit § 23 der Bau-Ambts-Ordnung in der Stadt Mayntz (Titel VII der Mayntzer Lands-Ordnung) führte ins einzelne gehende Merkmale auf, an denen abgelesen werden sollte, ob eine Mauer gemeinschaftlich war oder nicht.

Das im Gebiet des früheren Großherzogtums (Volksstaats) Hessen geltende Recht nahm, da es nur die Bestellung einer Dienstbarkeit vorschrieb, Alleineigentum des Erbauers an der Wand an.

Nach Frankfurter Recht (vgl. oben Ziff. 1) entstand nur bei gemeinschaftlicher Errichtung der Mauer durch die Nachbarn Miteigentum an ihr, während die ohne Mitwirkung des anderen Grundeigentümers erbaute Mauer solange im Alleineigentum des Erbauers verblieb, bis der Nachbar durch Zahlung der anteiligen Kosten das Miteigentumsrecht für sich auslöste; Kap. 1 § 13 des Frankfurter Baustatus von 1809 verpflichtete den untätig gebliebenen Nachbarn, das Miteigentum durch entsprechende Zahlung zu erwerben.

Nach den §§ 40 bis 43 der Kurhessischen Bauordnung vom 9.1.1784 ergab sich die Antwort auf die Frage nach dem Allein- oder Miteigentum der beiden Nachbarn an der Mauer aus der ungleichmäßigen oder gleichmäßigen Art ihrer Benutzung.

3. Erhöhen der Nachbarwand

§ 13 der Bau-Ambts-Ordnung in Städten, Flecken und Dörffern außer der Stadt Mayntz in Verbindung mit § 21 der Mayntzer Bau-Ambts-Ordnung in der Stadt Mayntz (Titel VII der Mayntzer Lands-Ordnung) gab jedem Grundeigentümer das Recht, auch ohne Zustimmung des Nachbarn die gemeinschaftliche Mauer zu erhöhen; nach Erstattung der halben Kosten durfte der Nachbar die Erhöhung mitbenutzen.

Das Recht zur Erhöhung der ganzen Nachbarwand gewährten auch § IV Theil 8 Titel IV der Frankfurter Reformation und Kap. 1 § 14 sowie Kap. 4 § 4 des Frankfurter Baustatuts.

Für den Bereich des früheren Großherzogtums (Volksstaats) Hessen trafen Art. 82 und Art. 278 Hess. AG.BGB und für den Geltungsbereich des Rheinischen Rechts Art. 23 § 1 I Preuß. AG.BGB eine gleiche Regelung.

§ 21 der Kurhessischen Bauordnung vom 9. 1. 1784 erlaubte nur die Erhöhung der auf dem eigenen Grundstück stehenden Mauerhälfte.

Nach zutreffender Meinung[1] blieben diese partikularrechtlichen Vorschriften gemäß Art. 124 EG.BGB in Geltung, da das Erhöhen der Wand nicht als Benutzung der Wand im Sinne des § 922 BGB anzusehen ist.

4. Verstärken der Nachbarwand

Nach Art. 23 § 3 Preuß. AG.BGB durfte die Verstärkung der Nachbarwand nur auf dem Grundstück oder auf der Seite dessen angebracht werden, der sie vornehmen wollte.

5. Bundesbaugesetz

Der Entwurf zum Bundesbaugesetz (BTDr. Nr. 336 – 3. Wahlperiode –) enthielt in dem Abschnitt „Bauliches Nachbarrecht" in den §§ 165 bis 167 Vor-

1 Meisner-Stern-Hodes, S. 163 ff.

schriften über die Errichtung einer Nachbarwand, den Anbau an eine Nachbarwand und die Erhöhung der Nachbarwand.[2] Die Bestimmungen sind aber nicht Gesetz geworden.

Der Umfang der Rechte, die bei Inkrafttreten des Hess.-NRG bestanden haben, richtet sich von diesem Zeitpunkt, also vom 1. 11. 1962 ab (§ 49), nach dem neuen Recht (§ 46). Jedoch bleiben vorher rechtswirksam getroffene Vereinbarungen bestehen.[3]

§ 1

Errichten einer Nachbarwand

(1) Nachbarwand ist die auf der Grenze zweier Grundstücke errichtete Wand, die den auf diesen Grundstücken errichteten oder zu errichtenden Bauwerken als Abschlußwand oder zur Unterstützung oder Aussteifung dient oder dienen soll.

(2) Der Eigentümer eines Grundstücks darf eine Nachbarwand errichten, wenn

1. **die Bebauung seines und des benachbarten Grundstücks bis an die Grenze vorgeschrieben oder zugelassen ist und**
2. **der Eigentümer des benachbarten Grundstücks einwilligt.**

1. Anstelle der bisher üblichen Bezeichnung „Kommunmauer" verwendet das Gesetz den Ausdruck „Nachbarwand", da der Begriff „Mauer" mit Rücksicht auf die heute vielfach üblichen, nicht aus Steinen zusammengefügten, „gemauerten" Wände aus Beton, Stahlbeton und Wandbaufertigteilen zu eng ist. Die Nachbarwand kann also aus Backsteinen, Beton, Stahlbeton oder Fertigbauteilen hergestellt sein. Theoretisch könnte sie auch aus Holz bestehen. In aller Regel wird aber eine Holzwand den statischen Erfordernissen nicht genügen und auch die Eigenschaften einer Brandwand oder wenigstens einer feuerbeständigen Wand nicht aufweisen können.

   Die Nachbarwand ist eine Wand, die auf der Grenze zweier Grundstücke errichtet ist (Abs. 1). Sie geht also über die Grenze des Grundstücks ihres Erbauers hinaus und steht auch auf dem angrenzende Fremdgrundstück; ist die Wand entlang der gemeinsamen Grenze ausschließlich auf dem Grundstück ihres Erbauers errichtet, so handelt es sich um eine Grenzwand (§ 8 Abs. 1). In der Regel wird die Nachbarwand halbscheidig errichtet werden, d. h. mit der Hälfte ihrer Dicke über die Grundstücksgrenze hinausreichen. Dies ist aber kein wesentliches Erfordernis; entscheidend ist nur, daß sie tatsächlich auf bei-

[2] Vgl. hierzu Hodes IR. 59/201 ff.
[3] Vgl. hierzu unten § 46 Anm. 1.

den Grundstücken steht. Mangels anderer Vereinbarung (vgl. § 45) darf gemäß § 2 S. 2 die Nachbarwand höchstens mit der Hälfte der zur Erreichung ihres Zweckes gebotenen Dicke auf dem angrenzenden Grundstück stehen. Nimmt die Wand mehr als hiernach zulässig Boden des Nachbargrundstücks in Anspruch, so muß dies nur unter den Voraussetzungen der entsprechend anwendbaren §§ 912 ff. BGB geduldet werden.[4] Wegen des Anteils an den Herstellungs- und Unterhaltungskosten vgl. unten § 2 Anm. 2, ferner § 3 Abs. 2 S. 2 und Abs. 3 S. 2.

Nicht jede Wand aber, die auf der Grenze steht, ist auch eine Nachbarwand; vielmehr ist weitere Voraussetzung, daß sie den auf den beiden angrenzenden Grundstücken errichteten oder noch zu errichtenden Bauwerken als Abschlußwand oder zur Unterstützung oder Aussteifung dient oder dienen soll (Abs. 1).

Nach § 2 HBO sind Bauwerke „künstlich oberhalb oder unterhalb der Erdgleiche hergestellte Sachen, die mit dem Erdboden verbunden und nicht ohne weiteres frei oder nur begrenzt auf einem festen Unterbau beweglich sind; ferner Aufschüttungen und Abgrabungen sowie künstliche Hohlräume unterhalb der Erdoberfläche".

In aller Regel muß eine Nachbarwand als Brandwand hergestellt werden. Im Wege der Ausnahme (§ 36 Abs. 6 HBO) oder der Befreiung (§ 75 Abs. 2 HBO) kann die Bauaufsichtsbehörde aber gestatten, daß die Wand nur in feuerbeständiger Bauart aufgeführt wird; in diesem Falle braucht sie nicht in sich selbst standsicher zu sein, sie kann vielmehr als bloße Abschlußwand an Stützen und Trägern aufgehängt werden. Zur Unterstützung dient die Nachbarwand, wenn ihr tragende Funktion zukommt. Dies ist der Fall, wenn sie Kräfte aus anderen Bauteilen zu sich aufnimmt und weiterleitet, z. B. wenn in sie Decken eingelassen sind oder wenn sie das Dach mitzutragen hat; in solchem Falle werden Bauteile des Anbaus in die Nachbarwand eingelassen oder auf sie aufgelegt. Schließlich kann der Nachbarwand die Aufgabe zukommen, zur Aussteifung zu dienen. Dies trifft zu, wenn sie durch Verankerung oder Verzahnung mit den anstoßenden Wänden des Anbaus eine Verkantung des Gebäudes verhindert und somit die seitlichen Kräfte aufnimmt. Eine dieser drei Zweckbestimmungen, die im engen Zusammenhang mit den verwendeten Baustoffen stehen, muß gegeben sein, damit die Wand zur Nachbarwand wird.

Der Rechtscharakter der Wand als einer Nachbarwand wird nicht dadurch in Frage gestellt, daß nachträglich die ihr bei der Er-

4 Vgl. hierzu Meisner-Stern-Hodes § 8 II Nr. 3.

richtung zugedachte Zweckbestimmung nicht voll zum Tragen kommt, z. B. weil der Nachbar nicht an die Wand anbaut. Wegen des Begriffs des Anbaues siehe unten zu § 3 Anm. 2; wegen der Rechtsfolgen, die sich ergeben, wenn der Nachbar zwar baut, aber die Nachbarwand nicht benutzt, vgl. unten zu § 4.

2. Die §§ 2 bis 7 sind aber nicht schon dann anwendbar, wenn eine Wand mit den in Anm. 1 beschriebenen Eigenschaften errichtet worden ist und die beteiligten Nachbarn nichts anderes vereinbart haben. (Vgl. nachsteh. Anm. 3.). Als weiteres Erfordernis muß vielmehr hinzukommen, daß sie auch in zulässiger Weise errichtet ist. Zulässig errichtet ist eine Nachbarwand nur, wenn folgende Voraussetzungen erfüllt sind:

a) Die Wand muß entsprechend den baurechtlichen Vorschriften errichtet sein. Sie muß sowohl dem formellen als auch dem materiellen öffentlichen Baurecht entsprechen. Somit muß die Nachbarwand, sofern für sie eine Genehmigungspflicht besteht, von der zuständigen Behörde genehmigt sein; sie muß, wenn keine Genehmigungspflicht besteht, den materiellen Vorschriften, die auf sie anzuwenden sind, entsprechen. Darüber hinaus muß ein Anbau entweder durch das öffentliche Recht (z. B. bei geschlossener Bauweise oder durch sonstige Festsetzungen eines Bebauungsplans) vorgeschrieben oder er darf jedenfalls nicht verboten, d. h. er muß zulässig sein (§ 45). Sind zum Anbau Ausnahmen oder Befreiungen notwendig, so kann die Wand als Nachbarwand nur dann angesehen werden, wenn die entsprechenden Verwaltungsakte von der zuständigen Behörde mindestens in Aussicht gestellt sind.

b) Der Eigentümer des benachbarten Grundstücks muß seine Einwilligung erklärt haben (Abs. 2 Nr. 2). Es besteht also kein Zwang, die Errichtung der Nachbarwand zu dulden; denn den mit der Errichtung einer Nachbarwand an sich verbundenenen Vorteilen (Einsparung von Baugrund und von Baumaterial) könnte das hier überwiegende Interesse des Nachbarn, der z. B. sein Haus in sich standsicher errichten oder zur besseren Schalldämpfung mit eigenen Wänden versehen will, entgegenstehen. Ein gesetzlicher Zwang zur Duldung einer Nachbarwand würde übrigens möglicherweise dem durch Art. 14 GG garantierten Grundsatz der Unverletzlichkeit des Eigentums widersprechen, da nach Abs. 1 dieses Verfassungsartikels Enteignungen nur zum Wohl der Allgemeinheit zulässig sind und die-

ses Erfordernis nur gegeben wäre, wenn „unzweifelhaft erheblicher Nutzen für das gesamte Volk" von der Maßnahme zu erwarten wäre.[5]
Die Einwilligungserklärung des Nachbarn ist formlos gültig. Wie jede andere Willenserklärung braucht auch sie grundsätzlich nicht ausdrücklich erklärt zu werden; sie kann vielmehr auch durch schlüssiges Verhalten abgegeben werden. Eine solche schlüssig erklärte Einwilligung des Nachbarn zur Errichtung der Nachbarwand kann aber nicht schon dann angenommen werden, wenn der Ersterbauer unter den Augen seines Nachbarn und für diesen klar erkennbar eine Wand auf der Grenze errichtet und der Nachbar hiergegen keinen Widerspruch erhoben hat. Denn die Errichtung einer Nachbarwand setzt bei ihrem Erbauer gerade voraus, daß dieser bewußt oder vorsätzlich mit der Wand die Grenze überschreitet. Unter solchen Umständen steht dem „überbauten" Nachbarn aber nach § 912 BGB ohne weiteres ein Anspruch auf Beseitigung des Überbaues zu, auch wenn er vor oder nach der Grenzüberschreitung dieser nicht widersprochen hat. Mit diesem nach Bundesrecht gegebenen Beseitigungsanspruch ist die Annahme einer stillschweigend erklärten Einwilligung zur Errichtung der Nachbarwand aber schlechterdings unvereinbar. Eine durch schlüssiges Verhalten erklärte Einwilligung des Nachbarn wird daher nur ausnahmsweise unter besonderen Umständen, die in entsprechendem Verhalten vor der Errichtung der Nachbarwand gegeben sein können, bejaht werden können.
Die Einwilligung des Nachbarn und die Kennzeichnung einer Wand (Kommunmauer) als Nachbarwand mit der rechtlichen Folge aus § 4 können ferner nicht schon dann angenommen werden, wenn bei Inkrafttreten des Hess. NRG, d. h. am 1. Nov. 1962, ein Bauwerk mit einer die Grenze überschreitenden Wand bereits vorhanden oder doch im Bau war oder wenn mit dem Bau des Nachbarn, der die Wand nicht benutzt, im genannten Zeitpunkt bereits begonnen war.[6] Denn einerseits konnte — jedenfalls im früheren Geltungsgebiet des Kurmainzer Rechts oder der Frankfurter Reformation — der Ersterbauer gegen den Willen seines Nachbarn die Kommunmauer erzwungen haben (vgl. Nr. 1 der Einführung vor § 1), so daß von einer Einwilligung oder Zustimmung des Nachbarn keine Rede sein könnte. Andererseits aber könnte auch eine vor dem 1. Nov. 1962 erteilte Einwilligung zur Errichtung einer übergreifenden Wand durch den Nachbarn nicht ohne weiteres für diesen

5 Bad. Staatsgerichtshof, zitiert bei von Mangoldt-Klein, Art. 14 Anm. VII, 6.
6 Mit einem Fall dieser Art war das LG. Frankfurt befaßt. Vgl. dazu nachsteh. Anm. 7.

die Verpflichtungen nach § 4 auslösen, denn diese Vorschrift war im Zeitpunkt der Einwilligung noch nicht in Geltung; Rückwirkung ist ihr aber nicht beigelegt.[7] In solchen Fällen ist daher für die Frage, ob der Nachbar im Falle der Errichtung eines Bauwerks die Wand mitbenutzen und entsprechenden Ausgleich zahlen (§ 3 Abs. 2 entsprechend) oder bei Nichtbenutzung der Wand entsprechend § 4 haften muß, ausschließlich die zwischen den Beteiligten getroffene Abrede, die festzustellen ist, maßgebend.

Der Sonderrechtsnachfolger des Nachbarn, z. B. ein Käufer des Grundstücks, wäre an die Einwilligung allerdings nur gebunden, wenn eine dahingehende Grunddienstbarkeit eingetragen oder bei Eintritt der Rechtsnachfolge die Einwilligungserklärung zur Errichtung der späteren Grenzeinrichtung (§ 921 BGB) bereits dadurch vergegenständlicht wäre, daß mit ihrem Bau begonnen wäre. Wäre daher bis zum Beginn der Errichtung der Nachbarwand auf seiten des Nachbarn mit einem Eigentumswechsel zu rechnen, so müßte sich der Grundstückseigentümer, der die Nachbarwand errichten will, in der Weise sichern, daß er eine Grunddienstbarkeit sich bestellen ließe oder einen gleichlautenden Vertrag mit dem künftigen Erwerber abschlösse.

3. Die mit der Errichtung der Nachbarwand zusammenhängenden Fragen können die beteiligten Grundstückseigentümer selbst regeln (§ 45). Sie können also z. B. vereinbaren, welche Beschaffenheit die Wand haben soll, ob sie halbscheidig oder mehr oder weniger auf das eine oder andere Grundstück zu stehen kommen soll, ob und wer sie verstärken und erhöhen darf, ob und unter welchen Bedingungen der duldungspflichtige Nachbar anbauen darf oder muß und ob und wie er sonst für das Dulden der Wand entschädigt werden soll, ob der Erbauer der Wand diese beliebig wieder beseitigen darf usw. Nur soweit solche Vereinbarungen nicht getroffen sind, greifen die §§ 2 ff. ergänzend ein (§ 45). Der Vereinbarung der Parteien entzogen ist allerdings die Regelung der Eigentumsverhältnisse an der Nachbarwand, da diese sich nach den zwingenden Vorschriften des BGB bestimmen. Über die Frage, wie sich die Eigentumsverhältnisse an einer Nachbarwand gestalten, gehen die Rechtsansichten weit auseinander. Im einzelnen muß dabei unterschieden werden:

a) Die Nachbarn haben sich über die Errichtung der bau-

7 Mit dieser Begründung hat das LG. Frankfurt in seinem Urteil vom 1. Okt. 1965 – 2/10 0 371/63 – zutreffend den Anspruch des Ersterbauers auf Zahlung eines Ausgleichs nach § 4 wegen Nichtbenutzung der übergebauten Mauer durch den vor dem 1. Nov. 1962 genehmigten und zu diesem Zeitpunkt bereits im Bau befindlichen Neubau des Nachbarn abgewiesen.

rechtlich zulässigen Nachbarwand geeinigt; es liegt also eine Nachbarwand im Sinne des § 1 vor.

aa) Bis zum Anbau[8] steht diese Wand im Alleineigentum des Erbauers[9], der ja auch in aller Regel, d. h. mangels einer abweichenden Vereinbarung mit dem Nachbarn, die Kosten der Errichtung der Wand allein getragen hat.

bb) Nach dem Anbau:

aaa) Nach der Ansicht des Reichsgerichts[10] bleibt die Wand im Alleineigentum ihres Erbauers. Durch den Anbau ändert sich also an den Eigentumsverhältnissen nichts, so daß auch jeglicher Ausgleichsanspruch entfällt.

bbb) Die Rechtsprechung der Oberlandesgerichte und teilweise auch das Schrifttum[11] lassen an der Wand zwei vertikale Alleineigentumsrechte der beiden Nachbarn entstehen.

ccc) Nach Meisner-Stern-Hodes[12] verwandelt sich das Alleineigentum in ideelles Miteigentum der Nachbarn. Diese Ansicht wird auch von dem Bundesgerichtshof[13] sowie von Staudinger[14] vertreten.

Die praktische Auswirkung dieser verschiedenen Rechtsauffassungen besteht darin, daß mit Ausnahme des Reichsgerichts alle Ansichten dem Erbauer der Nachbarwand als Folge des Anbaus einen Ausgleichs- oder Vergütungsanspruch zuerkennen. Im Gebiet des Hessischen Nachbarrechts wird diesen Meinungsverschiedenheiten mit Rücksicht auf die Regelung in §§ 2 bis 7 dieses Gesetzes praktische Bedeutung künftig nicht mehr zukommen.

b) Die Nachbarn haben sich über die Errichtung einer Nachbarwand nicht geeinigt. Dann liegt ein Überbau im Sinne des § 912 BGB nur vor, wenn beim Errichten der Wand der Erbauer über die Grenze gebaut hat, ohne daß ihm Vorsatz oder grobe Fahrlässigkeit zur Last fallen und ohne daß der Nachbar vor oder sofort nach der Grenzüberschreitung Widerspruch erhoben hat. In diesem Falle liegt wegen fehlender Einwilligung des Nachbarn eine Nachbarwand im Sinne der §§ 1 bis 7 nicht vor. Für eine solche Wand gilt folgendes:

---

8 Vgl. hierzu Hodes in NJW 62, 773 und unten § 3 Anm. 2.
9 Vgl. Meisner-Stern-Hodes § 8 II 3 a und § 9 II 1.
11 Vgl. Meisner-Stern-Hodes § 8 III 1 und § 9 II 1.
11 RGRK Anm. 2 zu § 94 BGB.
12 Meisner-Stern-Hodes § 8 III 1 mit weiteren Zitaten.
13 NJW 58/1181 = MDR 58/591; NJW 65, 811 = MDR 65, 472.
14 Staudinger RN 34 zu § 921 BGB. Jetzt auch Palandt-Hoche § 921 Anm. 5 b aa.

aa) Bis zu einem Anbau[15] steht nach allgemeiner Meinung[16] auch hier das Alleineigentum an der Mauer dem Erbauer zu. Der Nachbar hat allerdings kein Anbaurecht, sondern nur den Anspruch auf die Überbaurente (§ 912 Abs. 2 BGB) oder auf Grundabnahme (§ 915 BGB).

bb) Baut der Nachbar trotzdem an, so liegt in diesem Verhalten die Genehmigung des Überbaus oder die nachträglich erteilte Einwilligung zur Errichtung einer Nachbarwand im Sinne des § 1 Abs. 1. Damit liegt von diesem Zeitpunkt ab eine Nachbarwand im Sinne der §§ 1 bis 7 vor mit der Folge, daß die Ansprüche auf Überbaurente und Grundabnahme entfallen und die Darlegungen zu oben Anm. 3 a Platz greifen.

c) Die Nachbarn haben sich über die Errichtung der Nachbarwand nicht vereinbart; es liegt auch kein Überbau im Sinne des § 912 BGB vor, weil der Erbauer vorsätzlich oder doch grob fahrlässig die Eigentumsgrenze verletzt oder aber der Nachbar vor oder sofort nach der Grenzüberschreitung Widerspruch erhoben hat. Auch hier ist eine Nachbarwand im Sinne der §§ 1 bis 7 nicht gegeben. Für diese Wand gilt folgendes:

aa) Bis zu einem Anbau:

aaa) Nach Ansicht des Reichsgerichts[17] und verschiedener Vertreter im Schrifttum[18] steht die Wand nach den §§ 94 Abs. 1 Satz 1, 905, 946 BGB in dem real aufgeteilten, vertikalen Alleineigentum der beiden Nachbarn.

bbb) Die von einer Anzahl von Oberlandesgerichten vertretene Absicht, der sich auch Vertreter des Schrifttums angeschlossen haben[19], bejaht auch in diesem Fall Alleineigentum des Erbauers an der errichteten Wand. Daraus folgt, daß der „überbaute" Nachbar gemäß § 1004 BGB die Beseitigung des Wandteils auf seinem Grundstück verlangen kann.

ccc) Meisner-Stern-Hodes[20] nehmen gleichfalls Alleineigentum des Erbauers an der Wand an und billigen demgemäß auch den Beseitigungsanspruch nach § 1004 BGB zu.

ddd) Der Bundesgerichtshof[21] hat sich für diesen Fall der Meinung des Reichsgerichts angeschlossen und hier vertikal und real aufgeteiltes

15 Vgl. Hodes in NJW 62, 773.

16 Meisner-Stern-Hodes § 8 II 3 und § 9 II 1.

17 RGZ 70/209; 130/266; 162/212.

18 Planck-Strecker, 5. Aufl. § 94 Anm. 4, § 912 Anm. 2 b, RGRKomm. 11. Aufl., § 94 Anm. 1 und 3; Palandt-Hoche, § 912 Anm. 4 b und § 921 Anm. 5 a bb; Wolff-Raiser, 10. Bearbeitung, § 55 Fußnote 13; Westermann, Sachenrecht, 5. Aufl., § 64 V.

19 Meisner-Stern-Hodes § 8 II 3 c und § 9 II 3.

20 Meisner-Stern-Hodes § 8 II 3 c und § 9 II 3.

21 NJW 58, 1182 = MDR 58, 592; NJW 64, 1125.

Alleineigentum der Nachbarn an der Wand mit der Begründung angenommen, daß der Erbauer der Wand bei der Schaffung der wirtschaftlichen Einheit zwischen der Wand und seinem Gebäude fremdes Eigentum vorsätzlich oder grob fahrlässig verletzt habe und daher eigentumsmäßig den Schutz der Rechtsordnung nicht verdiene.[22]

bb) Baut der Nachbar an den auf seinem Grundstück stehenden Wandteil an, so ergeben sich je nachdem, welcher der vorstehenden Auffassungen man sich anschließt, verschiedene Rechtsfolgen:

aaa) Nach der Meinung des Reichsgerichts ändert sich an dem von ihm angenommenen, real aufgeteilten Alleineigentum nichts; denn der Nachbar baut an den ihm gehörenden Wandteil an. Die Wand bleibt eigentumsmäßig gespalten. Nach dieser Ansicht können daher durch den Anbau keine Ausgleichsansprüche entstehen.

bbb) Nach der älteren Rechtsprechung der Oberlandesgerichte[23] spaltet sich nun das bisherige Alleineigentum des Erbauers an der Wand in zwei durch die Grenze geteilte, reale Eigentumshälften, die jeweils den auf dem gleichen Grundstück stehenden Gebäuden zugehören. Eigentumsrechtlich liegt damit das reichsgerichtliche Ergebnis vor; allerdings wird hier ein Ausgleichsanspruch ausgelöst, da sich die Eigentumsverhältnisse verändert haben.

ccc) Meisner-Stern-Hodes,[24] denen sich inzwischen Staudinger[25] und die herrschende Meinung angeschlossen haben, vertreten die Ansicht, daß das Alleineigentum an der Wand sich in ideelles Miteigentum der beiden Nachbarn verwandelt mit der Folge, daß ein entsprechender Ausgleichsanspruch erwächst. Auch hier liegt in dem Verhalten des anbauenden Nachbarn dessen nachträglich erteilte Einwilligung zur Errichtung der Nachbarwand im Sinne des § 1 Abs. 1 Nr. 1, so daß von diesem Zeitpunkt ab der Beseitigungsanspruch entfällt und eine Nachbarwand im Sinne der §§ 1 bis 7 anzunehmen ist. Damit ist zugleich der oben in Anm. 3 a behandelte Fall gegeben. Mangels anderer Vereinbarung gelten daher für die Rechtsbeziehungen zwischen den beteiligten Nachbarn die §§ 2 bis 7.

ddd) Der Bundesgerichtshof, der unter Außerachtlassung der Bedenken, die gegen die vom Reichsgericht (siehe vorst. aaa) vertretene Rechtsauffassung zu erheben sind[26], an der Ansicht festgehalten hat,

22 Vgl. hierzu Hodes NJW 62, 1251 und NJW 64 S. 2382 ff.
23 Vgl. bei Meisner-Stern-Hodes § 8 III 1 und N. 65 daselbst.
24 Meisner-Stern-Hodes § 8 III 1 und § 9 II 3.
25 Staudinger RN. 34 zu § 921.
26 Vgl. hierzu Hodes in NJW 62, 1251.

daß im Falle des unentschuldigten Überbaues vertikal aufgeteiltes Alleineigentum an der Mauer zur Entstehung gelange[27], hat sich inzwischen gleichfalls zu der Ansicht bekannt, daß in jedem Falle eines Anbaues an eine über die Grenze gesetzte Mauer, gleichgültig ob dies im entschuldigten oder im nicht entschuldigten Überbau geschehen ist, an der Mauer Miteigentum der beiden Grundstückseigentümer entsteht[28].

4. Dem Eigentümer eines Grundstücks steht der Erbbauberechtigte gleich (§ 11 ErbbaurechtsVO).

§ 2
Beschaffenheit der Nachbarwand

Die Nachbarwand ist in der Art und in der Dicke auszuführen, wie es notwendig ist, um den beabsichtigten Zweck zu erreichen. Höchstens mit der Hälfte der hiernach gebotenen Dicke darf sie das angrenzende Grundstück in Anspruch nehmen.

1. Die Beschaffenheit der Nachbarwand, insbesondere die Art ihrer Ausführung sowie ihre Dicke, läßt sich nicht allgemein festlegen. Von Bedeutung sind insbesondere die Art der Mitbenutzung (zum Abschluß, zur Unterstützung, zur Aussteifung), die zu unterschiedlichen statischen Belastungen führt, die Nutzung der angrenzenden Räume, durch welche besondere Anforderungen des Schall- und Wärmeschutzes entstehen können, und die Feuersicherheit. Auch muß, weil sonst nach öffentlichem Recht die Wand nicht gemeinsam genutzt werden kann, gemäß § 30 Abs. 2 S. 2 HBO technisch sichergestellt sein, daß die Wand bei Fortfall eines der beiden Gebäude erhalten bleiben kann. Daher können weder die öffentlich-rechtlichen Bauvorschriften, die aber stets zu beachten sind (§ 45), eine einheitliche Beschaffenheit der Wand vorschreiben, noch kann man heute von einer ortsüblichen Bauart sprechen. Folgerichtig macht daher S. 1 die Beschaffenheit der

27 BGHZ 41, 177 = NJW 64, 1221. Hiergegen Hodes in NJW 64 S. 2382 ff.

28 NJW 65, 811 = MDR 65, 472. Diese im Ergebnis zutreffende Auffassung erscheint mit der vom BGH weiter aufrechterhaltenen Ansicht, daß im Falle des unentschuldigten Grenzüberbaues vertikal aufgespaltenes Alleineigentum der beiden Grundstückseigentümer an der Mauer entstehe, nicht vereinbar. Baut nämlich nun der Nachbar an die Giebelmauer an, so baut er doch nur an die ihm bereits allein gehörende Mauerhälfte an, und es ergibt sich so kein Rechtsgrund für eine Umwandlung des bestehenden vertikalen Alleineigentums des Nachbarn an der überbauten Mauerhälfte in ideelles Miteigentum (vgl. hierzu Hodes NJW 65 S. 2088 ff.). Nun vertritt aber der BGH. in seiner Entscheidung NJW 65 S. 811 die Auffassung, daß das vertikale Alleineigentum des Nachbarn an der Mauerhälfte auf seinem Grundstück im Falle seines Anbaues sich in Miteigentum zur ideellen Hälfte umwandle. Diese Beurteilung der Eigentumsverhältnisse an der Giebelmauer nach durchgeführtem Anbau ist zutreffend; jedoch bedarf die Ansicht des BGH. über die Rechtsverhältnisse nach rechtswidrigem Überbau der Mauerhälfte bis zum Anbau durch den Nachbarn noch der Richtigstellung (vgl. auch Meisner-Stern-Hodes § 8 III 1 S. 204).

Nachbarwand — mangels entgegenstehender Vereinbarung der Beteiligten (§ 45) — von ihrer Zweckbestimmung im gegebenen Falle abhängig.

Wird für die Errichtung der Nachbarwand nicht die zweckgebotene Art der Ausführung gewählt, indem sie zum Beispiel mit größerer Dicke oder in einer teureren Bauart als nach Sachlage geboten hergestellt wird, so wird es dem Nachbarn gegenüber — unbeschadet einer anderweiten Vereinbarung (§ 45) — so angesehen, als wenn die Wand in der nach S. 1 gebotenen Beschaffenheit errichtet worden wäre. Dementsprechend errechnet sich die von dem anbauenden Nachbarn zu zahlende Ausgleichsvergütung gemäß § 3 Abs. 2 S. 1 mit dem halben Wert der Nachbarwand, höchstens aber mit dem halben Wert einer Nachbarwand im Sinne des § 2 S. 1. Vgl. auch § 3 Anm. 3.

2. S. 2 legt fest, inwieweit die Nachbarwand, sofern nichts anderes vereinbart ist (§ 45), das angrenzende Grundstück in Anspruch nehmen darf, nämlich nur mit der Hälfte der Dicke einer nach S. 1 in ihren Eigenschaften bestimmten Nachbarwand. Der Eigentümer des angrenzenden Grundstücks braucht also nicht zu dulden, daß eine der Norm des S. 1 entsprechend errichtete Wand mit mehr als mit der Hälfte ihrer Dicke auf seinem Grundstück steht. Er braucht ferner nicht zu dulden, daß eine Wand, die nicht entsprechend S. 1 aufgeführt ist und daher eine größere Dicke aufweist — als Abschlußwand hätte sie statt aus Ziegel zum Beispiel aus Beton und daher schmäler hergestellt werden sollen —, nun mit der Hälfte ihrer tatsächlichen Dicke übersteht. Geschieht dies trotzdem, so kann sich der angrenzende Eigentümer gegen diesen insoweit unerlaubten Grenzüberbau wenden, es sei denn, daß ein entschuldigter Grenzüberbau gemäß dem entsprechend anwendbaren § 912 BGB[29] anzunehmen wäre. In jedem Falle aber muß dieser Verstoß gegen § 2, wenn der Nachbar später anbaut, bei der Festsetzung der von ihm zu zahlenden Vergütung angemessen berücksichtigt werden (§ 3 Abs. 2 S. 2). Vgl. auch § 3 Anm. 3.

3. Dem Erbauer der Nachbarwand bleibt es überlassen, auf seinem Grundstück die Hälfte der an sich gebotenen Dicke der Nachbarwand zu überschreiten und daher insgesamt eine dickere Wand als erforderlich herzustellen. Ebenso bleibt die nachträgliche Verstärkung der Nachbarwand auf dem eigenen Grundstück zulässig (§ 7).

---

29 Vgl. Meisner-Stern-Hodes § 8 II 3 a.

§ 3
Anbau an die Nachbarwand

(1) Der Eigentümer des Nachbargrundstücks ist berechtigt, an die Nachbarwand anzubauen. Anbau ist die Mitbenutzung der Nachbarwand als Abschlußwand oder zur Unterstützung oder Aussteifung des neuen Bauwerks.

(2) Der anbauende Eigentümer des Nachbargrundstücks ist zur Zahlung einer Vergütung in Höhe des halben Wertes der Nachbarwand, höchstens des halben Wertes einer Nachbarwand im Sinne des § 2 Satz 1 verpflichtet, soweit die Nachbarwand durch den Anbau genutzt ist. Nimmt die Nachbarwand von dem angrenzenden Grundstück eine größere Bodenfläche in Anspruch, als § 2 Satz 2 vorsieht, so ist dies bei der Festsetzung der Vergütung angemessen zu berücksichtigen. Für die Berechnung des Wertes der Nachbarwand und für die Fälligkeit der Vergütung ist der Zeitpunkt der Rohbauabnahme des Anbaus maßgebend. Auf Verlangen ist Sicherheit in Höhe der voraussichtlich zu gewährenden Vergütung zu leisten; in solchem Falle darf der Anbau erst nach Leistung der Sicherheit begonnen oder fortgesetzt werden.

(3) Bis zum Anbau an die Nachbarwand fallen die Unterhaltungskosten dem Eigentümer allein zur Last. Nach dem Anbau sind die Unterhaltungskosten für den gemeinsam genutzten Teil der Nachbarwand von beiden Grundstückseigentümern entsprechend dem Verhältnis ihrer Beteiligung gemäß Abs. 2 Satz 1 und 2 zu tragen.

1. Abs. 1 normiert ein Anbaurecht, wie es schon bisher bei einverständlicher Errichtung einer Kommunmauer von Rechtslehre und Rechtsprechung anerkannt war. Es besteht aber nur ein Anbaurecht, jedoch keine Anbaupflicht, unbeschadet einer anderen Vereinbarung zwischen den beteiligten Grundstückseigentümern (§ 45). Der Eigentümer des Nachbargrundstücks, mit dessen Einverständnis die Nachbarwand errichtet worden ist, braucht also, sofern er sich nicht ausdrücklich dazu verpflichtet hat, das von ihm ursprünglich geplante Bauwerk später nicht zu errichten. Auch steht es ihm frei, wenn ihm die baurechtlichen Vorschriften eine solche Möglichkeit lassen, ohne Mitbenutzung der Nachbarwand[30] sein Bauwerk zu errichten. Zieht er aber sein Bauwerk unmittelbar im Anschluß an die Nachbarwand hoch und benutzt er dabei nicht die Nachbarwand, so muß er für das Unterlassen des Anbaus einen Ausgleich leisten (§ 4 Abs. 1), sofern nichts anderes vereinbart ist (§ 45); ferner

[30] Vgl. hierzu auch Hodes in NJW 62, 773 und nachst. FN. 28.

trifft ihn die Verpflichtung, auf seine Kosten die Fuge zwischen der Nachbarwand und seinem Bauwerk mit dessen Außenfläche bündig zu verdecken (§ 4 Abs. 2). Zum Begriff des Anbaus vgl. nachstehende Anm. 2; wegen der Rechtsfolgen des Nichtanbauens vgl. § 4 Anm. 1 und 2.

2. Anbau ist die Mitbenutzung der Nachbarwand als Abschlußwand oder zur Unterstützung oder Aussteifung des neuen Bauwerks (Abs. 1 S. 2). Als Abschlußwand für den Anbau dient die Nachbarwand, wenn sie diesen nach der Seite der Nachbarwand zu abschließt; tragende Funktion braucht ihr dabei nicht zuzukommen. Eine Mitbenutzung der Nachbarwand als Abschlußwand durch das neue Bauwerk liegt aber dann nicht vor, wenn dieses zwar eine eigene, von der Nachbarwand selbständige und in sich standsichere Wand aufweist, diese aber mit Rücksicht auf die vorhandene Giebelwand nicht die sonst erforderlichen Voraussetzungen für ausreichende Feuersicherheit, Wärme- und Schalldämmung aufweist; unter solchen Umständen nutzt zwar der Erbauer des zweiten Bauwerks die durch das Vorhandensein der Nachbarwand gegebenen Vorteile für sich aus, das Alleineigentum des Erbauers der Nachbarwand bleibt aber unberührt, und die für den Begriff des Anbaus wesentliche Eigentumsverschiebung findet nicht statt[31]. Im übrigen ist durch die Regelung des § 4 Abs. 1, die mangels abweichender Vereinbarung eingreift (§ 45), der Anreiz für den Nachbarn, durch ausgeklügelte bautechnische Maßnahmen die Feststellung eines Anbaus mit der Folge der Ausgleichszahlung nach § 3 Abs. 2 S. 1 zu hintertreiben und trotzdem von der Nachbarwand Nutzen zu ziehen, weitgehend ausgeschaltet, da der Nachbar, wenn er baut, aber nicht anbaut, zur Zahlung einer entsprechenden Vergütung verpflichtet ist (§ 4 Abs. 1), wobei er noch das Risiko in Kauf nimmt, daß eines Tages die Nachbarwand verschwindet und er nun gezwungen ist, zwecks Herbeiführung der erforderlichen Feuersicherheit, Wärme- und Schalldämmung seine Wand nachträglich zu verstärken.
Zur Frage, wann die Nachbarwand der Unterstützung oder der Aussteifung des neuen Bauwerks dient, vgl. oben zu § 1 Anm. 1.

3. Abs. 2 regelt die Höhe des Ausgleichsbetrags, den — mangels

31 Vgl. hierzu auch BGH. NJW 62, 149 = MDR 62, 120 und Hodes NJW 62, 773 ff.; ferner Meisner-Stern-Hodes § 8 III. In seinem Urteil vom 1. 10. 65 – 2/10 0 371/63 – hat das LG. Frankfurt zutreffend das Vorliegen eines Anbaus im Sinne des § 3 Abs. 1 S. 2 in einem Falle verneint, in welchem zwischen dem Brandgiebel des – übergebauten – ersten Hauses und dem Neubau, der eine 10 cm starke Bimswand aufwies, die auf den Randstreifen der Decken des Neubaus errichtet war, eine vertikale Teerpappe und eine elastischere Zwischenschicht am Giebelrücksprung oberhalb des ersten Obergeschosses angebracht waren.

abweichender Vereinbarung (§ 45) — der anbauende Nachbar dem Erbauer der Nachbarwand für die durch den Anbau ihm gewährten Vorteile zu zahlen hat. Es ist dies die Hälfte des Wertes der Nachbarwand im Zeitpunkt der Rohbauabnahme des Anbaus (Abs. 2 S. 1 und 3), aber nicht mehr als die Hälfte des Wertes einer Nachbarwand im Sinne des § 2 Satz 1 (Abs. 2 S. 1); außerdem darf nur der Wert der Nachbarwand, soweit sie flächenmäßig genutzt wird, in Rechnung gestellt werden (Abs. 2 S. 1). Hat also zum Beispiel infolge Verwendung besonders teuren Baumaterials die Nachbarwand einen um 25% höheren Wert, als ihn eine Wand nach § 2 Satz 1 gehabt hätte, so muß dieser Mehrwert vor der Berechnung der Vergütung abgesetzt werden. Oder steht eine Wand, die 1½mal so dick ist wie die nach Sachlage erforderliche Wand, zu einem Drittel ihrer Dicke — insofern mit § 2 Satz 2 übereinstimmend — auf dem angrenzenden Grundstück und wird von dort aus nur zur Hälfte angebaut, so ist, wenn der Wert der gesamten Wand 3000,— DM beträgt, nur ein Betrag von 2000,— DM zugrunde zu legen und die Vergütung auf 500,— DM festzustellen. Nimmt die Nachbarwand, ohne daß eine entsprechende Vereinbarung vorläge (§ 45), mehr als mit der Hälfte der gebotenen Dicke das angrenzende Grundstück in Anspruch (§ 2 Satz 2), so muß zugunsten des anbauenden Nachbarn ein entsprechender Abschlag von der zu zahlenden Vergütung vorgenommen werden (Abs. 2 Satz 2); als Anhaltspunkt könnte hier die Höhe einer kapitalisierten Überbaurente hinsichtlich des zu Unrecht mehr in Anspruch genommenen Teils des Grundstücks in Betracht kommen.

Entscheidend ist also der Gegenwartswert der Nachbarwand im Zeitpunkt der Rohbauabnahme des Anbaus. Wie dieser Wert zu ermitteln ist, bestimmt das Gesetz nicht. Er wird regelmäßig in der Weise festgestellt werden können, daß der Herstellungswert im maßgeblichen Zeitpunkt errechnet und hiervon die Abnutzungsabschläge vorgenommen werden. Die tatsächlichen Herstellungskosten scheiden somit grundsätzlich als Berechnungsgrundlage aus; selbstverständlich können aber die Nachbarn sie als Grundlage vereinbaren (§ 45).

Einigen sich die beteiligten Grundstückseigentümer (§ 45) auf eine von der Norm des § 2 abweichende Nachbarwand, so werden sie in aller Regel auch über die Höhe der zu zahlenden Vergütung sich vereinbaren. Soweit letzteres aber nicht geschehen wäre, müßten die Grundsätze des Abs. 2 mit der Maßgabe zur Anwendung kommen, daß die errichtete Nachbarwand als die der Norm entsprechende anzusehen wäre. Im wesentlichen käme es dann nur noch auf den Grad der Mitbenutzung an.

4. Maßgeblicher Zeitpunkt für die Berechnung der Vergütung und das Fälligwerden des Vergütungsanspruchs ist der Zeitpunkt der Rohbauabnahme (vgl. § 79 Abs. 2 HBO) des später errichteten Bauwerks (Abs. 2 S. 3). Jederzeit kann aber schon vorher Sicherheitsleistung in Höhe der voraussichtlichen Vergütung gefordert werden; geschieht dies, so darf der Anbau erst nach Leistung der Sicherheit begonnen oder fortgesetzt werden (Abs. 2 S. 4).

5. Bis zum Anbau nutzt der Ersterbauer die Nachbarwand allein; sie steht in seinem Alleineigentum; daher treffen ihn auch die Unterhaltungskosten der Mauer allein (Abs. 3 S. 1). Nach dem Anbau jedoch sind die Unterhaltungskosten für den gemeinsam genutzten Teil der Nachbarwand von den beteiligten Grundstückseigentümern entsprechend dem Verhältnis ihrer Beteiligung gemäß Abs. 2 Satz 1 und 2 anteilig zu tragen (Abs. 3 S. 2).

6. Dem Grundstückseigentümer steht der Erbbauberechtigte gleich (§ 11 ErbbaurechtsVO).

§ 4

Nichtbenutzen der Nachbarwand

(1) Wird das spätere Bauwerk nicht an die Nachbarwand angebaut, so hat der anbauberechtigte Eigentümer des Nachbargrundstücks für die durch die Errichtung der Nachbarwand entstandenen Mehraufwendungen gegenüber den Kosten der Herstellung einer Grenzwand (§ 8 Abs. 1) Ersatz zu leisten; dabei ist in angemessener Weise zu berücksichtigen, daß das Nachbargrundstück durch die Nachbarwand teilweise weiter genutzt wird. Der zu erstattende Betrag darf jedoch nicht höher sein als der, den der Eigentümer des Nachbargrundstücks im Falle des Anbaus nach § 3 Abs. 2 Satz 1 bis 3 zu zahlen hätte. Der Anspruch wird mit der Rohbauabnahme des späteren Bauwerks fällig.

(2) Der anbauberechtigte Eigentümer des Nachbargrundstücks ist ferner verpflichtet, die Fuge zwischen der Nachbarwand und seinem an die Nachbarwand herangebauten Bauwerk auf seine Kosten bündig mit der Außenfläche seines Bauwerks zu verdecken.

1. § 3 Abs. 1 S. 1 gewährt dem Nachbarn ein Anbaurecht, ohne zugleich eine Anbaupflicht in dem Sinne zu schaffen, daß der Nachbar auch verpflichtet wäre, ein Bauwerk zu errichten; selbstverständlich könnte eine solche Bauverpflichtung durch Vereinbarung zwischen den beteiligten Grundstückseigentümern begründet werden

(§ 45). Die gesetzliche Regelung bedeutet aber nicht, daß der Nachbar, wenn er aus eigenem Entschluß ein Bauwerk aufführt, nun auch völlig frei in der Entschließung wäre, ob er anbauen will oder nicht; denn die Vereinbarung, daß eine Nachbarwand errichtet werden soll, oder auch die bloße Einwilligungserklärung des Nachbarn in die Grenzüberschreitung zu diesem Zweck schließt für den Erbauer der Nachbarwand die Erwartung ein, daß diese, sofern auf dem Nachbargrundstück gebaut werden sollte, dem zweiten Bauwerk gleichfalls als Abschlußwand oder zu seiner Unterstützung oder Aussteifung dienen wird mit der Folge, daß die Vergütung nach § 3 Abs. 2 anfallen wird. Enttäuscht der anbauberechtigte Nachbar diese Erwartung, indem er trotz geschlossener Bauweise sein Gebäude nicht an die Nachbarwand anbaut[32], so ist es nur recht und billig, wenn ihn § 4 Abs. 1 verpflichtet, den Erbauer der Nachbarwand in Höhe des Unterschiedsbetrags zwischen den Herstellungskosten für die Nachbarwand und den Aufwendungen, die ihm bei Errichtung lediglich einer Grenzwand (§ 8 Abs. 1) erwachsen wären, schadlos zu halten (Abs. 1 S. 1); allerdings muß der Berechtigte sich dabei als Vorteil anrechnen lassen, daß er auch in Zukunft einen Streifen des Nachbargrundstücks weiterbenutzt (Abs. 1 S. 1 Halbsatz 2). Da aber der Erbauer der Nachbarwand nicht günstiger gestellt werden kann, als er gestanden hätte, wenn der Nachbar angebaut hätte, kann der nach Abs. 1 S. 1 zu ermittelnde Saldobetrag nicht höher sein als die Vergütung, die im Falle des Anbaus nach § 3 Abs. 2 S. 1 bis 3 fällig geworden wäre (Abs. 1 Satz 2); damit wird u. a. dem Umstand Rechnung getragen, daß der Nachbar vielleicht nur ein solches Haus errichtet hätte, das im Falle des Anbaus lediglich einen Bruchteil der Fläche der Nachbarwand in Anspruch genommen hätte.

2. Auch der Anspruch aus Abs. 1 wird mit der Rohbauabnahme des späteren Bauwerks f ä l l i g (Abs. 1 S. 3). Diese Regelung entspricht der des § 3 Abs. 2 Satz 3.

3. Wird das auf dem Nachbargrundstück entstehende Bauwerk wohl an die Nachbarwand herangerückt, aber nicht im Sinne des § 3 Abs. 1 S. 2 an diese angebaut[33], so entsteht das bautechnische Anliegen, das sich zudem mit den Interessen beider Nachbarn deckt, daß die zwischen den beiden Bauwerken e n t s t e h e n d e F u g e v e r d e c k t wird. Diese soll und kann nicht in voller Tiefe ausgefüllt werden, da sie als Setzfuge für das zweite Gebäude bestehen bleiben muß; sie soll daher mit der Außenfläche des neuen Bauwerks bündig verdeckt werden.

32 Zum Begriff des Anbaus vgl. § 3 Anm. 2.
33 Vgl. hierzu oben § 3 Anm. 2.

Eine dahingehende Auflage wird die Bauaufsichtsbehörde in aller Regel dem Erbauer des zweiten Bauwerks ohnehin machen. Hierzu stellt Abs. 2 für das Verhältnis der beiden Nachbarn zueinander fest, daß die Kosten des fugenlosen Abschlusses allein dem Zweiterbauer zur Last fallen. Diese Regelung rechtfertigt sich aus der Erwägung, daß die entstehenden Kosten in aller Regel nur schwer gesondert ermittelt werden können und vielfach verhältnismäßig geringfügig sein werden; schließlich sind sie letztlich eine Folge davon, daß der Nachbar von seinem Anbaurecht keinen Gebrauch gemacht hat.

4. Dem Grundstückseigentümer steht der Erbbauberechtigte gleich (§ 11 ErbbaurechtsVO).

§ 5
Beseitigen der Nachbarwand

(1) Der Eigentümer der Nachbarwand ist berechtigt, die Nachbarwand ganz oder teilweise zu beseitigen, solange und soweit noch nicht angebaut ist.

(2) Das Recht nach Abs. 1 besteht nicht, wenn der anbauberechtigte Eigentümer des Nachbargrundstücks die Absicht, die Nachbarwand ganz oder teilweise durch Anbau zu nutzen, dem Eigentümer der Nachbarwand anzeigt und spätestens binnen 6 Monaten den erforderlichen Bauantrag bei der Bauaufsichtsbehörde einreicht.

(3) Abs. 2 ist nicht anwendbar, wenn der Eigentümer der Nachbarwand, bevor er eine Anzeige nach Abs. 2 erhalten hat, die Absicht, die Nachbarwand ganz oder teilweise zu beseitigen, dem Eigentümer des Nachbargrundstücks anzeigt und spätestens binnen 6 Monaten den erforderlichen Bauantrag bei der Bauaufsichtsbehörde einreicht.

(4) Gehen die Anzeigen nach Abs. f2 und 3 ihren Empfängern gleichzeitig zu, so hat die Anzeige nach Abs. 3 keine Rechtswirkung.

(5) Macht der Eigentümer der Nachbarwand von seinem Beseitigungsrecht zulässigen Gebrauch, so hat er dem Eigentümer des Nachbargrundstücks für die Dauer der Nutzung des Nachbargrundstücks durch den hinübergebauten Teil der Nachbarwand eine angemessene Vergütung zu leisten. Beseitigt der Eigentümer der Nachbarwand diese ganz oder teilweise, obwohl gemäß Abs. 2 ein Recht hierzu nicht besteht, so hat er dem anbauberechtigten Eigentümer des Nachbargrundstücks Ersatz für den durch die völlige oder teilweise Beseitigung der Anbaumöglichkeit zugefügten Schaden zu leisten; der Anspruch wird mit der Rohbauabnahme des späteren Bauwerks fällig.

1. Der Erbauer einer Nachbarwand im Sinne des § 1 ist bis zu einem

Anbau durch den Nachbarn ihr Alleineigentümer[34]. Da der Eigentümer mit seiner Sache grundsätzlich nach Belieben verfahren darf, hat auch der Eigentümer der Nachbarwand – unbeschadet selbstverständlich entgegenstehender öffentlich-rechtlicher Vorschriften oder anders lautender privatrechtlicher Vereinbarungen (§ 45) – das Recht, die Nachbarwand ganz oder teilweise wieder zu beseitigen, solange und soweit noch nicht angebaut ist (Abs. 1). Das Beseitigungsrecht entfällt in dem Maße, als der Anbau tatsächlich durchgeführt ist.

2. Der Zweckbestimmung, die mit der Errichtung einer Nachbarwand im Sinne des § 1 verbunden ist, und die dem Nachbarn ein Recht zum Anbau einräumt, würde es aber widersprechen, wenn das Beseitigungsrecht des Eigentümers uneingeschränkt gegeben wäre, solange der Anbau tatsächlich noch nicht durchgeführt ist, da das Anbaurecht durch die Beseitigung der Nachbarwand endgültig vereitelt würde. Andererseits wäre das aus dem Eigentumsrecht entspringende Beseitigungsrecht praktisch wertlos oder gegenstandslos gemacht, wenn der Erbauer der Nachbarwand mit Rücksicht auf deren Zweckbestimmung gehalten wäre, dem anbauberechtigten Nachbarn die einmal geschaffene Anbaumöglichkeit unter allen Umständen zu erhalten. Diesen Rechts- und Interessenkonflikt löst das Gesetz in der Weise, daß es darauf abstellt, wer von den beiden Nachbarn als erster dem anderen seine Absicht, die Nachbarwand zu beseitigen bzw. an sie anzubauen, anzeigt:

Die Anzeige des Nachbarn, daß er entweder in vollem Umfang, d. h. in voller Länge und Höhe, oder aber in vermindertem Umfang, d. h. zu einem Teil der Länge oder/und der Höhe, anbauen wolle, verpflichtet den Erbauer und Eigentümer der Nachbarwand, von der Beseitigung der Wand insoweit vorläufig abzusehen. Endgültig wird diese Verpflichtung aber erst, wenn der Nachbar spätestens binnen 6 Monaten nach der Anzeige der Ernsthaftigkeit seiner Bauabsicht durch Einreichen des Bauantrags bei der Bauaufsichtsbehörde unter Beweis stellt (Abs. 2). Geschieht dies nicht, so lebt das Beseitigungsrecht wieder auf.

Zeigt der Erbauer oder Eigentümer der Nachbarwand dem Nachbarn seine Absicht an, die Nachbarwand ganz oder teilweise beseitigen zu wollen, bevor oder ohne daß dieser gleichzeitig (Abs. 4) seine Absicht, an die Nachbarwand an-

34 Vgl. § 1 Anm. 3 a, aa.

bauen zu wollen, mitteilt, so steht ihm das Beseitigungsrecht endgültig erst dann zu, wenn er den für das Abreißen erforderlichen Bauantrag spätestens binnen 6 Monaten bei der Bauaufsichtsbehörde einreicht (Abs. 3). Geschieht dies nicht, so verliert er die erlangte Rechtsstellung mit der Folge, daß der Nachbar wiederum Anzeige gemäß Abs. 2 erstatten kann.

Teilt der Erbauer der Nachbarwand seinem Nachbarn die Absicht mit, daß er die Nachbarwand ganz oder teilweise beseitigen wolle, geht ihm aber gleichzeitig von dem Nachbarn die Anzeige zu, daß dieser anbauen wolle, so äußert die erstere Mitteilung keine Rechtswirkung (Abs. 4); die Nachbarwand muß also bestehen bleiben. Die Frage, wann die Anzeigen als zugegangen anzusehen sind, beurteilt sich nach den §§ 130 bis 132 BGB; den Zeitpunkt des Zugangs muß der beweisen, der hieraus Rechtsvorteile für sich herleitet.[35]

Für jeden Grundstückseigentümer wird es sich empfehlen, dem Nachbarn sogleich Anzeige zu machen, sobald er sich zur Beseitigung der Nachbarwand oder zum Anbau an sie entschlossen hat und — wegen der 6-Monats-Frist — der Verwirklichung des Planes keine Schwierigkeiten mehr entgegenstehen.

Hiernach kann sich folgender Geschehensablauf ergeben: A, der Erbauer der Nachbarwand, will diese beseitigen. Bevor er seine Absicht seinem Nachbarn B anzeigt, teilt ihm dieser mit, daß er anbauen wolle.Nun muß A zuwarten, ob B innerhalb der nächsten 6 Monate seinen Bauantrag bei der Bauaufsichtsbehörde einreicht. Geschieht es, so darf die Nachbarwand, soweit B an sie anbauen will, nicht mehr beseitigt werden. Läuft aber die Frist ab, ohne daß der Bauantrag eingereicht ist, kann A nunmehr seine Absicht durchführen. Zu diesem Zwecke teilt er seine Absicht dem B mit, der nun auf sein Anbaurecht nicht mehr pochen kann, sofern A einerseits binnen 6 Monaten den Bauplan über die Beseitigungsmaßnahme bei dem Bauaufsichtsamt einreicht. Verläuft diese Frist fruchtlos, so kann B erneut sein verlorengegangenes Anbaurecht wieder geltend machen. Teilen sich A und B gleichzeitig ihre Absichten mit, z. B., wenn die Anzeige persönlich gemacht wird, so schlägt die Anzeige des B die des A aus dem Felde.

3. Die Anzeigen nach Abs. 2 bis 4 sind formlos wirksam. Empfehlen wird sich allerdings, daß der Anzeiger sich eine Bescheinigung

---

35 Wegen der Sicherung dieses Nachweises vgl. nachsteh. Anm. 3.

über den Eingang beschafft, sei es durch Quittung des Empfängers, sei es durch Zustellung seines Schreibens durch den Gerichtsvollzieher oder durch die Post oder sei es durch Übersendung der schriftlichen Anzeige mittels eingeschriebenen Briefs mit Rückschein.

4. Da der Bauantrag über den Gemeindevorstand einzureichen ist (§ 67 Abs. 2 S. 2 HBO), genügt es zur Wahrung der Sechsmonatsfrist, wenn der Bauantrag dem Gemeindevorstand einer kreisangehörigen Gemeinde zum Zweck der Weiterleitung an die Bauaufsichtsbehörde innerhalb der Frist zugegangen ist.

5. Das Gesetz setzt nur die Sechsmonatsfrist zum Einreichen des Bauantrags bei der Bauaufsichtsbehörde; dagegen bestimmt es nichts darüber, daß und innerhalb welcher Frist das Bauvorhaben auch durchgeführt werden muß. Offensichtlich ist hier von der Erfahrungstatsache ausgegangen, daß jeder, der einen entsprechenden Bauplan einreicht, diesen auch in angemessener Zeit zur Durchführung bringt. Der Ablauf braucht aber keineswegs so zu sein. Man denke nur daran, daß z. B. der Eigentümer der Nachbarwand, der sich mit Neubauplänen trug und deshalb die Nachbarwand niederlegen wollte, inzwischen in Vermögensverfall geraten ist und deshalb seine Absichten nicht mehr verwirklichen kann. Soll unter solchen Umständen der Nachbar am Anbau ständig gehindert sein? Man wird hier annehmen müssen, daß die durch die Einreichung des Bauantrags nach vorangegangener Anzeige erworbene Rechtsstellung unter Anwendung der Grundsätze von Treu und Glauben als *verwirkt* anzusehen ist, wenn auf längere Zeit hinaus oder überhaupt ihre praktische Durchsetzung ausgeschlossen erscheint. Das ist insbesondere dann der Fall, wenn die Baugenehmigung unanfechtbar versagt oder wenn sie durch Fristablauf erloschen ist (§ 76 Abs. 1 HBO).

6. Macht der Erbauer der Nachbarwand *von seinem Beseitigungsrecht* gemäß Abs. 1 *zulässigen Gebrauch*, so muß er dem anbauberechtigten Nachbarn für die abgelaufene Zeit des Bestehens der Nachbarwand eine angemessene Vergütung dafür gewähren, daß er die Nachbarwand bis zur Beseitigung über seine Grenze hinaus teilweise auf dem angrenzenden Grundstück stehen hatte, ohne daß dem Nachbarn nun als Ausgleich das Anbaurecht verblieben wäre (Abs. 5 S. 1). Die Höhe der Vergütung wird nach dem Grad der wirtschaftlichen Beeinträchtigung des beanspruchten Grundstücks zu bemessen sein.

7. Beseitigt der Erbauer der Nachbarwand diese ganz oder teilweise, obwohl gemäß Abs. 2 oder Abs. 4 sein Recht suspendiert war, so muß er gemäß Abs. 5 S. 2 für den durch die teilweise oder völlige Beseitigung der Anbaumöglichkeit verursachten Schaden einstehen. Dieser errechnet sich zunächst aus dem Unterschiedsbetrag zwischen der Ausgleichsvergütung, die im Falle des Anbaus nach § 3 Abs. 2 zu zahlen gewesen wäre, und dem Betrag, der nun für die Errichtung einer eigenen Grenzwand für das zweite Bauwerk aufgewendet werden muß. Ferner muß zugunsten des Anbauberechtigten bei der Schadensermittlung berücksichtigt werden, daß dieser für seine selbständige Wand mehr Grund und Boden in Anspruch nehmen muß, als dies durch die Nachbarwand der Fall gewesen ist. Dieser Schaden tritt erst ein, wenn der Nachbar sein ursprünglich als Anbau geplantes Gebäude im Rohbau errichtet hat, da erst dann der Umfang der Bebauung ersichtlich ist. Daher wird auch erst im Zeitpunkt der Rohbauabnahme des späteren Bauwerks der Vergütungsanspruch fällig (Abs. 5 S. 2 Halbs. 2).
8. Dem Grundstückseigentümer steht der Erbbauberechtigte gleich (§ 11 ErbbaurechtsVO).

§ 6

Erhöhen der Nachbarwand

Jeder Grundstückseigentümer ist berechtigt, die Nachbarwand in voller Dicke auf seine Kosten zu erhöhen. Für den erhöhten Teil der Nachbarwand gelten die §§ 3, 4 Abs. 2, sowie § 5 Abs. 1 bis 4 und Abs. 5 Satz 2 entsprechend.

1. Haben sich die Nachbarn einmal auf die Errichtung einer Nachbarwand geeinigt und ist diese bereits erbaut, so werden die privatrechtlichen Belange der Grundstückseigentümer nicht mehr wesentlich berührt, wenn einer von ihnen nachträglich die Nachbarwand in ihrer vollen Dicke erhöht. Die Erhöhung braucht allerdings nicht in der vollen Dicke der Nachbarwand vorgenommen zu werden, wenn auch die Erhöhung in voller Dicke die Regel bilden wird; hat der Grundstückseigentümer daher z. B. die Nachbarwand nur um die Hälfte ihrer Dicke — also auf seiner Seite — erhöht, so muß geg. Falles der Nachbar, der aufstocken und daher an die „halbe Erhöhung" anbauen will, die Erhöhung bis zur vollen Dicke der Nachbarwand nachholen. Voraussetzung ist in jedem Falle, daß dem Vorhaben baurechtliche Vorschriften oder abweichende private Vereinbarungen (§ 45) nicht entgegenstehen, und daß insbesondere die Fundamente für die Erhöhung ausreichen, so daß die Nachbarwand

nicht gefährdet wird. Somit ist jeder der beiden Grundstückseigentümer selbständig zur Erhöhung der Nachbarwand berechtigt, ohne daß er zuvor das Einverständnis des anderen einholen müßte (S. 1).
Eine solche landesgesetzliche Regelung verstößt nicht gegen § 922 S. 1 BGB und ist daher zulässig.[36]

2. Der Eigentümer des angrenzenden Grundstücks ist, wie sich aus S. 2 in Verbindung mit § 3 Abs. 1 ergibt, ohne weiteres zum Anbau an die Erhöhung berechtigt. Er kann also seinerseits unter Mitbenutzung der Erhöhung aufstocken, ohne zuvor die Einwilligung des Nachbarn einholen zu müssen. Tut er dies, so ist er zur Zahlung einer Vergütung verpflichtet, wie sie sich entsprechend aus § 3 Abs. 2 errechnet; diese Verpflichtung entfällt selbstverständlich in dem Fall, daß die Erhöhung der Nachbarwand nur bis zur Hälfte der Dicke der Nachbarwand vorgenommen war und nun der Nachbar vor seinem Aufstocken auf seiner Seite erst erhöhen muß. Nach durchgeführtem Anbau besteht in jedem Falle gemäß § 3 Abs. 3 die Verpflichtung, zu den Unterhaltungskosten der Wanderhöhung anteilig beizutragen.

3. Das rechtliche Schicksal der Erhöhung muß dem der übrigen Nachbarwand folgen, da beide zusammen ein einheitliches Ganzes bilden. Dabei fällt rechtlich ins Gewicht, daß die Erhöhung ohne Einverständniserklärung des anderen Beteiligten zulässig ist und daß begrifflich die Frage nach einem Überbau infolge der Erhöhung nicht auftreten kann. Diese Umstände rechtfertigen es, diesen Fall hinsichtlich der Eigentumsverhältnisse dem Fall gleichzustellen, daß die beiden Grundstückseigentümer die Errichtung der erstellten Nachbarwand vereinbart haben:

   a) Wird die Wand in einem Zeitpunkt erhöht, in welchem an die Nachbarwand noch nicht angebaut ist, so steht die ganze Wand einschließlich der Erhöhung im Alleineigentum ihres Erbauers,[37] auch wenn die Erhöhung von dem anderen Grundstückseigentümer herrührt, der beabsichtigt, demnächst an die erhöhte Nachbarwand anzubauen. Die gesamte Wand einschließlich der Erhöhung ist nun Nachbarwand im Sinne der §§ 1 bis 7.

   b) Wird die Wand erhöht, nachdem an sie bereits an-

---

36 Vgl. hierzu RG 162, 213; BGH. NJW 59, 1364 = MDR 59, 565; NJW 55, 1799 (Düsseldorf); NJW 58, 224 (Celle); Meisner-Stern-Hodes, § 7 V und § 10.

37 Vgl. § 1 Anm. 3 a, aa.

gebaut ist, so zeigen sich je nachdem, welcher der Rechtsmeinungen[38] man sich anschließt, verschiedene Ergebnisse:

aa) Nach der Ansicht des Reichsgerichts[39] verbleibt die Wand einschließlich der Erhöhung im Alleineigentum des ursprünglichen Erbauers, selbst dann, wenn der andere Grundstückseigentümer die Erhöhung vorgenommen hat!

bb) Nach der in der Rechtsprechung der Oberlandesgerichte und teilweise im Schrifttum vertretenen Meinung [40] müßte man zwei vertikale durch die Grenze getrennte Alleineigentumsrechte der beiden Grundstückseigentümer an der Wand einschließlich der Erhöhung annehmen. Auch hier wäre es gleichgültig, welcher der beiden Grundstückseigentümer die Erhöhung hergestellt hätte!

cc) Nach der Rechtsprechung des Bundesgerichtshofs, nach Meisner-Stern-Hodes und nach Staudinger[41] erstreckt sich das an der Nachbarwand bestehende Miteigentumsrecht auch auf die Erhöhung und führt lediglich zu einer Veränderung der Miteigentumsanteile in der Weise, daß der erhöhte Wandteil seinem Erbauer zuzurechnen ist. Kam also z. B. beiden Grundstückseigentümern an der noch nicht erhöhten, aber voll angebauten Nachbarwand das Miteigentum zu je $^1/_2$ zu, so würde sich dieses, wenn die Wand um die Hälfte ihrer bisherigen Masse erhöht wird, in $^2/_3$ und $^1/_3$ Anteile an der gesamten Wand verändern. Dieser Fall stünde also dem gleich, daß eine Nachbarwand nur zu $66^2/_3$ % zum Anbau benutzt wird.

c) Baut der andere Grundstückseigentümer seinerseits an die Wanderhöhung an, indem er gleichfalls aufstockt, so ergibt sich nach den verschiedenen Rechtsmeinungen für die Eigentumsverhältnisse folgendes:

aa) Nach der Ansicht des Reichsgerichts[42] würde sich am Alleineigentum des Erbauers der Nachbarwand an dieser einschließlich der Erhöhung nichts ändern.

bb) Nach der in der Rechtsprechung einiger Oberlandesgerichte und der teilweise im Schrifttum vertretenen Meinung wäre auch der erhöhte Wandteil in 2 vertikale Alleineigentumsrechte aufgespalten.[43]

cc) Nach der Rechtsprechung des Bundesgerichtshofs und nach

38 Vgl. § 1 Anm. 3 a, bb.
39 Vgl. § 1 Anm. 3 a, bb, aaa.
40 Vgl. § 1 Anm. 3 a, bb, bbb.
41 Vgl. § 1 Anm. 3 a, bb, ccc.
42 Vgl. § 1 Anm. 3 a, bb, aaa.
43 Vgl. § 1 Anm. 3 a, bb, bbb.

Meisner-Stern-Hodes sowie Staudinger[44] würden bei vollem Anbau – sonst entsprechend dem Umfang des Anbaus und damit der Mitbenutzung der gesamten Wand – die Miteigentumsanteile je 1/2 der Nachbarwand einschließlich der Erhöhung ausmachen.

4. Stockt der Nachbar später auf, ohne aber dabei den erhöhten Teil der Mauer mitzubenutzen, also ohne im Sinne des § 3 Abs. 2 an diesen Teil anzubauen[45], so entsteht gegenüber dem Erbauer der Erhöhung keine Ausgleichspflicht, denn § 6 S. 2 führt nicht den § 4 Abs. 1 an. Für den aufstockenden Nachbarn entsteht aber die Verpflichtung, für den fugenlosen Abschluß zu sorgen, denn gemäß § 6 Satz 2 ist § 4 Abs. 2 entsprechend anwendbar.
5. Der erhöhte Teil der Nachbarwand kann gemäß Satz 2 von demjenigen, der ihn hergestellt hat, ganz oder teilweise wieder beseitigt werden, falls und soweit die Voraussetzungen der entsprechend anwendbaren Vorschriften des § 5 Abs. 1 bis Abs. 4 vorliegen.[46]
Wird die Wanderhöhung in zulässiger Weise ganz oder teilweise wieder beseitigt, so besteht kein irgendwie gearteter Entschädigungsanspruch, denn § 5 Abs. 5 S. 1 ist durch § 6 S. 2 nicht für anwendbar erklärt. Dies rechtfertigt sich aus der Überlegung, daß Art und Umfang der Nutzung des Bodens des Nachbargrundstücks durch die Nachbarwand davon unberührt bleiben, ob die Wanderhöhung vorhanden ist oder nicht. Im Falle einer unzulässigen Beseitigung oder Veränderung der Erhöhung ist gemäß § 6 S. 2 in Verbindung mit § 5 Abs. 5 S. 2 Schadensersatz zu leisten.[47]
6. Dem Grundstückseigentümer steht der Erbbauberechtigte gleich (§ 11 ErbbaurechtsVO).

§ 7
Verstärken der Nachbarwand

Jeder Grundstückseigentümer darf die Nachbarwand auf seinem Grundstück verstärken.

1. Auf seinem eigenen Grundstück darf jeder Grundstückseigentümer eigenmächtig die bestehende Nachbarwand verstärken; die Verstärkung auf dem Nachbargrundstück setzt die Einwilligung dessen Eigentümers voraus.

---
44 Vgl. § 1 Anm. 3 a ,bb, ccc.
45 Vgl. hierzu § 3 Anm. 2.
46 Vgl. hierzu § 5 Anm. 2 ff.
47 Vgl. hierzu § 5 Anm. 6.

Eine Verstärkung der Nachbarwand liegt nur vor, wenn diese und die Verstärkung fest miteinander verbunden werden. Sie ist nicht gegeben, wenn der Nachbar für sein Gebäude, das er nicht anbaut, nur tatsächlichen Vorteil aus der Tatsache zieht, daß die Nachbarwand durch ihr Vorhandensein Wärme-, Schall- sowie Brandschutz gewährt.[48] In der Regel wird die Verstärkung der Nachbarwand auf dem eigenen Grundstück zu dem Zwecke erfolgen, um eine größere Schalldämmung oder einen erhöhten Wärmeschutz zu erreichen oder um sie statisch stärker ausnutzen zu können.

2. Die Vorschrift des § 7 verstößt nicht gegen § 922 S. 1 BGB, da in dem Verstärken kein „Benutzen" der Nachbarwand im Sinne dieser Bestimmung zu sehen ist; sie ist daher als landesrechtliche Norm zulässig.[49]

3. Die Verstärkung der Nachbarwand zieht folgende eigentumsrechtliche Folgen nach sich:

a) Bis zum Anbau an die verstärkte Nachbarwand steht diese einschließlich der Verstärkung im Alleineigentum des Erbauers der Nachbarwand[50] auch dann, wenn nicht dieser, sondern der andere Grundstückseigentümer — mit Rücksicht auf seine demnächst durchzuführenden Anbaupläne — die Verstärkung angebracht hat. Eines Wertausgleichs zwischen den Beteiligten bedarf es in solchem Falle nicht, da der Nachbar nur dann verstärken wird, wenn er demnächst anbauen will. Nimmt er nach der Verstärkung von seinen Plänen Abstand, so steht ihm das Recht zur Beseitigung der Verstärkung insoweit ohne weiteres zu, als die Nachbarwand dadurch nicht beschädigt wird.

b) Im Falle des Anbaus nach der Verstärkung der Nachbarwand gilt hinsichtlich der Eigentumsverhältnisse folgendes:

aa) Nach der Meinung des Reichsgerichts[51] ändert sich nichts, d. h. die Nachbarwand bleibt einschließlich der Verstärkung im Alleineigentum des Erbauers der Nachbarwand, also auch, wenn sie von dem anbauberechtigten Nachbarn angebracht worden ist!

bb) Nach der in der Rechtsprechung einiger Oberlandesgerichte und teilweise im Schrifttum vertretenen Ansicht spaltet sich das Alleineigentum durch den Anbau in zwei vertikale Alleineigentumsrech-

48 Vgl. hierzu § 3 Anm. 2.
49 Vgl. hierzu § 6 Anm. 1.
50 Vgl. § 1 Anm. 3 a, aa.
51 Vgl. § 1 Anm. 3 a, bb, aaa.

te;[52] damit fällt die Verstärkung der Nachbarwand in das Eigentum dessen, der sie vorgenommen hat.

cc) Nach der Rechtsprechung des Bundesgerichtshofs, nach der von Meisner-Stern-Hodes und neuerdings auch von Staudinger vertretenen Ansicht[53] tritt eine Wertverschiebung in den Miteigentumsanteilen ein. Hat also z. B. der Grundstückseigentümer B auf seiner Grundstücksseite die von A erbaute Nachbarwand um die Hälfte ihrer Dicke verstärkt und baut er alsdann voll an, so stehen die Miteigentumsanteile der beiden Nachbarn an der verstärkten Nachbarwand zueinander im Verhältnis von 1:2.

4. Dem Grundstückseigentümer steht der Erbbauberechtigte gleich (§ 11 ErbbaurechtsVO).

Zweiter Abschnitt
GRENZWAND

Einführung

Im Partikularrecht ist die Grenzwand nicht geregelt. Der Entwurf zum Bundesbaugesetz[1] enthielt in dem Abschnitt „Bauliches Nachbarrecht" in den §§ 169 ff. Vorschriften über die Grenzwand und in § 168 eine Vorschrift über die „Gründungstiefe".[2] Dieser Abschnitt ist aber nicht Gesetz geworden.

Der Umfang von Rechten, die bei Inkrafttreten des Hess. NRG bestanden haben, richtet sich von diesem Zeitpunkt, also vom 1. 11. 1962 ab (§ 49), nach dem neuen Recht. Vorher rechtswirksam getroffene Vereinbarungen bleiben aber bestehen.[3]

§ 8
Anbau an eine Grenzwand

(1) Grenzwand ist die an der Grenze zum Nachbargrundstück auf dem Grundstück des Erbauers errichtete Wand.

(2) Der Eigentümer des Nachbargrundstücks darf eine Grenzwand durch Anbau nutzen, wenn der Eigentümer der Grenzwand einwilligt. Anbau ist die Mitbenutzung der Grenzwand als Abschlußwand oder zur Unterstützung oder Aussteifung des neuen Bauwerks.

(3) Der anbauende Eigentümer des Nachbargrundstücks hat eine Vergütung in Höhe des halben Wertes der Grenzwand, soweit sie durch den Anbau genutzt ist, zu zahlen und ferner eine angemessene Vergütung

52 Vgl. § 1 Anm. 3 a, bb, bbb.
53 Vgl. § 1 Anm. 3 a, bb, ccc.
1 BTDr. Nr. 336 – 3. Wahlperiode –.
2 Vgl. hierzu Hodes in JR. 59/201 ff.
3 Vgl. hierzu unten § 46 Anm. 1.

dafür zu leisten, daß er den für die Errichtung einer eigenen Abschlußwand erforderlichen Baugrund einspart. Für die Berechnung des Wertes der Grenzwand und für die Fälligkeit der Vergütung ist der Zeitpunkt der Rohbauabnahme des Anbaus maßgebend. Auf Verlangen ist Sicherheit in Höhe der voraussichtlich zu gewährenden Vergütung zu leisten; in solchem Falle darf der Anbau erst nach Leistung der Sicherheit begonnen oder fortgesetzt werden.

(4) Nach dem Anbau sind die Unterhaltungskosten für den gemeinsam genutzten Teil der Grenzwand von den beiden Grundstückseigentümern zu gleichen Teilen zu tragen.

1. Die Grenzwand hält sich im Gegensatz zur Nachbarwand in den Grenzen des Grundstücks ihres Erbauers; sie ist aber unmittelbar an der Grenze zum Nachbargrundstück errichtet (Abs. 1). Vgl. hierzu auch Anm. 1 zu § 1.

2. Der Anbau an die Grenzwand ist nur zulässig, wenn der Eigentümer der Grenzwand einwilligt (Abs. 2 S. 1) und öffentlichrechtliche Vorschriften — in Betracht kommen insbesondere Vorschriften des öffentlichen Baurechts — nicht entgegenstehen (§ 45). Die Einwilligung liegt im freien Ermessen des Eigentümers der Grenzwand; es besteht für ihn keine privatrechtliche Verpflichtung, unter bestimmten Voraussetzungen seine Einwilligung zum Anbau an die Grenzmauer zu erteilen[4].
   Gemäß Abs. 2 S. 2 ist Anbau an die Grenzwand ihre Benutzung als Abschlußwand oder zur Unterstützung oder Aussteifung des neuen Bauwerks.[5] Dies ist die gleiche Regelung wie in § 3 Abs. 1 S. 2; daher gelten die Darlegungen in Anm. 2 ZU 5 3 entsprechend.[6]

3. Der anbauende Eigentümer des Nachbargrundstücks hat — unbeschadet einer abweichenden Vereinbarung (§ 45) — eine Vergütung zu zahlen, die sich aus folgenden zwei Posten zusammensetzt:
   a) aus dem halben Wert der Grenzwand, soweit diese durch den Anbau genutzt ist (Abs. 3 S. 1). Wird also eine Grenzwand, deren Wert auf 2000,— DM festgestellt ist, nur zur Hälfte durch den Anbau genutzt, so ergibt sich ein Betrag in Höhe der Hälfte von 1000,— DM oder von 500,— DM;
   b) aus einem angemessenen Betrag für den ersparten Grund und Boden, der im Falle der Errichtung einer Nachbarwand hätte zur Ver-

4 Zutreffend LG Kassel – 1 S 222/65 –.
5 Wegen des Begriffs „Bauwerk" vgl. oben § 1 Anm. 1.
6 Vgl. hierzu auch oben FN 28 zu § 3.

fügung gestellt werden müssen (Abs. 3 S. 1).
Für die Feststellung des Wertes der Grenzwand und für die Fälligkeit des vorgenannten Vergütungsanspruchs ist der Zeitpunkt der Rohbauabnahme des Anbaus maßgebend (Abs. 3 S. 2). Hat der Eigentümer der Grenzwand in den Anbau durch seinen Nachbarn eingewilligt, so kann er in Höhe des voraussichtlich erwachsenden Vergütungsanspruchs Sicherheitsleistung fordern; geschieht dies, so darf der Anbau erst nach Leistung der Sicherheit begonnen oder fortgesetzt werden (Abs. 3 S. 3). Wegen der Methode der Berechnung des Wertes der Nachbarwand vgl. oben § 3 Anm. 3.

4. Ist der Anbau durchgeführt, so ist der gemeinsam genutzte Teil der Grenzwand von beiden Grundstückseigentümern gemeinsam zu unterhalten; ist nichts anderes vereinbart (§ 45), so fallen ihnen diese Unterhaltungskosten zu gleichen Teilen zur Last (Abs. 4).
Einer unterschiedlichen Regelung, wie sie für die Unterhaltungskosten der Nachbarwand durch § 3 Abs. 3 S. 2 in Verbindung mit § 3 Abs. 2 S. 1 und 2 mit Rücksicht auf § 2 getroffen ist, bedurfte es hier nicht, weil der anbauende Nachbar sich mit der Beschaffenheit der Grenzwand, so wie sie einmal ist, abfinden muß. Nur der Umfang der Inanspruchnahme der Grenzwand ihrer Fläche nach ist daher sowohl für die Höhe der Vergütung (Abs. 3 S. 1) wie für den Anteil an den Unterhaltungskosten (Abs. 4) entscheidend.

5. Bis zum Anbau steht die Grenzwand selbstverständlich im Alleineigentum ihres Erbauers. Nach dem Anbau gilt folgendes:
a) Nach der Ansicht des Reichsgerichts[7] bleibt die Wand im Alleineigentum ihres Erbauers; durch den Anbau ändert sich also nichts in den bestehenden Eigentumsverhältnissen.
b) Auch der Bundesgerichtshof[8] vertritt die Auffassung, daß die Verwendung einer ausschließlich auf dem Grundstück A stehenden Mauer bei der Errichtung eines Gebäudes auf dem Nachbargrundstück B an dem Alleineigentum des A an der Mauer nichts ändere. Vielmehr bleibe trotz der Einbeziehung der Mauer in das Gebäude des B mit der Folge der Begründung einer wirtschaftlichen Einheit zwischen der Mauer auf dem Grundstück A und dem Gebäude auf dem Grundstück B das Alleineigentum des A an der Mauer mit allen rechtlichen Folgerungen bestehen[9]. Nachdem aber der Bundes-

7 Vgl. Meisner-Stern-Hodes § 8 III 1 und § 9 II 1.
8 BGHZ 41, 177 = NJW 64, 1221.
9 Hiergegen Hodes in NJW 64 S. 2382 ff.

gerichtshof in seiner Entscheidung NJW 65 S. 811 ff. die Rechtsansicht vertreten hat, daß im Falle des Anbaues des Nachbars an eine rechtswidrig auf sein Grundstück überbaute Nachbarwand die vertikalen Alleineigentumsrechte an den beiden Mauerteilen sich in ideelles Miteigentum an der gesamten Giebelwand umwandeln, kann erwartet werden, daß er künftig auch in dem Falle des Anbaues des Nachbars an eine Grenzwand ideelles Miteigentum der beiden Nachbarn an der Grenzwand annehmen wird. Vgl. oben § 1 FN. 28 und nachstehend § 8 Anm. 5c.

c) Nach richtiger den wirtschaftlichen Bedürfnissen entsprechender Rechtsauffassung wandelt sich durch den Anbau des Nachbarn B an die Grenzwand des ersterbauten Gebäudes A das Alleineigentum des A an der Mauer in Miteigentum von A und B als den Eigentümern der durch die Wand wirtschaftlich miteinander verbundenen Gebäude um.[10] Von dieser Rechtsansicht ist auch der Landesgesetzgeber ausgegangen, wie sich aus der Ausgleichsregelung des § 8 Abs. 3 eindeutig ergibt.

§ 9

Errichten einer zweiten Grenzwand

Steht auf einem Grundstück ein Bauwerk an der Grenze und wird später auf dem Nachbargrundstück an dieser Grenze ein Bauwerk errichtet, aber nicht an die Grenzwand angebaut, so ist dessen Erbauer verpflichtet, die Fuge zwischen den Grenzwänden auf seine Kosten bündig mit der Außenfläche des Bauwerks zu verdecken.

1. Im Gegensatz zur Nachbarwand wird die Grenzwand nicht in der Erwartung gebaut, daß der Nachbar später an sie anbaut und eine dementsprechende Vergütung zahlt. Daher kann der Erbauer der Grenzwand nicht die Entschädigung nach § 4 Abs. 1 verlangen, wenn der Nachbar an der Grundstücksgrenze sein Bauwerk hochzieht, ohne an die Grenzwand anzubauen[11], sei es, weil er nicht will, oder sei es, weil der Erbauer der Grenzwand die Einwilligung versagt hat oder weil vielleicht öffentlich-rechtliche Vorschriften entgegenstehen (§ 45).

2. Wird das zweite Bauwerk nicht angebaut, sondern als selbständiges und in sich standsicheres Bauwerk unmittelbar an das erste angrenzend errichtet, so besteht das gleiche bauliche Anliegen wie in dem in § 4 Abs. 1 geregelten Fall des Nichtbenutzens der Nachbarwand,

10 Vgl. hierzu Hodes NJW 64 S. 2382 ff. und oben Anm. 5 b.
11 Vgl. hierzu § 3 Anm. 2.

daß nämlich die zwischen beiden Bauwerken entstehende Fuge bündig verdeckt wird. Daher bestimmt § 9, daß unter solchen Umständen den Zweiterbauer die Verpflichtung trifft, die Fuge zwischen seinem Bauwerk und der Grenzwand auf seine Kosten bündig mit der Außenfläche seines Bauwerks zu verdecken.[12]

3. § 9 kann selbstverständlich keine Anwendung finden, wenn eine Grenzwand gar nicht vorhanden ist, weil etwa die Wand des ersterbauten Gebäudes nicht unmittelbar an der Grenze steht und nur die Dachtraufe bis an die Grenze heranreicht. Die Anwendung ist ferner ausgeschlossen, wenn das 2. Bauwerk mit seiner Wand nicht unmittelbar entlang der Grenze hochgezogen wird.

§ 10

Besondere Gründung

(1) Auf Verlangen des Eigentümers des Nachbargrundstücks ist der Erbauer eines an der gemeinsamen Grenze zu errichtenden Bauwerks verpflichtet, eine solche Gründung vorzunehmen, daß bei der späteren Durchführung des Bauvorhabens des Eigentümers des Nachbargrundstücks zusätzliche Baumaßnahmen vermieden werden. Der Eigentümer des Nachbargrundstücks kann das Verlangen nur bis zum Eingang des Bauantrags bei der Bauaufsichtsbehörde dem Bauherrn gegenüber stellen.

(2) Die durch das Verlangen nach Abs. 1 entstehenden Mehrkosten sind zu erstatten. In Höhe der voraussichtlich erwachsenden Mehrkosten ist auf Verlangen des Bauherrn binnen zwei Wochen Vorschuß zu leisten. Der Anspruch auf die besondere Gründung erlischt, wenn der Vorschuß nicht fristgerecht geleistet wird.

(3) Soweit der Bauherr die besondere Gründung auch zum Vorteil seines Bauwerks ausnutzt, beschränkt sich die Erstattungspflicht des Eigentümers des Nachbargrundstücks auf den angemessenen Kostenanteil. Bereits gezahlte Kosten können zurückgefordert werden.

1. Steht an der Grenze zum Nachbargrundstück ein Gebäude (§ 8 Abs. 1) und will nun der Nachbar auf seinem Grundstück an dieses heranbauen, ohne damit einen Anbau an die Grenzwand des bereits vorhandenen Gebäudes vorzunehmen[13], so muß er bei seinem Hausbau alle Maßnahmen treffen, die ihm nach § 909 BGB sowie nach § 34 Abs. 2 HBO zum Schutze des vorhandenen Gebäudes obliegen. Im Regelfalle wird er dieses abstützen und

12 Vgl. hierzu § 4 Anm. 3.
13 Vgl. § 3 Anm. 2.

sichern müssen. Die so entstehenden besonderen Aufwendungen können aber besonders kostspielig werden, wenn das spätere Bauwerk, zum Beispiel ein Hochbau, zusätzlich eine tiefere oder verstärkte oder eine sonstige besondere Gründung erfordert. Diese Kosten können andererseits in aller Regel erheblich niedriger gehalten werden, wenn bereits bei der Errichtung des ersten Baus mit der Gründung auf das spätere Bauwerk Rücksicht genommen wird. Diesem wirtschaftlichen Bedürfnis kommt der Abs. 1 entgegen, indem er den Ersterbauer verpflichtet, auf Verlangen seines Nachbarn von vornherein eine solche Gründung vorzunehmen, daß bei der späteren Durchführung des Bauvorhabens des Nachbarn zusätzliche und besonders kostspielige Baumaßnahmen erspart werden. § 10 geht also davon aus, daß beide Grundstücke entlang der gemeinsamen Grenze beiderseits noch bebaut werden sollen und insoweit zunächst noch unbebaut sind.

Ohne die Vorschrift des Abs. 1 bestünde eine solche Verpflichtung für den Ersterbauer nicht. Zwar hat das LG Itzehoe[14] entschieden, daß der Ersterbauer grundsätzlich verpflichtet sei, sein Gebäude so zu planen und zu gründen, daß sein Nachbar in der Nutzungsmöglichkeit seines Grundstücks nicht beeinträchtigt werde; eine solche Beeinträchtigung liege aber vor, wenn — wie im entschiedenen Falle — der Ersterbauer ein nicht unterkellertes Wohn- und Geschäftshaus errichtet und damit sein Haus — übrigens unter Verstoß gegen § 62 Abs. 2 SchlH.LandesbauO — so unzureichend fundamentiert habe, daß der Nachbar mit Rücksicht auf seine Pflichten nach § 909 BGB nur die Wahl gehabt habe, entweder bei der Errichtung seines angrenzenden Bauwerks mit tiefer Unterkellerung diese Abstützarbeiten unter Vornahme außergewöhnlicher und kostspieliger Maßnahmen durchzuführen oder aber von seinem Bauvorhaben ganz abzusehen. Entstünden in einem solchen Falle, in dem der Ersterbauer keine Rücksicht auf die Bauabsichten seines Nachbarn genommen habe, nachträglich Senkungsschäden an dem ersten Bauwerk, so müsse sich dessen Erbauer gemäß § 254 BGB den Einwand des mitwirkenden Verschuldens mit der Folge einer entsprechenden Minderung der Schadensersatzpflicht entgegenhalten lassen. Dieser Rechtsansicht steht aber schon das Bedenken entgegen, daß sie notwendig zu einer praktisch uferlosen Haftung des Ersterbauers führen kann. Zum anderen ist dagegen vorzubringen, daß eine solche Rechtspflicht durch eine entsprechende Norm aus-

14 SchlHA. 61 S. 18.

drücklich begründet sein muß. Auch der vom LG Itzehoe nur zusätzlich gebrachte Hinweis auf § 62 Abs. 2 SchlH.LandesbauO. könnte auf dem Wege über § 823 Abs. 2 BGB nur dann eine Haftungsgrundlage abgeben, wenn diese öffentlich-rechtliche Vorschrift ein öffentlich-rechtliches subjektives Recht zugunsten des Nachbarn normierte und nicht nur im öffentlichen Interesse erlassen wäre. Eine solche Untersuchung hat das LG — von seinem abwegigen Standpunkt aus folgerichtig — gar nicht erst angestellt.

2. Der Eigentümer des Nachbargrundstücks kann das Verlangen nach der besonderen Gründung aber nur bis zum Eingang des Bauantrags bei der Bauaufsichtsbehörde stellen und nur gegenüber dem Bauherrn des zu errichtenden 1. Gebäudes (Abs. 1 S. 2). Diese zeitliche Begrenzung des Antragsrechts rechtfertigt sich aus der Erwägung, daß die Umstellung auf eine besondere Gründung in der Regel eine Umarbeitung der Baupläne, insbesondere die Berücksichtigung bei der Statik usw. erforderlich macht, womit erhöhte Kosten, vor allem aber entsprechender Zeitverlust verbunden sind. Die Rücksichtnahme auf die Baupläne seines Nachbarn soll hiernach für den Ersterbauer nur so lange zumutbar sein, wie er seinen Bauantrag noch nicht eingereicht hat, also die Pläne noch in Bearbeitung sind.

Wird der Bauantrag gemäß § 67 Abs. 2 S. 2 HBO der Bauaufsichtsbehörde über den Gemeindevorstand einer kreisangehörigen Gemeinde zugeleitet, so ist er bei der Bauaufsichtsbehörde mit Zugang beim Gemeindevorstand eingegangen. Der Gemeindevorstand ist insoweit im Rahmen der Bauaufsicht tätig und als Empfangsbevollmächtigter der Bauaufsichtsbehörde anzusehen.

Wie der Eigentümer des Nachbargrundstücks von dem Bauvorhaben erfährt, ist allerdings seine Sache. Eine Verpflichtung des Ersterbauers, seinen Nachbarn von seinen Bauabsichten zu unterrichten, ist durch das Gesetz nicht begründet; eine solche Verpflichtung wäre — ganz abgesehen von der Schwierigkeit ihrer Durchsetzung — auch nicht zumutbar, da schon der Abs. 1 eine weitgehende und außergewöhnliche Vorschrift zugunsten des Nachbarn darstellt. Ferner lehrt aber die Erfahrung, daß Bauvorhaben im allgemeinen dem Nachbarn schon lange vor Fertigstellung der Baupläne und Einreichen des Bauantrags bekannt werden. Schließlich steht es auch dem baulustigen Nachbarn frei, sein Verlangen auf eine besondere Gründung dem angrenzenden Grundstückseigentümer gegenüber sofort und schon dann zu stellen, wenn und sobald er sich darüber klar geworden ist, daß und wie er bauen will; dieses Verlangen gilt dann für den Fall, daß der andere vor ihm bauen und seinerseits die besondere Gründung nicht ohnehin benötigen sollte. Kauft also zum Beispiel eine Firma ein baureifes Grundstück neben einem anderen unbebauten Grundstück, um darauf bis zur Grenze einen Hochbau zu errichten, so wird sie zweckmäßig unmittelbar nach dem Erwerb des Grundstücks dem Nachbarn ihren Plan mitteilen und ihn auffordern, falls er früher bauen sollte, die besondere Gründung vorzunehmen; unter solchen Umständen kann nichts versäumt werden, denn das Gesetz bestimmt nur, bis wann s p ä t e s t e n s das Verlangen gestellt sein muß (Abs. 1 S. 2).

3. Die durch das Verlangen entstehenden M e h r k o s t e n, zu denen selbstverständlich nicht nur die reinen Baumehrkosten, sondern auch zusätzliche Gebühren für den Architekten oder für den Statiker usw. gehören, sind dem Ersterbauer zu erstatten (Abs. 2 S. 1). Dieser kann in Höhe der voraussichtlichen Mehrkosten die Zahlung eines Vorschusses binnen zwei Wochen von der Aufforderung ab verlangen mit der Folge, daß bei nicht fristgerechter Zahlung der Anspruch auf die besondere Gründung endgültig erlischt (Abs. 2 S. 2 und S. 3). Im Gegensatz zu § 3 Abs. 2 S. 3 und § 8 Abs. 3 S. 3, die nur eine Verpflichtung zur Sicherheitsleistung vorschreiben, ist hier der Bauherr berechtigt, auch einen Vorschuß zu verlangen, da in den Fällen des Anbaus an eine Nachbarwand oder an eine Grenzwand der Vergütungsanspruch erst erwächst, nachdem die Wand bereits errichtet ist und somit die Errichtungskosten schon entstanden sind, während hier die Mehrkosten für die im Interesse des Eigentümers des Nachbargrundstücks erst vorzunehmenden zusätzlichen Bauarbeiten in Frage stehen.

4. N u t z t d e r E r s t e r b a u e r die von ihm g e f o r d e r t e b e s o n d e r e G r ü n d u n g auch f ü r s e i n B a u w e r k a u s, indem er zum Beispiel ein der geforderten, besonderen Gründung entsprechendes größeres oder höheres Gebäude als zunächst geplant errichtet, so braucht der Nachbar als Antragsteller nur einen angemessenen Kostenanteil zu tragen (Abs. 3 S. 1). Hat er bereits den vollen Betrag für die besondere Gründung vorgeschossen, so muß ihm der zuviel gezahlte Teilbetrag zurückgewährt werden (Abs. 3 S. 2). Dieser Fall kann auch praktisch werden, wenn der Ersterbauer geraume Zeit, nachdem er sein Gebäude mit der besonderen Gründung erstellt hat, nun Veränderungen an diesem — zum Beispiel ein Aufstocken — vor-

nimmt, die ihrerseits die besondere Gründung ganz oder teilweise erforderlich gemacht hätten.

5. Dem Grundstückseigentümer steht der Erbbauberechtigte gleich (§ 11 ErbbaurechtsVO).

Dritter Abschnitt
FENSTER- UND LICHTRECHT

Einführung

Das Fensterrecht umfaßt die Normen über die Anlage und Ausgestaltung der Fenster mit Sicht zum Nachbargrundstück durch den Grundeigentümer.

Das Lichtrecht betrifft den Schutz der angelegten Fenster gegen nachbarliche Eingriffe, insbesondere gegen die Verbauung.

Fenster- und Lichtrecht stehen in einem gewissen wechselseitigen Verhältnis zueinander. Sie sind aber grundsätzlich, insbesondere hinsichtlich der Voraussetzungen ihres Entstehens, selbständig. Ihre gesonderte Erörterung erscheint somit auch im Interesse einer klaren Darstellung geboten.

A. Partikulares Fensterrecht

1. Das gemeine Recht hat kein einheitliches deutsches Fensterrecht entwickelt[1]. Der Grundeigentümer war somit uneingeschränkt befugt, in seinen Gebäuden Fenster, wie und wo er wollte, anzulegen, auch in der an der Grenze errichteten Wand[2]. Der Grundeigentümer mußte sich lediglich in den Grenzen seines Eigentums halten und durfte nicht die Fensterflügel und Fensterläden in den Luftraum des Nachbarn hineinschlagen oder hineinhängen[3].

2. Nach fuldischem Recht war jeder Grundeigentümer unbeschränkt befugt, in seinem neu errichteten oder schon vorhandenen Gebäude Fenster zu eröffnen, auch wenn sie gegen des Nachbars Grund und Boden gerichtet waren und vorher nicht gewesen sind, denn „es ist ein bloßer Willkürakt, der als eine Folge des Eigentumsrechts geachtet werden muß"[4].

3. Nach nassauischem Recht gab es kein geschriebenes Gesetz, das dem Grundeigentümer das Recht zusprach, zu verlangen, daß sein Nachbar an dem ihm zugehörenden Gebäude keine Festeranlage habe oder daß er die Zahl der darin befindlichen Fenster nicht vermehre[5]. Soweit nicht etwa eine Servitut bestand, wonach dem Nachbarn das Licht oder die Aussicht

1 RG. SeuffA. 78, 312.

2 v. Roth-Becher II 1 S. 204; v. Roth, System des DPrivR, 3. Teil S. 189.

3 Hesse 2. Band 2. Teil S. 281.

4 Thomas 2. Band S. 426. Ebenso LG Fulda vom 4. 4. 56 – 2 S 108/55 –, vom 20. 4. 1960 – 2 S 41/59 –, vom 18. 5. 1961 – 2 0 170/60 – und vom 8. 7. 1964 – 2 S 6/64 –.

5 HApp.G. Wiesbaden 1832 in Arch. f. d. Prax. d. im Herzogt. Nassau geltenden Rechts 4 S. 57.

nicht verbaut werden durfte, war jeder in der Aufführung von Gebäuden auf seinem Grundeigentum privatrechtlich nicht beschränkt, so wie auch anderseits jeder Grundeigentümer kraft seines Eigentumsrechts in die eigene Wand Fenster anlegen konnte, welche seinem Eigentum so lange Licht und Aussicht gewährten, wie der Nachbar nicht ein Gebäude aufführte[6].

4. Die Nassau-Catzenelnbogische Landesordnung enthielt im 6. Theil Cap. III § 1 das Verbot, in der Mauer eines Gebäudes künftig Fenster so anzubringen, daß die Aussicht in Haus und Hofraum des Nachbarn ging; dagegen durften bei Ergehen der LO „hergebrachte" Fenster beibehalten oder weiter benutzt werden.
Die Rechtsprechung des herzoglichen HAppG. in Dillenburg schränkte dieses Verbot künftiger Errichtung von Fenstern in seinen Entscheidungen von 1836 und 1837[7] in der Weise ein, daß es das Verbot nur gelten ließ für die Wände eines bereits bestehenden Wohngebäudes; in eine solche Wand sollten nachträglich neue Fenster nicht gebrochen werden dürfen. Dagegen wurde das Verbot für nicht anwendbar erklärt gegenüber neu zu errichtenden Gebäuden, so daß in die Mauer eines zu errichtenden Gebäudes sofort bei der Errichtung Fenster auch dann gebrochen werden konnten, wenn sie die Einsicht in Haus und Hofraum des Nachbarn gewährten. Diese Ansicht wurde damit begründet, daß es dem Eigentümer eines Grundstücks gestattet sei, auf einer „ledigen" Grundfläche ein Gebäude auch dann zu errichten, wenn durch diesen Bau seinem Nachbarn das „seither zufällig genossene Licht" und die bisher gehabte Aussicht entzogen werden sollten[8]. Dieses Recht, das dem Eigentümer auf das Ganze zustehe, könne ihm hinsichtlich der einzelnen Bestandteile des Ganzen, d. h. hinsichtlich der Befugnis, einen Neubau mit Öffnungen zum Hineinlassen des Lichts oder zur Aussicht zu versehen, nicht abgesprochen werden, da sonst das Recht zur Errichtung eines Gebäudes auf der unbebauten Grundfläche illusorisch und somit die Benutzung der Grundfläche, wenn sie aus „sterilem", d. h. zwischen bereits bestehenden Gebäuden liegendem Boden bestehe, ganz wertlos sei. In einer Entscheidung aus 1855[9] wurde auch das Vergrößern von Fenstern in bereits vorhandenen Mauern ausdrücklich für zulässig erklärt.

5. Nach Titel VII § 34 in Verbindung mit Titel VIII § 13 der Churfürstlich-Mayntzischen Lands-Ordnung galt der Grundsatz, daß niemand in sein Haus Fenster nach dem Haus, Hof oder Garten des Nachbarn anlegen durfte. Eine Ausnahme galt für den Fall, daß der Nachbar zustimmte oder aber das Bauamt die Erlaubnis erteilte, sofern die Fenster notwendig oder wünschenswert waren[10]. „Hergebrachte", also bei Inkrafttreten

6 Bertram § 244. Ebenso LG Limburg vom 8. 1. 1964 – 2 S 140/63 – für Schupbach. Unrichtig AG. Runkel vom 7. 6. 63 – 3 C 44/62 – im gleichen Fall mit der Ausführung, nach nassauischem Recht hätten Fenster in eine Wand nur gebrochen werden dürfen, wenn diese mindestens 3 m von der Grundstücksgrenze entfernt gewesen sei.

7 Archiv für die Praxis des im Herzogtum Nassau geltenden Rechts, Band 6 S. 73 und 76.

8 Titel 6 Kap. 3 §§ II – V Nassau-Catzenelnbogische LO.

9 Arch. aaO. 3/222.

10 Vgl. OAppG. Wiesbaden 1832 in Arch. f. Nass. Prax. 4/58.

der Lands-Ordnung vorhandene Fenster dieser Art konnten belassen werden. Auf Verlangen des Nachbarn mußte aber der Grundeigentümer die Fenster mit eisernen Gittern versehen und gegen das Ausschütten oder sonstige Gefährdung der Nachbarn sicherstellen (§ 35).

6. Titel XXII § 2 des Landesrechts des Ertzstiffts Trier enthielt nur eine fensterrechtliche Vorschrift für gemeine Mauern. Hiernach war es verboten, in eine solche gemeinsame Mauer neue Fenster einzubrechen oder vorhandene zu vergrößern oder zu verändern. Dagegen durften Fenster, die bereits 30 Jahre lang vorhanden und gebraucht waren, weiter verwendet werden.

7. Für das Frankfurter Recht war zu unterscheiden:

   a) Die Frankfurter Reformation verbot im 8. Theil Titel VII §§ II und III die Neuanlage von Fenstern, die nach des Nachbarn Haus oder Hof gingen. Nur Dachluken (Gaupen), die verschlossen und mit eisernen „Geremsen" versehen und in einem Abstand von 15 Werkschuh voneinander errichtet wurden, waren zulässig. Unzulässige Fenster mußten auf Verlangen des Nachbarn zugemauert werden[11]. Nur wenn das Fensterrecht über 30 Jahre unangefochten hergebracht war, brauchte das Fenster nicht geschlossen zu werden (§ VI aaO.). Aber auch Fenster von „Alters her" mußten auf Verlangen mit eisernen Geremsen versehen werden (§ IV aaO.).

   b) Das Frankfurter Baustatut von 1809, das in Frankfurt und Sachsenhausen die fensterrechtlichen Vorschriften der Frankfurter Reformation ablöste, traf folgende Milderung:

   Bereits vorhandene Fenster, die nach dem Haus, Hof oder Garten des Nachbarn gingen und für die noch kein Fensterrecht erworben war, brauchten nicht entfernt zu werden; sie mußten aber auf Verlangen 8 Fuß, wenn das Zimmer, dem sie Licht verschafften, zu ebener Erde lag, und 6 Fuß, wenn das fragliche Zimmer in einem höheren Stockwerk lag, über dem jeweiligen Fußboden angebracht werden. Ferner mußten sie auf Verlangen mit eisernen Geremsen versehen werden[12]. Wurde ein Haus, welches keine Fenster hatte, umgebaut oder neu gebaut, durften Fenster grundsätzlich nur im bisherigen Umfang angebracht werden. Die Anlage von Fenstern war jedoch unbeschränkt zulässig, wenn der Erbauer von dem Eigentum des Nachbarn nach der ganzen Länge des Baues auf wenigstens 9 Werkschuh zurückblieb (§ 8 aaO.).

   Die Anlage verschlossener und auf Verlangen mit Läden zu versehender Dachgaupen in einem gegenseitigen Abstand von 15 Werkschuh voneinander war ohne Einschränkung zulässig (§ 9 aaO.).

   In den Brandmauern waren Öffnungen und Fenster auch dann unzulässig, wenn sie vorher schon einmal bestanden hatten (§ 10 aaO.).

8. § 22 der Kurhess. Bauordnung vom 9. 1. 1784 unterschied zwischen den „offenen" und den „Zu-Fenstern".

11 Stobbe, PrivR. II S. 109.
12 Frankfurter Baustatut Kap. 7 § 7.

Offene Fenster waren solche, die zur Beschaffung von Licht und zur Aussicht dienten; zu ihnen rechneten auch solche nach innen sich öffnende, zum Herauslegen ungeeignete Fenster, wie auch eiserne Stäbe vor einem unverschlossenen Fenster ihm nicht die Eigenschaft des offenen Fensters nehmen konnten[13]. Solche offenen Fenster mußten 3–4 Zoll von der Grenze zurückbleiben. Offene Fenster durfte nur der anbringen, dessen Hauswand wenigstens 4 Fuß von der Wand des Nachbargebäudes entfernt war, sofern außerdem 2 Fuß des anliegenden Geländes sein Eigentum waren und die Fenster nicht unmittelbar den bereits vorhandenen offenen Fenstern des Nachbarn gegenüberlagen[14]. Der Zweiterbauer mußte daher mit seinem Haus, falls in der Hauswand des Ersterbauers offene Fenster vorhanden waren, schon aus diesem Grunde 4 Werkschuh Zwischenraum halten[15]. Stand der Bau länger als 10 Jahre, ohne daß wegen der dort vorschriftswidrig vorhandenen Fenster Einspruch erhoben war, war der Anspruch auf Beseitigung verjährt[16]. Das Recht auf offene Fenster konnte durch eine vereinbarte Dienstbarkeit oder dadurch erworben werden, daß der Nachbar 10 Jahre lang zu der Anlegung des offenen Fensters, das weniger als 4 Werkschuh von seinem Grundstück entfernt angelegt war, stillgeschwiegen hatte. Bereits vorhandene Fenster durften nicht wesentlich vergrößert, auch nicht von einem Stockwerk in ein anderes verlegt oder ihrer Zahl nach vermehrt werden[17].

Zufenster, d. h. solche, die ihrer Einrichtung nach nicht geöffnet werden und wesentlich nur zum Einlassen von Licht und Luft dienen, konnten sogar unmittelbar gegenüber denen des Nachbarn angebracht und ohne eiserne Stäbe gelassen werden[18]. Die Zufenster mußte sich also der Nachbar bis dicht an die Grenze gefallen lassen[19].

9. Das Preußische Allgemeine Landrecht ging von dem Grundsatz der freien Ausnutzung des Hauses zur Anlage von Fenstern und Öffnungen durch den Eigentümer aus, auch wenn diese freie Aussicht auf Nachbargrundstücke gewährten[20]. Es schränkte diesen Grundsatz aber für den Fall ein, daß die die Fenster oder Öffnungen tragenden Wände auf der Grenze errichtet wurden und zugleich an den Hof oder Garten des Nachbarn anstießen. In einem solchen Fall mußten die Öffnungen oder Fenster mit eisernen, zwei Zoll übereinander stehenden Stäben oder mit einem Drahtgitter verwahrt werden. Außerdem mußten sie, soweit es die Umstände gestatteten, 6 Fuß vom Fußboden erhöht werden[21]. Diese Beschränkung galt also nicht, wenn ein noch so geringfügiger Zwischenraum zwischen Mauer und Grenze

13 Stölzel S. 231..
14 Platner S. 284.
15 § 28 Kurhess. BauO.
16 Platner S. 288.
17 Heusers Annalen 10/177; 11/305.
18 Platner S. 284.
19 Stölzel S. 231.
20 ALR I 8 § 137; v. Roth, System, III 191; Meisner-Stern-Hodes § 25 C I.
21 ALR I 8 § 138.

eingehalten war[22] und nur gegenüber Hof und Garten des Nachbarn, nicht aber gegenüber nachbarlichen Gebäuden oder Gebäudeteilen.
Die Beschränkung galt auch nicht für Öffnungen in gemeinschaftlichen Mauern der Nachbarn.
Dachgaupen waren allerdings ohne Beschränkung zulässig.

10. Für das Gebiet des früheren Großherzogtums (Volksstaats) Hessen schrieb Art. 50 der Hess. Allg. BauO vom 30. 4. 1881 vor, daß die Anlage von Fenstern in einer Brandmauer gestattet werden könne, wenn diese 3 m Gebäudeabstand einhalte. Dagegen mußten Fenster in einer unmittelbar auf der Grenze stehenden Brandmauer im Erdgeschoß mindestens 2,60 m und in höheren Stockwerken mindestens 1,90 m hoch über dem Fußboden angebracht werden, durften nicht zum Öffnen eingerichtet sein und mußten mit Stäben vergittert werden. Diese Bestimmung wurde durch § 87 Abs. 1 Ziff. 6 Hess. BauO vom 9. 7. 1957 (GVBl. S. 101 ff.) aufgehoben.

B. Partikulares Lichtrecht

1. Das gemeine Recht kannte kein deutsches Gewohnheitslichtrecht[23] und somit grundsätzlich keine Beschränkung der Bautätigkeit des Nachbarn gegenüber Fenstern und sonstigen Lichtöffnungen. Vielmehr wurde ein Recht des Nachbarn zum Verbauen von Fenstern aus dem Eigentumsrecht abgeleitet. Der Grundeigentümer konnte sich also gegen das Verbauen grundsätzlich nicht wehren[24].

Jedoch konnte auch nach gemeinem Recht durch Vertrag oder Ersitzung die Servitut ne luminibus officiator erworben werden. Wurde durch Vertrag die Beibehaltung von nach Statutarrecht unzulässigen Fenstern vereinbart, so wurde angenommen, daß diese Servitut zugleich dem Lichtbedürfnis des herrschenden Grundstücks dienen und daher im Zweifel auch das Recht umfassen sollte, daß die Fenster nicht verbaut werden durften[25]. Übernahm der Nachbar die Verpflichtung, die Grenzmauer nicht zu erhöhen und auf seinem Grundstück nicht zu bauen (servitus altius non tollendi), so konnte ihm doch nicht verboten werden, auf seinem Grundstück Bäume zu halten, die den Fenstern das Licht nahmen[26].

Zur Ersitzung genügte es nicht, daß während der Ersitzungszeit (30 bzw. 40 Jahre) oder seit unvordenklicher Zeit Fenster unverbaut bestanden hatten; vielmehr mußte der Fensterbesitzer seinem Nachbarn das Bauen verboten und dieser mußte sich bei diesem Verbot beruhigt und dieser Gesamtzustand mußte die Ersitzungszeit überstanden haben. Diese Regelung galt auch durchweg in den Partikularrechten[27].

---

22 Plenar-Präjudiz des OTrib. in Präj. S. I 26 Nr. 975 b.
23 RG in SeuffA 78, 312.
24 Hesse II 2 S. 291; v. Roth-Becher II 1 S. 204.
25 RG. in SeuffA 78 Nr. 190.
26 Bay. OGH 15, 518.
27 Vgl. z. B. v. Roth-Becher II 2 S. 129.

2. Auch nach nassauischem Recht bestand kein Lichtrecht. Der Grundeigentümer war in der Errichtung von Gebäuden auf seinem Grundeigentum grundsätzlich nicht beschränkt, soweit nicht durch Vereinbarung oder kraft Ersitzung eine entgegenstehende Servitut bestand[28]. Das „Weistum nassauischer Gesetze"[29] kannte allerdings nur eine Ersitzung des Rechts, eine an sich verbotene Fensteranlage beizubehalten; es gestattete daher dem Nachbarn, diese Fenster dort zu verbauen „ungeachtet in 10, 20, 30 und mehr Jahren kein Bau allda gestanden". Das Recht, Fenster anzulegen oder beizubehalten, konnte dadurch praktisch gegenstandslos werden[30].

3. Die Nassau-Catzenelnbogische Landsordnung enthielt im 6. Theil Cap. III gleichfalls keine Regelung des Lichtrechts. Der Hauseigentümer, der Fenster nach der Nachbarseite hin hatte, konnte also einen Bau, der seine Fenster verschloß, nicht verbieten[31]. Auch für ersessene Fenster gab es kein Lichtrecht[32]. Der Errichtung eines Baues auf dem Nachbargrundstück konnte also nur entgegengetreten werden, wenn das Lichtrecht durch Dienstbarkeit erworben war. Diese konnte dadurch ersessen werden, daß der Nachbar in rechtsverjährter Zeit zu dem ihm erteilten Bauverbot stillgeschwiegen und den Bau unterlassen hatte[33].

4. Nach § 29 Kurhess. BauO. konnte der Grundeigentümer die Errichtung eines Neubaues auf dem Nachbargrundstück nicht verbieten, sofern er nicht durch herabfallendes Regenwasser von diesem Bau benachteiligt wurde. Etwas anderes galt, wenn eine Lichtservitut vertraglich oder durch Ersitzung erworben war. Wer 10 Jahre lang in seinem Gebäude unangefochten Fenster hatte und das Dachtraufenrecht besaß, durfte nämlich nicht nur die Fenster behalten, sondern konnte zugleich verlangen, daß ein Neubau des Nachbarn wenigstens 4 Werkschuh Abstand von seinem eigenen Gebäude einhielt[34]. Dabei war es gleichgültig, auf welchem Grund die Entfernung lag[35]; lag also der lichtberechtigte Bau $1/2$ Fuß von der Grenze entfernt, so mußte der Nachbar $3^1/_2$ Fuß seines Bodens frei lassen.

Die Entstehung einer solchen Servitut außerhalb einer vertraglichen Vereinbarung konnte der Nachbar nur dadurch verhindern, daß er vor Ablauf der zehn Jahre auf seinem Grundstück einen lichtbeeinträchtigenden Bau aufführte. Dazu war er befugt ohne Rücksicht darauf, ob der erste Bau sich zwei Fuß oder weniger von der Grenze hielt, d. h. auch dann, wenn er die Beseitigung der Fenster mit Rücksicht auf den eingehaltenen Grenzabstand von zwei Fuß nicht verlangen konnte.

28 Bertram § 244. Ebenso LG Frankfurt vom 14. 7. 65 – 2/1 S 131/65 – für Merzhausen (Kreis Usingen).
29 1802 I S. 197.
30 Stölzel S. 213.
31 Stobbe, DPrivR, II 110.
32 Meisner-Stern-Hodes § 25 IV 1.
33 Arch. f. Nass. Prax. IV/58.
34 § 28 Kurhess. BauO v. 1784; Stölzel S. 215.
35 Kurhess. Mitteilungen 2 S. 324.

Ebenso konnten auch Zufenster, die, wie oben ausgeführt, bis dicht an die Grenze treten konnten, verbaut oder verdunkelt werden, sofern nicht eine gegenteilige Servitut vereinbart oder ersessen war[36].

Nach § 33 Kurhess. BauO von 1784 mußte bei der Anlage von Bäumen gegen eine Wand mit offenen Fenstern der Nachbar 3, 4 oder 6 Fuß „nach den Umständen" zurückweichen. Hatte der Fensterberechtigte noch 2 Fuß eigenen Grundes wegen seines Dachtraufenrechts vor sich frei, so mußte der Nachbar mit den zu pflanzenden Bäumen von diesen 2 Fuß nach Befinden noch 3–4 Fuß zurückgehen[37].

5. Nach dem im früheren Großherzogtum Hessen geltenden Recht bestand ebenfalls kein Anspruch darauf, daß Licht oder Aussicht nicht verbaut wurden. Das Lichtrecht konnte gleichfalls nur als Grunddienstbarkeit durch Vertrag oder Ersitzung erworben werden[38].

6. In Rheinhessen (Kastel und Kostheim) war nach dem Recht des Code civil ein gesetzliches Lichtrecht nicht bekannt. Wohl aber konnte ein Lichtrecht als Dienstbarkeit aufgrund rechtsgeschäftlicher Bestellung oder aufgrund einer Widmung (destination du pere de famille – art. 692 ff. Cc. –) oder durch Ersitzung mittels dreißigjährigen, offenkundigen und ununterbrochenen Besitzes, der nicht auf einer widerruflichen Gestattung des Nachbarn beruhen durfte und der außerdem dem gesetzlich vorgeschriebenen Zustand des Fensters widersprechen mußte, erworben werden[39]; der dreißigjährige Besitz einer regelwidrigen Fensteranlage führte zu dem Recht, die Fenster beizubehalten, und gab zugleich einen Anspruch auf Unterlassung von Gegenbauten. Soweit ein Lichtrecht am 1. 1. 1900 ersessen war, blieb es nach Art. 184 EG. BGB bestehen; nach diesem Zeitpunkt konnte eine im Lauf befindliche Ersitzung nicht mehr vollendet werden[40].

7. Nach Frankfurter Recht mußte unterschieden werden:

a) Nach dem Recht der Frankfurter Reformation von 1611 bestand kein Lichtrecht; vielmehr war der Nachbar mangels einer vereinbarten Servitut nicht gehindert, durch einen Neubau den Fenstern und dem Licht Abbruch zu tun. War dieser Bau mit seinen Fenstern aber bereits über 30 Jahre geduldet, so mußte jedenfalls das notwendige Licht belassen werden[41].

Wurde durch den Neubau das notwendige Licht zwar geschmälert, erhielt aber der Fensterinhaber von anderer Seite ausreichend Licht, so brauchte nach der Rechtsprechung der Bauende nicht zurückzuweichen[42].

b) Das Frankfurter Baustatut von 1809, das nur für Frankfurt selbst und Sachsenhausen Geltung erlangte, traf folgende Regelung:

36 Platner S. 284, Stölzel S. 231.
37 Platner S. 290; Heusers Annalen 3, 283.
38 Dernburg, Hess. LPrivR S. 273.
39 Meisner-Stern-Hodes, § 25 D II und Fußnote 93.
40 Dernburg, Hess. LPrivR, S. 273 IV.
41 Frankf. Reformation Teil 8 Titel VII § V; Stölzel S. 210.
42 Heusers Annalen 26, 480.

aa) War die Fensteranlage vertraglich vereinbart, so mußte der Nachbar entsprechend der Vereinbarung mit seinem Bau zurückbleiben. War der Bauabstand dabei nicht bestimmt, so sollte er höchstens 9 Schuh betragen[43].
bb) Auch gegenüber einer mehr als 30jährigen unangefochtenen Fensteranlage konnte der Nachbar sein Grundstück überbauen oder sein Haus erhöhen, auch wenn dadurch den fraglichen Fenstern das Licht geschmälert wurde[44]. War ein solcher mindestens 30jähriger Besitzer aber schlechterdings außerstande, sich auf irgendeine Weise Licht zu verschaffen, so mußte der Neubau so weit zurückweichen, daß jener aus den ungeöffneten Fenstern des unteren Stockwerks noch den Himmel erblicken konnte; konnte er sich andererseits noch von anderer Seite her etwas Licht – wenn auch unter Kosten – verschaffen, so mußte der Neubau so weit zurück bleiben, daß man noch aus den ungeöffneten Festern des zweiten Stockwerks den Himmel sehen konnte[45].
cc) Fehlte es an einer Vereinbarung und war auch die 30jährige Ersitzungsfrist noch nicht um, so blieb das Fensterrecht so lange erhalten, wie der den Fenstern gegenüber bauende Nachbar nicht nachwies, daß die Fenster nur „aus bloßer Vergünstigung" bestanden hatten. Gegenüber solchen Fenstern mußte nur der allgemein vorgeschriebene Bauwerksabstand von 3 Werkschuh bleiben[46].
dd) Gegenüber Brandmauern gab es keine Berufung auf das Lichtrecht. Ein etwa vorhandenes Lichtrecht konnte mit Geld abgelöst werden. Allerdings mußte auch eine Brandmauer um drei Schuh zurückweichen, wenn ihre Errichtung sonst zur Folge gehabt hätte, daß der Bau von keiner Seite her Licht bekommen hätte[47].

8. Das Preußische Allgemeine Landrecht (ALR I 8 §§ 142–146) gewährte ebenfalls grundsätzlich keinen Lichtschutz. § 141 aaO. bestimmte ausdrücklich, daß in der Regel jeder auf seinem Grund und Boden so nahe an die Grenze und so hoch bauen könne, wie er es für gut befinde. Nur mußten Neubauten von älteren, schon vorhandenen Gebäuden des angrenzenden Nachbarn, vorbehaltlich anderslautender polizeilicher Gesetze, mindestens 3 Werkschuhe Bauwerksabstand halten (§ 139 aaO.). Im übrigen war der Zweitbauer aber nicht gehindert, durch die Errichtung seines Neubaus den im Erstbau vorhandenen Fenstern das Licht zu entziehen.
Eine Ausnahme von diesen Grundsätzen galt nur zugunsten solcher Fenster, die seit mindestens 10 Jahren vorhanden waren. Ihnen gegenüber mußte der Neubau, falls die Fenster und die „Behältnisse, wo sie sich befinden", nur von dieser Seite her Licht bekamen, so weit zurücktreten, daß der Nachbar noch aus den ungeöffneten Fenstern des unteren Stockwerks den Himmel erblicken konnte (§ 142 aaO.). Bekam aber der fensterberechtigte Bau noch von anderer Seite her Licht, so brauchte der Neubau

43 Cap. 7 § 3.
44 Cap. 7 § 4.
45 Cap. 7 § 5.
46 Cap. 7 § 6.
47 Cap. 1 § 24 und Cap. 7 § 10.

nur so weit zurückzuweichen, daß der Nachbar aus den ungeöffneten Fenstern des zweiten Stockwerks den Himmel sehen konnte (§ 143 aaO.).
Bis zum Ablauf der zehnjährigen Frist war der Inhaber der Fenster keineswegs gehalten, diese auf Verlangen seines Nachbars zu beseitigen. Er war nur nicht in der Lage, es zu verhindern, daß der Nachbar auf seinem Grundstück so baute, daß seine Fenster durch den Neubau zugebaut wurden. Anderseits gab es nur eine Möglichkeit, den Erwerb des verstärkten Lichtrechts aus § 142 aaO. auszuschließen, nämlich den die Fenster vernichtenden Neubau. Irgendwelches mündliches Widersprechen oder gar eine Klage auf Beseitigung der Fenster waren rechtlich ohne Wirkung[48]. Zu seiner Entstehung bedurfte also das Lichtrecht nach § 142 aaO. keinerlei, auch nicht einer sogen. stillschweigenden Genehmigung des Nachbarn. Lediglich der zehnjährige Bestand der Fenster, von deren Anlage der Nachbar nicht einmal Kenntnis zu haben brauchte, zwang ihn, bei seinem Bauvorhaben den durch die §§ 142, 143 aaO. vorgeschriebenen Abstand zu halten[49].
Bei dem Lichtrecht aus §§ 142, 143 aaO. handelte es sich rechtlich nicht um eine Servitut, die eine zehnjährige Ersitzung voraussetzte, sondern um eine gesetzliche Eigentumsbeschränkung, die lediglich an den Ablauf der zehnjährigen ungestörten Bestehensfrist gebunden war[50]. Das preuß. AG.BGB. hat sich aber der reichsgerichtlichen Auffassung angeschlossen, wie sich daraus ergibt, daß es durch Art. 89 Pr. AG.BGB. in Kenntnis der Tatsache, daß unter der Herrschaft des BGB eine Servitutsersitzung ausgeschlossen ist, die §§ 142 ff. ALR I 8 ausdrücklich aufrechterhalten hat. Diese Fassung der Rechtsnatur des Lichtrechts nach ALR ist insofern rechtlich bedeutsam, als eine gesetzliche Eigentumsbeschränkung nicht eintragungsfähig ist. Selbstverständlich war und ist die Vereinbarung einer Dienstbarkeit zulässig, wonach auch nach Ablauf der Zehnjahresfrist ein Fenster verbaut werden darf. Im Gebiet des Pr. ALR konnte somit vor und nach 1900 und noch heute unter gleichen Voraussetzungen – zehnjähriges Bestehen der Fensteranlage – ein Lichtrecht entstehen, also auch für Häuser, die erst nach 1900 erbaut wurden oder künftig noch erbaut werden. In allen Fällen also, in denen im Gebiet des preußischen Rechtskreises nach Eröffnung eines Fensters zehn Jahre verstrichen sind, ohne daß es verbaut worden ist, darf das Fenster beibehalten werden und ist gegen die Verbauung geschützt[51].
Dieses einmal erworbene Lichtrecht blieb auch dann bestehen, wenn das herrschende Gebäude durch einen Neubau ersetzt wurde, da eine nur vorübergehende Nichtausübung des Rechts dieses noch nicht beseitigte. Etwas anderes galt selbstverständlich dann, wenn ein Wiederaufbau an gleicher Stelle, z. B. aus städtebaulichen Gründen, völlig ausgeschlossen war. Im Falle

48 Koch, ALR, zu § 142 I 8; Förster-Eccius, PrPrivR, III 179.
49 Vgl. Mies in JR 51, 144.
50 RG 46, 271; 44, 312; a. M. die frühere herrschende Meinung, die eine Servitutsersitzung annahm.
51 Unrichtig LG. Bochum NJW. 62, 1255; hiergegen Hodes NJW. 62, 1681.

des Wiederaufbaus durfte aber die Fensterzahl nicht vermehrt oder der Umfang der Fenster nicht wesentlich vergrößert sein.

C. Regelung nach der Hessischen Bauordnung

Seit dem Inkrafttreten der HBO galt neben den partikularen privatrechtlichen Vorschriften und gilt noch heute die dem öffentlichen Baurecht zugehörige Vorschrift des § 25 HBO[52] die die ausreichende Besonnung, Belichtung und Belüftung der Aufenthaltsräume, der Stallungen landwirtschaftlicher Betriebe und der Grundstücksfreiflächen gewährleisten will. Sie hat folgenden Wortlaut:

§ 25 HBO

Bauwerks- und Grenzabstände

(1) Bauwerke[53] sind, soweit sie nicht unmittelbar aneinander gebaut werden, in solchen Abständen voneinander (Bauwerksabständen) und von den seitlichen und rückwärtigen Grenzen des Grundstückes (Grenzabständen) zu errichten, daß ausreichende Besonnung, Belichtung und Belüftung der Aufenthaltsräume, der Stallungen landwirtschaftlicher Betriebe und der Grundstücksfreiflächen gewährleistet sind.

(2) Der Bauwerksabstand beträgt mindestens

1. zwischen über 12 m langen Außenwänden
   a) das Zweifache ihrer mittleren Höhe, wenn sie gleichgerichtet sind oder in einem Winkel bis zu 30° (alter Teilung) zueinander stehen,
   b) das Eineinhalbfache ihrer mittleren Höhe, wenn sie in einem Winkel bis zu 60° (alter Teilung) zueinander stehen,
   c) das Einfache ihrer mittleren Höhe in allen anderen Fällen,
2. zwischen Außenwänden bis 12 m Länge
   a) das Einfache ihrer mittleren Höhe, wenn sie notwendige Fenster zu Aufenthaltsräumen enthalten,
   b) im übrigen $^2/_3$ ihrer mittleren Höhe,

---

52 Zu erwähnen ist hier auch der § 36 Abs. 2 HBO. Diese Vorschrift erklärt Öffnungen in Brandwänden für grundsätzlich unzulässig. Ausnahmsweise läßt sie Öffnungen in Brandwänden zwischen Bauwerk und Bauwerkteilen auf dem gleichen Grundstück, d. h. in sog. „inneren Brandwänden", zu, wenn sie für eine einheitliche Benutzung der Räume unentbehrlich sind und gegen die Übertragung von Rauch und Feuer ausreichend gesichert werden; ferner können Teilflächen einer Brandwand in lichtdurchlässiger, feuerbeständiger Bauart, nämlich in „Glasbausteinen", gestattet werden, sofern sie nicht an Räume grenzen, die infolge ihrer Bauart oder Nutzung der Brandgefahr ausgesetzt oder im Brandfalle als Rückzugswege zu dienen bestimmt sind. – LG Kassel – 1 S 222/65 – hat in einem Falle, in dem der Eigentümer in der Grenzwand seines Hauses Fensteröffnungen angebracht hat, zutreffend darauf hingewiesen, daß § 36 HBO nur einen öffentlich-rechtlichen Anspruch gewährt und die Prüfung der Frage, ob durch den Fensterdurchbruch die Grenzwand ihren Charakter als Brandmauer verloren hat, ausschließlich den zuständigen Behörden und den Verwaltungsgerichten überlassen ist.

53 Nach § 2 HBO sind Bauwerke „künstlich ober- oder unterhalb der Erdgleiche hergestellte Sachen, die mit dem Erdboden verbunden und nicht ohne weiteres frei oder nur begrenzt auf einem festen Unterbau beweglich sind; ferner Aufschüttungen und Abgrabungen sowie künstliche Hohlräume unterhalb der Erdoberfläche". Als solches Bauwerk hat das LG Wiesbaden im Urteil vom 23. 2. 65 – 1 S 485/64 – zutreffend eine auf Betonsockeln als dauernden Sichtschutz angebrachte Plastikverkleidung beurteilt und daher auf sie den § 25 HBO angewendet.

3. zwischen einer Außenwand bis 12 m Länge und einer Außenwand über 12 m Länge das Einfache ihrer mittleren Höhe,

jedoch darf er nicht weniger als 5 m, zwischen Außenwänden bis zu 3 m Höhe nicht weniger als 2,50 m betragen. In den Kern-, Gewerbe- und Industriegebieten sowie ihrer Eigenart nach ähnlichen Sondergebieten verringert sich der Bauwerksabstand nach Satz 1 Nr. 1 und 2 um die Hälfte. Bei der Ermittlung des Bauwerksabstandes ist nicht nur die vorhandene, sondern auch die nach dem geltenden Recht mögliche Bebauung der Nachbargrundstücke zu berücksichtigen. Satz 1 findet keine Anwendung bei Außenwänden, die durch öffentliche Flächen getrennt sind.

(3) Der Grenzabstand beträgt, sofern nicht nach dem Ortsbaurecht unmittelbar an der Grenze zu bauen ist, mindestens

1. zwischen einer über 12 m langen Außenwand und der Grundstücksgrenze
   a) das Einfache der Höhe der Außenwand, wenn sie der Grenze gleichgerichtet ist oder in einem Winkel bis zu 30° (alter Teilung) zur Grenze steht,
   b) $^3/_4$ der Höhe der Außenwand, wenn sie in einem Winkel bis zu 60° (alter Teilung) zur Grenze steht,
   c) die Hälfte der Höhe der Außenwand in allen anderen Fällen,
2. zwischen einer Außenwand bis 12 m Länge und der Grundstücksgrenze
   a) die Hälfte der Höhe der Außenwand, wenn sie notwendige Fenster zu Aufenthaltsräumen enthält,
   b) im übrigen $^1/_3$ der Höhe der Außenwand,

jedoch darf er nicht weniger als 2,50 m betragen. In den Kern-, Gewerbe- und Industriegebieten sowie ihrer Eigenart nach ähnlichen Sondergebieten verringert sich der Grenzabstand nach Satz 1 Nr. 1 und 2 um die Hälfte.

(4) Ausnahmen können zugelassen werden

1. von Abs. 2, wenn
   a) wegen der besonderen Lage oder Stellung der Bauwerke oder der besonderen Lage der notwendigen Fenster zu Aufenthaltsräumen ein geringerer Abstand ausreicht, den Anforderungen des Abs. 1 zu genügen,
   b) der Mindestabstand wegen bereits vorhandener Bebauung oder aus zwingenden betrieblichen Gründen nicht ohne erhebliche Beeinträchtigung des Bauherrn eingehalten werden kann und der Lichteinfallwinkel für notwendige Fenster von Aufenthaltsräumen 45° (alter Teilung) nicht überschreitet,
2. von Abs. 3, wenn
   a) ein entsprechend größerer Grenzabstand auf dem Nachbargrundstück oder
   b) der Bauwerksabstand oder
   c) der Anbau an der auf der Grenze errichteten Außenwand gesichert ist.

(5) Der Bauwerksabstand wird an der engsten Stelle zwischen den Außenwänden, der Grenzabstand senkrecht zur Grundstücksgrenze gemessen. Zusammenhängende Außenwände mehrerer Bauwerke gelten bei der Ermittlung der Länge

als eine Außenwand. Geländeunterschieden ist bei der Ermittlung der Bauwerks- und Grenzabstände Rechnung zu tragen.

(6) Die Höhe der Außenwände wird gemessen vom Anschnitt des Außengeländes an der Außenwand bis zur Schnittlinie der Außenwand mit der Dachfläche, bei Bauwerken ohne Dach bis zur obersten schattenwerfenden Kante; werden an einer Außenwand unterschiedliche Höhen gemessen, so ist als Höhe der Außenwand deren mittlere Höhe anzunehmen. Der Lichteinfallwinkel wird gebildet von der Waagrechten und einer gedachten Linie zwischen der obersten schattenwerfenden Kante des anderen Bauwerks und der unteren Kante der Fensteröffnung.

§ 25 HBO schreibt somit zum Zwecke einer ausreichenden Besonnung, Belichtung und Belüftung der Aufenthaltsräume, der Stallungen landwirtschaftlicher Betriebe und der Grundstücksfreiflächen bestimmte Bauwerks- und Grenzabstände vor; diese schließen die für die Belüftung erforderlichen Abstände ein, da diese im allgemeinen geringer sind, so daß sich die Festsetzung von Belüftungsabständen erübrigte. Für den zur ausreichenden Besonnung und Belichtung erforderlichen Abstand ist einerseits die Höhe der Bauwerke und andererseits die Tatsache von Bedeutung, daß schmalere Gebäude den Lichteinfall weniger beeinträchtigen als breite Gebäude. Daher wird zwischen Bauwerken mit über 12 m langen Außenwänden, ferner zwischen Bauwerken mit bis zu 12 m langen Außenwänden und zwischen Bauwerken, von denen das eine eine Außenwand bis zu 12 m Länge und das andere eine Außenwand über 12 m Länge hat, und schließlich je nach dem Winkel unterschieden, in dem die Bauwerke zueinander stehen. Der vorgeschriebene Abstand errechnet sich aus den Längen der Außenwände der Bauwerke sowie aus dem Winkel, in welchem das zu errichtende Gebäude zum Nachbargrundstück stehen soll.

Die so sich ergebenden Abstände sind aber nur Regelabstände. Sie vermindern sich in Kern-, Gewerbe- und Industriegebieten sowie in ihrer Eigenart nach ähnlichen Sondergebieten um die Hälfte (§ 25 Abs. 2 S. 2 HBO). Darüber hinaus kann nach § 25 Abs. 4 HBO die Baubehörde unter bestimmten Voraussetzungen, zu denen nicht die Einverständniserklärung des Nachbarn gehört, ausnahmsweise noch geringere Abstände genehmigen, sofern nur ausreichende Besonnung, Belichtung und Belüftung gewährleistet bleiben. Die Ausnahmen betreffen daher nur solche Fälle, in denen die in den Absätzen 2 und 3 des § 25 HBO festgelegten Abstände nach Sachlage nicht erforderlich sind, um den nach Absatz 1 allgemein geforderten Schutz zu gewähren.

Nach § 25 Abs. 4 Nr. 1a HBO kann ein geringerer Bauwerksabstand zugelassen werden, wenn notwendige Fenster zu Aufenthaltsräumen sich nur in den oberen Geschossen befinden, denn grundsätzlich soll der Bauwerksabstand auch etwaigen Aufenthaltsräumen im Erdgeschoß ausreichende Besonnung, Belichtung und Belüftung sichern; sind aber im Erdgeschoß Fenster zu Aufenthaltsräumen nicht vorhanden, so genügt ein Abstand, der auf die Höhe der Außenwände ab dem Geschoß bezogen wird, in dem sich erstmals notwendige Fenster zu Aufenthaltsräumen befinden. Ein geringerer Bauwerksabstand kann ferner nach § 25 Abs. 4 Nr. 1 b HBO genehmigt werden, wenn wegen bereits vorhandener Bebauung oder aus zwingenden betrieblichen Gründen der Mindestabstand nicht ohne erhebliche Beeinträchtigung des Bauherrn eingehalten werden könnte und der Lichteinfallwinkel für notwendige Fenster zu Aufenthaltsräumen 45° (alter Teilung) nicht überschreitet.

Ein geringerer Grenzabstand kann nach § 25 Abs. 4 Nr. 2 HBO genehmigt werden, wenn auf dem Nachbargrundstück ein entsprechend größerer Grenzabstand oder der Bauwerksabstand oder der Anbau an der auf der Genze errichteten Außenwand gesichert ist. Bei ihrer Entscheidung über eine Befreiung im Sinne einer Minderung des Bauwerks- oder Grenzabstandes muß die Baubehörde also stets das öffentliche Interesse an einer ausreichenden Besonnung, Belichtung und Belüftung berücksichtigen. Bei der Bedeutung, die der Gesunderhaltung der Bevölkerung zukommt, muß diesem Gesichtspunkt ein so erhebliches Gewicht beigemessen werden, daß etwaige andere öffentliche Interessen demgegenüber in aller Regel werden zurückgestellt werden müssen. Größere als die Regel-, Bauwerks- und Grenzabstände schreibt § 26 HBO aus Sicherheits- und Schutzgründen für die Fälle vor, in denen bei Einhaltung der Regelabstände Nutzung oder Bauart Gefahren für die öffentliche Sicherheit begründen würden oder wenn der Eisenbahnbetrieb beeinträchtigt oder gefährdet werden könnte oder wenn Wälder, Moore und Heide durch das Bauwerk in Gefahr geraten könnten. Im einzelnen vergleiche dazu auch die DVO zur HBO vom 12. 11. 63 (GVBl. S. 157).

Das Verfahren zur Messung des Bauwerksabstandes, des Grenzabstandes, des Einfallwinkels sowie der Höhe der Außenwände ist in § 25 Abs. 5 und 6 HBO geregelt.

Nach den von der Rechtsprechung der Verwaltungsgerichte entwickelten Rechtsgrundsätzen stellt sich § 25 HBO als eine sogenannte nachbarschützende Norm [54] dar mit der Folge, daß dem Nachbarn ein im verwaltungsgerichtlichen Verfahren verfolgbares, subjektiv öffentliches Recht darauf zusteht, daß ihm der nach dieser Vorschrift zustehende gesetzliche Schutz auch gewährt wird. Er kann dieses Recht bei den Verwaltungsgerichten im Wege der Anfechtungs- oder Verpflichtungsklage geltend machen. Die Entscheidung hängt dann von der Feststellung ab, ob die Bauaufsichtsbehörde bei Erteilung der Befreiung sich im Rahmen ihres Ermessensspielraums gehalten hat. Ist ein Ermessensmißbrauch

54 BVG NJW 54, 1214 u. DVBl. 66, 269; OVG Münster DÖV 57, 28 und NJW 58, 354; Hess.-VGH BBauBl. 1961, 229; OVG Hamburg MDR 58,371; OVG Münster NJW 58, 354; Pietzonka NJW 54, 1181 und 57, 1582; Gelzer NJW 58, 325; Bender NJW 66, 1989; LG Wiesbaden vom 23. 2. 1965 – 1 S 485/64 –; LG Limburg vom 8. 1. 1964 – 2 S 140/63 – vgl. auch BGH NJW 53, 1347; 55, 97; 56, 382. Weitere nachbarschützende Normen der HBO stellen neben den §§ 25 u. 26 HBO folgende Vorschriften der HBO dar: § 51 (Ställe und Gärfutterbehälter), § 52 (Grundstücksentwässerung), § 53 (Abortgruben und Dungstätten), § 54 (Asche- und Müllbehälter); im einzelnen vgl. hierzu die DVO zur HBO vom 12. 11. 63 (GVBl. S. 157 ff. – S. 166 und 167 –).

der Baubehörde nicht nachweisbar, so kann die Nachbarklage keinen Erfolg haben[55].

Der Nachbar kann auch Schadenersatz gemäß § 823 Abs. 2 BGB vor dem ordentlichen Gericht einklagen, wenn er nachweisen kann, daß der Bauherr den § 25 HBO schuldhaft und rechtswidrig verletzt und dadurch Schaden zugefügt hat. Eine solche rechtswidrige Verletzung der Vorschrift wäre gegeben, wenn der erteilte Dispens als von Anfang an nichtig anzusehen wäre, weil bei seiner Erteilung als einer Ermessensentscheidung die Baubehörde in so hohem Maße fehlsam gehandelt hätte, daß ihr Verhalten mit den an eine ordnungsgemäße Verwaltung zu stellenden Anforderungen schlechthin unvereinbar wäre[56], z. B. in Fällen offenbaren Mißbrauchs, insbesondere offenbarer Willkür[57] oder beim Anstellen sachfremder Erwägungen[58]. Ist der Mißbrauch seitens der Baubehörde nicht ohne weiteres offenkundig, so kann der Klage aus § 823 Abs. 2 BGB nur stattgegeben werden, wenn zuvor durch rechtskräftiges Urteil des Verwaltungsgerichts der Verwaltungsakt (Dispenserteilung) als ermessensfehlerhaft aufgehoben worden ist; ein solches über Rechtmäßigkeit oder Rechtswidrigkeit des Dispenses ergehendes Urteil bindet das ordentliche Gericht[59]. Eine rechtswidrige Verletzung des § 25 HBO liegt selbstverständlich dann vor, wenn der Bauherr ohne den erforderlichen Dispens oder die notwendige Bauerlaubnis gebaut oder bei der Errichtung des Bauwerks die Bedingungen und Auflagen des Dispensentscheids außer Acht gelassen hat[60]. In jedem Falle muß die rechtswidrige Verletzung des § 25 HBO im Rahmen der Schadensersatzklage vom Verschulden des Bauherrn umfaßt sein.

Dieser Rechtsschutz nach § 25 HBO erschien dem Gesetzgeber aber nicht ausreichend. In § 11 traf er daher eine besondere privatrechtliche, dem § 36 Abs. 2 und 4 Hamb. BauPolVO vom 8. 6. 1938 (VOBl. S. 69) und den §§ 26, 37 Abs. 3 Saarl. BauGes. vom 19. 7. 1955 (VBl. S. 1159)[61] entsprechende Regelung.

D. Bei Inkrafttreten des Hess. NRG. bestehende Rechte

Der Umfang von Rechten, die bei Inkrafttreten des Hess. NRG bestanden haben, richtet sich von diesem Zeitpunkt, also vom 1. 11. 1962 (§ 49) ab, grundsätzlich nach neuem Recht (§ 46). Allerdings enthält § 13 Nr. 1 für Einrichtungen im Sinne des § 11, die zu jenem Zeitpunkt vorhanden waren, eine Ausnahmeregelung[62], die inzwischen durch Zeitablauf gegen-

55 OVG Münster NJW 64 S. 74.
56 BGH NJW 52, 583.
57 RGZ 126, 164; RG HRR 34 Nr. 388.
58 RGZ 154, 121.
59 BGH NJW 53, 1103 u. 1745.
60 Zutreffend LG Wiesbaden vom 23. 2. 65 – 1 S 485/64 –.
61 Diese Vorschriften hat die LandesbauOrdg. für das Saarland vom 12. 5. 65 (ABl. S. 529) mit der aus § 118 Abs. 1 Saarl. LBO sich ergebenden Übergangsregelung aufgehoben.
62 Vgl. unten die Anm. zu § 13.

standslos geworden ist. In jedem Falle bleiben aber vor dem 1. 11. 1962 rechtswirksam getroffene Vereinbarungen bestehen[63].

§ 11

Umfang und Inhalt

(1) In oder an der Außenwand eines Gebäudes, die parallel oder in einem Winkel bis zu 60° zur Grenze des Nachbargrundstücks verläuft, dürfen Fenster oder Türen oder zum Betreten bestimmte Bauteile nur mit Einwilligung des Eigentümers des Nachbargrundstücks angebracht werden, wenn die Fenster, die Türen oder die Bauteile von der Grenze einen geringeren Abstand als 2,5 m einhalten sollen.

(2) Die Einwilligung muß erteilt werden, wenn keine oder nur geringfügige Beeinträchtigungen zu erwarten sind.

1. Führt die Benutzung eines Grundstücks, insbesondere die Errichtung von Anlagen oder Bauwerken, die sich ausschließlich innerhalb der Grenzen des eigenen Grundstücks hält, dazu, daß das Nachbargrundstück, in dessen Bereich also keinerlei unmittelbare Einwirkung erfolgt, mittelbar gewisse Vorteile einbüßt, in dem ihm in einem mehr oder minder großen Umfang die Aussicht oder das Licht verbaut werden, so steht dem Nachbarn wegen dieser sogenannten negativen Einwirkungen nach den Bestimmungen des BGB ein Abwehranspruch nicht zu; insbesondere greift hier die Eigentumsfreiheitsklage nach § 1004 BGB nicht durch[64]. Auf Grund dieser nach BGB bestehenden Rechtslage wäre also der Grundstückseigentümer nicht gehindert, innerhalb der Grenzen seines Grundstücks so zu bauen, daß seinem Nachbarn Licht und Aussicht beeinträchtigt oder ganz genommen würden. Solchem Verhalten hat, wenn man einmal von den früheren partikularrechtlichen Vorschriften des Fenster- und Lichtrechts[65] absieht, die für das heutige Hessen gültige Bestimmung des § 25 HBO in einem gewissen Umfang einen Riegel vorgeschoben, indem dort zum Zwecke einer ausreichenden Besonnung, Belichtung und Belüftung bestimmte Bauwerks- und Grenzabstände vorgeschrieben sind[66]. Diese vorwiegend im öffentlichen Interesse getroffene Regelung erschien dem Landes-

63 Vgl. hierzu unten § 46 Anm. 1.

64 Vgl. hierzu Meisner-Stern-Hodes § 38 I 1; ferner OLG Frankfurt vom 6. 5. 1965 – 13 U 245/62 –; LG Frankfurt vom 14. 7. 1965 – 2/1 S 131/65 –; LG Darmstadt vom 20. 7. 1965 – 5 T 250/65 –; LG Limburg vom 11. 8. 65 – 3 S 58/65 –. Abw. AG Langen vom 18. 2. 66 – 5 C 467/65 –. Vgl. auch unten Einführung vor § 36 und FN. 3 daselbst.

65 Siehe die Einführung zu diesem Abschnitt unter A und B.

66 Siehe die Einführung zu diesem Abschnitt unter C.

gesetzgeber aber aus dem Grunde nicht ausreichend, weil § 25 Abs. 4 HBO abweichende Baudispense und Bauauflagen nur unter baurechtlichen, nicht aber unter nachbarrechtlichen Gesichtspunkten zuläßt und weil im Falle des Fehlens privatrechtlicher Vorschriften des Fenster- und Lichtrechts etwa aufkommende Streitigkeiten über die Berechtigung von Baudispensen oder gar über Baugenehmigungen ohne Baudispense im Bereich der Verwaltung ausgetragen würden, was nicht erwünscht erschien[67]. So wurde der § 11 und damit eine besondere privatrechtliche, dem § 36 Abs. 2 und 4 Hamb. BauPol-VO vom 8. 6. 1938 (VOBl. S. 69) und den §§ 26, 37 Abs. 3 Saarl. Bau-Ges. vom 19. 7. 1955 (VBl. S. 1159)[68] entsprechende Regelung auch für Hessen getroffen, die in den von § 11 erfaßten Fällen die Frage nach dem Baudispens mit dem Ziel der Zulassung eines geringeren Abstandes als 2,50 m so lange gegenstandslos macht, als der Nachbar nicht eingewilligt hat oder zur Einwilligung durch ein ordentliches Gericht rechtskräftig verurteilt worden ist (§ 11 Abs. 2 Hess. NRG; § 894 ZPO).

2. Fenster sollen den Ausblick ermöglichen sowie Licht und Luft in den Raum hereinlassen.[69, 70] Fenster, Türen oder zum Betreten bestimmte Bauteile (Balkon, Terrasse, Veranda), die zum Nachbargrundstück hin an oder in der Außenwand eines Gebäudes angebracht werden, bergen für das Nachbargrundstück eine gewisse Gefährdung in sich, die in der Möglichkeit zur Einsicht und in der Möglichkeit zur Einwirkung über die Grenze hinweg begründet liegt. Die damit für den Nachbarn verbundenen Beeinträchtigungen wollen die §§ 11 ff. ausschließen. § 11 Abs. 1 bestimmt daher, daß die Gebäudeaußenwand[71], in oder an der Fenster, Türen oder zum

67 LTDr. IV. Wahlperiode II Nr. 394.

68 Vgl. oben FN 61.

69 Meisner-Stern-Hodes § 25 A S. 508; AG Melsungen vom 25. 10. 72 – C 23/71 –.

70 Auch eine sogenannte „Arbeitsluke“, die in die Wand gebrochen worden ist, um leichter an den schnell sich verstopfenden Dachkendel zu kommen, ist als Fenster zu werten, da die Maueröffnung auch die Möglichkeit zur Durchsicht gewährt: AG Gießen – Az. 44 C 555/68 –.

71 §§ 11 ff. finden auch dann Anwendung, wenn die Gebäudeaußenwand ausnahmsweise als Brandwand hergestellt und unter Befreiung vom Verbot des § 36 Abs. 2 HBO mit Fenstern versehen worden ist; der Charakter als Brandwand darf dabei nicht verlorengehen, was aber ausschließlich von der Baubehörde und im verwaltungsgerichtlichen Verfahren zu prüfen ist (zutreffend LG Kassel vom 25. 11. 65 – 1 S 222/65 –). Nicht hierher gehört der Fall, daß in einer Nachbarwand (vgl. § 1 Abs. 1) Fenster angebracht sind, denn eine solche Wand verläuft nicht parallel oder in einem Winkel zur Grenze des Nachbargrundstücks, sie steht als Grenzeinrichtung vielmehr teilweise (halbscheidig) auf der Grundstücksgrenze. Ebenso OLG Frankfurt vom 4. 1. 67 – 7 U 25/66 –.

Betreten bestimmte Bauteile angebracht werden sollen, parallel oder in einem Winkel von mindestens 60° zur Grenze des Nachbargrundstücks verlaufen muß, und daß ferner die genannten Einrichtungen einen Mindestabstand von 2,5 m von der Grenze des Nachbargrundstücks einhalten müssen. Ist der Winkel zwischen der Gebäudeaußenwand bzw. ihrer Verlängerung und der Nachbargrenze kleiner als 60° oder ist der lotrechte Abstand des nächstgelegenen Punktes der Einrichtung von der Nachbargrenze kürzer als 2,5 m, so ist die fragliche Einrichtung grundsätzlich unzulässig[72], es sei denn, der Nachbar hat sich einverstanden erklärt oder ist zur Abgabe seiner Einwilligung rechtskräftig verurteilt worden (§ 894 ZPO), weil nach Sachlage keine oder nur geringfügige Beeinträchtigungen zu erwarten sind (§ 11 Abs. 2). Ist die Einwilligung des Nachbarn geboten, so wird sie nicht ersetzt durch eine von der Baubehörde gemäß § 25 Abs. 4 oder § 36 Abs. 2 HBO gewährte Ausnahme oder durch die gemäß § 75 Abs. 2 HBO erteilte Befreiung, da diese Entscheidungen „unbeschadet der Rechte Dritter" ausschließlich unter baurechtlichen Gesichtspunkten ergehen.

§ 11 Abs. 1 gilt nicht in den Fällen des § 12, wenn nämlich entweder das öffentliche Recht, das dem Privatrecht vorgeht, etwas anderes bestimmt (§ 12 Nr. 1) oder der nachbarrechtliche Schutzgedanke nicht zum Tragen kommt (§ 12 Nr. 2 und 3).

3. Der Nachbar ist aber zur Einwilligung nur verpflichtet, wenn keine oder nur geringfügige Beeinträchtigungen zu erwarten sind (Abs. 2). Für die Frage, ob und unter welchen Umständen solche Beeinträchtigungen anzunehmen sind, kommt es nicht darauf an, ob Besonnung, Belichtung und Belüftung ausreichend gewährleistet waren oder ob der beabsichtigte Fensterdurchbruch der Grenzwand den Charakter einer Brandmauer nehmen würde[73] — diese Untersuchung muß bereits die Bauaufsichtsbehörde anstellen —, vielmehr sind hier nur die privaten Interessen des Nach-

---

72 Beträgt der Winkel zwischen Außenwand und Nachbargrenze nur wenig mehr als 60° – ein Winkel von 61° würde schon genügen (!) – und wird nun ein Balkon oder ein Fenster in der Weise angebracht, daß die der Nachbargrenze zugewandte vordere Ecke des Balkons oder des Fensters unmittelbar an die Grenze anstößt, so ist die Einsicht in das Nachbargrundstück unzweifelhaft eine wesentlich intensivere als bei Einhaltung eines Winkels von 60° und des vorgeschriebenen Abstands von 2,50 m. Nachbarrechtlich ist gegen dieses Ergebnis, das man bedauern mag, kein Kraut gewachsen.

73 LG Kassel vom 25. 11. 65 – 1 S 222/65 –.

barn, die verschiedenster Art sein können, maßgebend[74]. Vielfach wird daher die Art der Nutzung des eingesehenen Grundstücks durch den Nachbarn von Bedeutung sein. Keine Beeinträchtigung oder nur eine geringfügige wird zu erwarten sein, wenn die Fenster Einsicht in das Hofgelände geben werden, das nur als Abstellplatz dient und für eine Bebauung mit Wohngebäuden nicht in Betracht kommt[75]. Gleiches wird für den Fall gelten müssen, daß die Einsichtmöglichkeit nur verstärkt werden soll, indem zu bereits vorhandenen Fenstern zusätzliche in die Wand gebrochen werden sollen; eine erhebliche Beeinträchtigung des Nachbarn könnte sich hier aber ergeben, wenn bisher nur im Ober- und Dachgeschoß Fenster waren und durch die neu geplanten Fenster im Erdgeschoß dem Nachbarn nun die Möglichkeit genommen würde, ohne Beeinträchtigung des Lichtrechts des Gebäudeeigentümers ein erdgeschossiges Bauwerk (Garage, Schuppen) heranzubauen[76]..

4. Der Bauherr bedarf also, wenn er bei einem Winkel bis zu 60° mit seienm Gebäude näher als 2,50 m heranrücken will, sowohl der Ausnahme oder Befreiung seitens der Bauaufsichtsbehörde wie auch der Einwilligung des Nachbarn. Diese Tatsache kann leicht zu einer Zweispurigkeit des Verfahrens und zu einer Verzögerung bei der Durchführung der Bauabsichten führen. Denn der Nachbar kann im verwaltungsrechtlichen Verfahren gegen die etwa erteilte Ausnahme oder Befreiung angehen. Die Vorschriften der §§ 25, 36 HBO, von denen abgewichen wird, dienen nämlich auch dem Schutz des Nachbarn, dem somit ein subjektiv-öffentliches Recht gegenüber der Bauaufsichtsbehörde zuwächst des Inhalts, daß die Behörde ihm den gesetzlichen Schutz gewährt und bei Ausnahmen und Befreiungen im Rahmen des ihr zugestandenen gesetzlichen Ermessens bleibt. Obsiegt er, so kann das Bauvorhaben in der geplanten Form nicht durchgeführt werden. Unterliegt er aber, so kann er sich nun unter Hinweis auf private Interessen weigern, die Einwilligung zu erteilen, so daß es noch zu einem zivilen Rechtsstreit kommen muß. Erst wenn auch dieser zugunsten des Bauherrn ausgegangen ist, kann der Bauplan durchgeführt werden. Diese Folgen hat der Gesetzgeber aber bewußt in Kauf genommen.

---

74 Zutreffend hat AG Gießen – Az. 44 C 555/68 – die Verletzung privater Interessen des Nachbarn in einem Fall angenommen, in welchem eine „Arbeitsluke" in die Wand gebrochen war, um den Dachkendel leichter reinigen zu können, da nun der Hof des Nachbarn eingesehen werden konnte und Gespräche im Schlafzimmer des Klägers mitgehört werden konnten.

75 Vgl. FN. 73.

76 Vgl. FN. 73.

5. Der Nachbar kann im Falle eines Verstoßes gegen § 11 nicht auf Beseitigung der Außenwand, sondern nur auf Beseitigung der Fenster oder Türen oder auf Entfernen der Balkone usw. klagen. Die Vollstreckung, die zum Zumauern der Fenster oder Türen bzw. zur Beseitigung der Veranda usw. führt, erfolgt nach §§ 887 ff. ZPO.

§ 12
Ausnahmen

§ 11 Abs. 1 gilt nicht,

1. soweit nach öffentlich-rechtlichen Vorschriften Fenster, Türen oder zum Betreten bestimmte Bauteile anzubringen sind;

2. für lichtdurchlässige, jedoch undurchsichtige und gegen Feuereinwirkung widerstandsfähige Wandbauteile;

3. für Außenwände gegenüber Grenzen zu öffentlichen Straßen, zu öffentlichen Grünflächen und zu Gewässern.

1. Nr. 1 dieser Ausnahmevorschrift betrifft den Fall, daß öffentlich-rechtliche Bestimmungen, insbesondere die Bausatzung und die Bebauungspläne, ausdrücklich vorschreiben, daß Fenster, Türen oder zum Betreten bestimmte Bauteile anzubringen sind, die weniger als 2,5 m Abstand zur Grenze einhalten sollen, da sonst keine Ausnahme zu § 11 Abs. 1 gegeben wäre. Hier wird also nicht der Tatbestand des § 25 Abs. 4 HBO angesprochen, der es zuläßt, daß beim Vorliegen bestimmter Voraussetzungen, aber unter Wahrung der öffentlich-rechtlichen Belange, Befreiung vom Mindestabstand erteilt wird. Es handelt sich hier um die Anwendung des in § 45 allgemein ausgesprochenen Grundsatzes, daß die öffentlich-rechtlichen Vorschriften dem Nachbarrecht vorgehen.

2. Nach höchstrichterlicher Rechtsprechung[77] sind lichtdurchlässige, wenn auch undurchsichtige Wandbauteile, also zum Beispiel in einer Fläche angebrachte undurchsichtige Glasbausteine, als Fenster anzusehen. Nr. 2 des § 12 schließt zur Vermeidung von Zweifeln die Anwendbarkeit des § 11 Abs. 1 auf solche lichtdurchlässige, jedoch undurchsichtige und zugleich gegen Feuereinwirkung widerstandsfähige Wandbauteile ausdrücklich deshalb aus, weil damit eine Einsicht in das nachbarliche Grundstück und eine Beeinträchtigung des Nachbarn nicht gegeben sind[78]. Aus dem Schutzzweck der fen-

77 BGH. MDR. 60, 915; RG. Gruch 57, 1155; ebenso LG. Bochum NJW. 62, 1255; a. M. LG. Düsseldorf BB. 57, 951; AG. Mainz WM. 58, 7; Cremerius BlGBW 59, 370.

78 Nachdem so nachbarrechtlich feststeht, daß der Bauherr in seiner Hauswand (Brandwand) undurchsichtige Glasbausteine anbringen kann, ohne dazu die vorherige Einwilligung des Nach-

ster- und lichtrechtlichen Vorschriften folgt, daß der Wandteil aus Glasbausteinen aber so beschaffen sein muß, daß er ausschließlich zum Lichtdurchlassen benutzt werden kann, d. h. es muß ausgeschlossen sein, daß dieser Wandteil geöffnet oder gekippt werden kann, da sonst die Einsichtsmöglichkeit gegeben wäre.
Der Begriff „widerstandsfähig gegen Feuereinwirkung" ist Din 4102 Bl. 3 entnommen.

3. Der Schutzzweck des § 11 Abs. 1 wird gegenüber Grenzen zu öffentlichen Straßen, zu öffentlichen Grünflächen und zu Gewässern nicht praktisch. Daher bedarf es in diesen Fällen bei Unterschreiten des Mindestabstandes nicht der Einwilligung des Eigentümers der öffentlichen Straße, der öffentlichen Grünfläche oder des öffentlichen oder privaten Gewässers (§ 12 Nr. 3).

§ 13
Ausschluß des Beseitigungsanspruchs

Der Anspruch auf Beseitigung einer Einrichtung nach § 11 Abs. 1, die einen geringeren als den in § 11 Abs. 1 vorgeschriebenen Abstand einhält, ist ausgeschlossen,

1. wenn die Einrichtung bei Inkrafttreten dieses Gesetzes vorhanden ist und ihr Abstand dem bisherigen Recht entspricht oder

2. wenn der Nachbar nicht binnen einem Jahr nach dem Anbringen der Einrichtung Klage auf Beseitigung erhoben hat; diese Frist beginnt frühestens mit dem Inkrafttreten dieses Gesetzes.

1. Diese Vorschrift umfaßt folgende 2 Hauptfälle:
a) Bei Inkrafttreten dieses Gesetzes (§ 49) war eine Gebäudeaußenwand vorhanden, in der Türen oder Fenster sich befinden oder an der zum Betreten bestimmte Bauteile angebracht sind.
aa) Entsprach der von den Fenstern, Türen, Bauteilen eingehaltene geringere Grenzabstand als 2,5 m dem bisherigen partikularen Fenster- oder Lichtrecht, so behält es dabei sein Bewenden; dem Nachbarn steht also ein Beseitigungsanspruch nicht zu (Ziff. 1).
bb) Widersprach der vorerwähnte Zustand dem Partiku-

---

barn eingeholt zu haben, kann die Baubehörde die Rechtswirksamkeit ihres Baubescheids nicht aufschiebend bedingt davon abhängig machen, daß der Bauherr ihr gegenüber die Einwilligung des Nachbarn nachweist, denn die Baubehörde entscheidet „unbeschadet der Rechte Dritter", und sie kann durch ihren Bescheid weder Rechte Dritter begründen, noch bestehende Rechte einschränken. So zutreffend LG Fulda vom 8. 7. 1964 – 2 S 6/64 –. Vgl. auch oben § 11 FN. 71.

larrecht, so mußte der Nachbar bei Gefahr des Verlustes seines Beseitigungsanspruchs binnen 1 Jahr seit Inkrafttreten dieses Gesetze (§ 49) diesen im Klageweg geltend machen (Ziff. 2).[79]
Bestand also der dem § 11 widersprechende Zustand bereits bei Inkrafttreten dieses Gesetzes und ist die Jahresfrist verstrichen, ohne daß Klage auf Beseitigung des bestehenden Zustands erhoben worden ist, so kann die Beseitigung nicht mehr verlangt werden, und zwar ohne Rücksicht darauf, ob der Zustand nach dem partikularen Recht rechtmäßig gewesen ist oder nicht. Damit ist für alle diese Fälle das partikulare Recht gegenstandslos gemacht. Ähnliche Regelungen enthalten die §§ 16 Abs. 2 und 43 Abs. 1.

b) Wird nach dem Inkrafttreten dieses Gesetzes (vgl. § 49) zu irgendeinem Zeitpunkt eine Gebäudeaußenwand im Sinne des § 11 Abs. 1 erstellt, ohne daß die Einwilligung des Nachbarn eingeholt worden ist, so ist im Interesse des Rechtsfriedens das Verlangen auf Beiseitigung durch Ziff. 2 zeitlich in der Weise begrenzt, daß Klage auf Beseitigung nur binnen einem Jahr von der Herstellung des rechtswidrigen Zustandes ab erhoben werden kann[80].

---

79 Hier muß aber beachtet werden, daß § 22 Abs. 1 WohnraumbewirtschaftungsG vom 31. 3. 1953 (BGBl. I S. 97) in der Fassung vom 23. 6. 1960 (BGBl. I S. 418) der erfolgreichen Durchsetzung einer Klage auf Entfernung eines Fensters in aller Regel entgegenstehen wird. Denn diese Vorschrift besagt, daß ein Gebäude ohne die Genehmigung der zuständigen Behörde durch bauliche Maßnahmen nicht derart verändert werden darf, daß eine Wohnung für Wohnzwecke nicht mehr geeignet ist; die Genehmigung ist allerdings zu erteilen, wenn der Verfügungsberechtigte an der Änderung ein überwiegendes berechtigtes Interesse hat. Wäre also das nachbarrechtlich unzulässige Fenster der einzige Lichtzutritt zu dem Wohnraum, so konnte und könnte seine Aufhebung nicht verlangt werden, solange der § 22 Abs. 1 WohnBewG. in Geltung war und ist. Hier wird man § 202 BGB entsprechend anzuwenden haben, denn diese Vorschrift bestimmt, daß die Verjährung von Rechten gehemmt ist, wenn vorübergehend ein rechtliches Hindernis die Geltendmachung des Anspruchs unmöglich macht (RGZ 136, 193). § 13 Ziff. 2 Hess. NRG ist damit u. U. noch aktuell auch in Fällen, in denen bei seinem Inkrafttreten ein nach früherem und nach heutigem Recht unzulässiges Fenster vorhanden war und ist, auf dessen Beseitigung wegen des § 22 Abs. 1 WohnBewG. binnen Jahresfrist, also bis zum 31. 10. 1963, nicht geklagt worden ist; gleiches müßte gelten, wenn erst nach dem 1. 11. 1962 ein nachbarrechtlich unzulässiges Fenster, auf das § 22 I WohnrBewG. anzuwenden wäre, angebracht, aber wiederum die Klage auf Beseitigung nicht binnen Jahresfrist erhoben worden wäre.

Dem Nachbarn könnte nicht entgegengehalten werden, er hätte, wenn die Leistungsklage nicht möglich war, wenigstens Klage erheben müssen auf zukünftige Leistung mit dem Antrag, das Fenster zu entfernen, sobald § 22 Abs. 1 WohnrBewG. nicht mehr gelte, oder Klage auf Feststellung, daß der Bauherr verpflichtet sei, das Fenster zu beseitigen, sobald § 22 Abs. 1 WohnrBewG. nicht mehr anwendbar sei; vgl. hierzu die überzeugenden Ausführungen in RGZ 142, 263.

80 Siehe aber vorst. FN. 79.

Die Einrichtung nach § 11 Abs. 1 ist aber nicht schon dann „angebracht", wenn die Bauarbeiten anlaufen; sie ist andererseits auch nicht erst dann gegeben, wenn sämtliche Ausbauarbeiten, die sich im Einzelfalle jahrelang hinziehen können, vollendet sind. Für den Zeitpunkt des Beginns der Klagefrist kommt es vielmehr darauf an, wann auf Grund der gesamten baulichen Maßnahmen unzweifelhaft erkennbar geworden ist, daß in dem Neubau Fenster, Türen oder andere zum Betreten bestimmte Bauteile angebracht werden sollen. Vielfach wird sich z. B. aus der Art und Weise, in der die Hohlblocksteine hochgemauert werden, die Absicht des Bauherrn, Öffnungen, Türen, Balkone, Veranden oder Terrassen anzubringen, eindeutig erkennen lassen. Von diesem Zeitpunkt ab läuft dann die Klagefrist[81].

2. Wurde oder wird in den Fällen zu Anm. 1 a, bb oder b die Klagefrist versäumt, so ist der bestehende Zustand nach Nachbarrecht rechtmäßig; die vorhandenen Fenster, Türen oder Bauteile brauchen nicht mehr entfernt zu werden. Auch hier handelt es sich um eine Art gesetzlicher Verwirkung. Allerdings spielen hierbei Billigkeitserwägungen keine Rolle, sie dürfen nicht einmal angestellt werden. Der Zeitablauf allein macht die Klage unbegründet[82]. Ähnliche Regelungen sind unten in den §§ 16 Abs. 2, 43 Abs. 1 getroffen.

   Die Verwirkung des nachbarrechtlichen Anspruchs auf Beseitigung nach §§ 11 ff. Hess. NRG läßt etwaige aus dem nachbarschützenden Charakter der §§ 25, 36 Abs. 2 HBO abgeleitete Ansprüche unberührt; sie sind anhand der öffentlich-rechtlichen Vorschriften durch die Baubehörden und die Verwaltungsgerichte zu prüfen und zu bescheiden. Die abweichende Meinung des LG Kassel[83], daß nach Verlust des privatrechtlichen Anspruchs auch aus § 36 HBO keine — öffentlich-rechtlichen — Ansprüche mehr hergeleitet werden könnten, weil sonst die Ausschlußfrist nach § 13 Hess. NRG eines erheblichen Teils ihres Anwendungsbereichs beraubt sei, ist abzulehnen.

81 So zutreffend LG. Frankfurt vom 29. 11. 67 – 2/1 S 64/66 –.
82 Vgl. vorst. FN. 79.
83 LG. Kassel vom 4. 11. 65 – 1 S 179/65 –.

Vierter Abschnitt
EINFRIEDUNG

Einführung

Einfriedungen, Umfriedungen oder Grundstücksscheidungen sind Anlagen, die unmittelbar an der Eigentumsgrenze, aber ganz auf dem Grundstück des Eigentümers stehen. Es kann sich dabei um Mauern, Bretterzäune (Planken oder Staketen), Stabzäune, Drahtgitter oder auch lebende Hecken handeln. Diese Scheidungen dienen der Grenzsicherung wie auch dem Zweck, das Grundstück gegen unberufenen Eintritt von Mensch und Tier zu schützen[1]. Nach §§ 903, 905 BGB ist an sich jeder Grundstückseigentümer berechtigt, auf seinem Grund und Boden Scheidungen anzulegen oder vorhandene wieder zu beseitigen. Doch gibt es neben baurechtlichen auch partikularrechtliche Vorschriften, die dieses freie Recht zur Anlegung oder Beseitigung von Einfriedungen abändern oder einschränken, indem sie zugunsten des Grundstücksnachbarn eine Verpflichtung zur Anlegung einer Umfriedung normieren oder den Eigentümer verpflichten, vorhandene Einfriedungen zu erhalten, oder schließlich, indem sie Beschaffenheit und Anlageort der Scheidungen vorschreiben. Alle diese Bestimmungen waren durch Art. 124 EG.BGB. aufrechterhalten.

1. Pflicht zur Errichtung von Einfriedungen

Nach gemeinem Recht stand es im Belieben des Grundstückseigentümers, sein Grundstück zu umfrieden und zu verwahren[2]; eine Einzäunungsverpflichtung konnte aber lokal auf Grund besonderer Observanzen entstehen[3].

§ 11 der Feldordnung von Nassau-Weilburg vom 22. 1. 1700[4], § 8 Art. XX der Kurhess. VO vom 6. 11. 1739[5] sowie verschiedene Regierungsausschreiben für das fuldische Herrschaftsgebiet, für Hanau und Isenburg[6] schrieben übereinstimmend vor, daß vor allem Gärten zu umfrieden seien, und zwar mit lebenden Hecken, nicht mit Planken oder Pfahlzäunen.

Für die obere Grafschaft Wied (Wied-Runkel) ordnete Nr. 23 der Forst- und Waldordnung vom 1. 5. 1773[7] an, daß statt der Planken und Staketenzäune lebende Hecken zu pflanzen oder Steine zu setzen oder trockene Mauern anzulegen seien; eine ergänzende Verfügung[8] bestimmte weiter, daß „künftig jeder Untertan den Flurzaun oder Dorffrieden vor dem Seinigen zu machen und imstande zu erhalten habe, daß das in einigen Gemeinden noch aus alten Zeiten beibehaltene Erbflurzaunrecht gänzlich abgestellt werde, und daß auch jedem Untertan durch Schultheiß, Förster und Gericht angewiesen werden soll, wie und wieviel er annoch zuzumachen und imstande zu halten schuldig sei".

---

1 OTrE 74, 257; LG. Fulda vom 18. 12. 68 – 2 S 63/68 –.
2 Hesse II 2 S. 237.
3 Dernburg, Preuß. PrivatR, Band 1 § 220.
4 Scotti 3. Teil S. 1453.
5 Neue Sammlung II S. 95.
6 Kersting S. 34, 242, 259, 790, 943.
7 Scotti 5. Band 1. Teil .S 458 ff. Nr. 23.
8 Scotti aaO. S. 477.

Das Preußische Allgemeine Landrecht stellte zunächst im 1. Theil Titel 8 § 149 die Berechtigung des Grundeigentümers fest, sein Grundstück durch Zäune, Planken, Mauern oder andere Scheidewände von dem Nachbargrundstück zu trennen, wobei allerdings die Grenze nicht überschritten und der Nachbar im Gebrauch seines Eigentums nicht behindert oder sonst geschädigt werden durfte[9]. Daneben normierte es die Verpflichtung zur Errichtung einer Einfriedung in folgenden Fällen: Die Eigentümer städtischer Grundstücke und Gärten mußten den Zaun rechter Hand vom Eintritt in den Haupteingang errichten[10]. Derjenige, der ein Gebäude entfernt hatte, das auf der Grenze oder im vorschriftsmäßigen Abstand zu ihr gestanden und dadurch das Halten einer Scheidung entbehrlich gemacht hatte, war verpflichtet, hart an der Grenze einen Zaun anzulegen[11]. Quer- oder Rückenzäune mußten von den Nachbarn der gegeneinanderstoßenden Grundstücke gemeinschaftlich angelegt werden[12]. Schließlich mußte eine außerhalb der Feldflur, also auf städtischen Grundstücken, vorhandene Scheidung, für die eine Unterhaltungspflicht bestand, notfalls durch eine neue Einfriedung ersetzt werden[13].

2. Pflicht zur Unterhaltung vorhandener Scheidungen

Eine Verpflichtung, Grundstücksscheidungen zu erhalten, normierten § 11 der Feldordnung von Nassau-Weilburg (s. o.), § 3 des Art. XIII der Kurhess. VO. vom 6. 11. 1739 sowie das Allgemeine Landrecht (ALR I 8 §§ 152, 153). Hiernach war der „erweisliche Eigentümer" einer Scheidung zur Unterhaltung verpflichtet; ALR I 8 §§ 154 bis 161 gaben dazu bestimmte Merkmale an, die den Eigentümer erkennen lassen sollten. Nur wenn auf solche Art der Eigentümer der Scheidung nicht feststellbar war[14], war der Besitzer städtischer Grundstücke und Gärten verpflichtet, den Zaun rechter Hand vom Eintritt in seinen Haupteingang auch zu unterhalten[15]. Die Vorschrift des ALR I 8 § 168, wonach die Unterhaltungspflicht beiden Nachbarn gemeinschaftlich obliegen sollte, soweit ein eindeutiges Eigentum an der Scheidung nicht zu ermitteln war, war bereits durch Art. 89 PrAG.BGB. aufgehoben worden.

3. Beschaffenheit der Einfriedungen

Zur Beschaffenheit von Zäunen bestimmten ALR I 8 §§ 156, 169–171, daß die Abdachung der Stiele nach der Seite des Zauneigentümers verlaufen mußte, damit der Tropfenfall auf das fremde Grundstück vermieden wurde; auch sollten sie mindestens 6 Fuß, zwischen Gärten 5 Fuß hoch sein. Statt hölzerner Zäune konnten lebende Hecken verwendet werden[16].

9 ALR I 8 §§ 150, 173.
10 ALR I 8 § 162.
11 ALR I 8 § 164; OTrE 37, 64.
12 ALR I 8 § 167.
13 Förster-Eccius, Preuß. PrivR. II. Buch, 2. Teil, S. 181.
14 OTrE 43, 1; KG in JW 33, 1337; Meisner-Stern-Hodes, § 11 Fußnote 11.
15 ALR I 8 § 162.
16 ALR I 8 §§ 170, 171.

Für Alt-Frankfurt und Sachsenhausen bestimmte Art. I § 3 des Frankfurter Wichgesetzes vom 1. 4. 1851[17] – Art. I §§ 2, 5 bis 8 und Art. II §§ 9 bis 12 waren durch das preußische Gesetz vom 28. 7. 1926 (PrGS S. 236) bereits aufgehoben worden – lediglich noch den Abstand, den Einfriedungen vom Nachbargrundstück einzuhalten hatten: Undurchsichtige Einfriedungen (Hecken, Plankenwände, Mauern, ferner Staketenwände, falls diese einen Mauersockel von mehr als 1"2 Fuß Werkmaß = etwa 0,425 Meter Höhe hatten) mußten einen Wich von $1^1/_2$ Viertel (= $^3/_8$ Feldrute oder 1,334 Meter) einhalten; durchsichtige Einfriedungen (Kammerladen, ferner Staketenwände, welche einen Mauersockel von weniger als 0,425 Höhe haben) mußten einen Wich von $^1/_4$ Feldrute = 0,889 m halten.

Für die übrigen Frankfurter Gemarkungen und Dorfschaften bestimmten §§ IV ff. des 9. Theiles Titel IV der Frankfurter Reformation folgendes: Lebende Hecken sollten nicht höher als $1^1/_2$ Viertel Feldrute = 1,334 m hoch sein. Der Staketenzaun mußte von den Grenzzäunen oder den Furchen $^1/_4$ Rute = 0,889 m zurück bleiben. Darüber hinaus mußten sogen. Ederzäune „das ist mit Borten oder Dielen" $1^1/_2$ Viertel = $^3/_8$ Feldrute = 1,334 m Abstand halten. Gegen gemeine Wege brauchte kein Abstand eingehalten zu werden. Gegen öffentliche Straßen hin konnten Kammerladen errichtet werden, diese waren aber innerhalb und zwischen den Weingärten und gegenüber dem Nachbarn nicht gestattet.

Die Polizeiverordnung des Polizeipräsidenten von Frankfurt vom 23. 10. 1933[18] traf in ihrem § 2 Nr. 2 eine Neuregelung dahin, daß bei der Errichtung von durchsichtigen Einfriedungen ein Abstand von 0,75 m und bei undurchsichtigen Einfriedungen ein Abstand von 1,20 m einzuhalten war.

4. Einfriedung und Anwenderecht

Ganz allgemein galt der Grundsatz, daß die Einfriedung gegenüber öffentlichen Straßen, Wegen und Plätzen Abstände nicht einzuhalten brauchte. Dagegen ergab sich eine solche Verpflichtung gegenüber landwirtschaftlich genutzten Grundstücken im Falle des Bestehens eines Anwende-, Schwengel-, Tret-, Kehr- oder Pflugrechts. Hierbei handelte es sich um das Recht des Grundstückseigentümers, auf dem Grundstück seines Nachbarn mit dem Pflug oder mit Pflug und Spannvieh umwenden zu dürfen[19]; das Schwengel- und das Trepprecht erlaubten, beim Pflügen und Eggen mit dem Spannvieh auf dem Tretrecht erlaubten, beim Pflügen und Eggen mit dem Spannvieh auf dem Nachbargrundstück zu wenden. Die Ausübung dieser Rechte durfte durch die Errichtung einer Einfriedung auf oder in unmittelbarer Nähe der Grenze nicht behindert werden.

Gemeinrechtliche Geltung hat das Anwenderecht nicht erlangt.

Im Nassauischen Recht war es eine auf deutschem Herkommen beruhende dingliche Eigentumsbelastung; es war die Berechtigung der Eigentümer

17 Frankfurter Rechtsquellen S. 223 ff.
18 Anzeigeblatt S. 558.
19 Schellhaß S. 11; v. Roth-Becher II 1 S. 211; Meisner-Stern-Hodes, § 28 III.

derjenigen Grundstücke, welche wegen ihrer Lage zu anderen mit dem Namen „Aufstößer" bezeichnet wurden, auf dem nur mit einer langen Seite sie berührenden Grundstück, dem sogenannten „Anwender", mit Pflug und Spannvieh zu wenden[20]. Es stand also nur den Eigentümern solcher Grundstücke zu, die mit der Schmalseite an die Längsseite des Nachbargrundstücks anstießen[21], nicht aber hatten die Eigentümer mit den Längsseiten nebeneinander liegender Grundstücke das Recht zum Betreten des Nachbargrundstücks, um auf diese Weise heranpflügen zu können[22]. Die allgemeine Tendenz ging hier aber in Richtung einer Beseitigung der Anwenderechte bei Gelegenheit der Konsolidierungen – Flurbereinigungen[23]. Durch § 19 Abs. 1 und 2 der Instruktion für die Vollziehung der Güterkonsolidation vom 2. 1. 1830 (Edikt IV S. 322) wurde nämlich bestimmt, daß jeder Anlieger einen Grundstücksstreifen von $2^1/_2$ Schuh als sogenannten Gewannpfad unbebaut liegen lassen sollte. Seit 1867 traten an die Stelle dieser Gewannpfade die nach § 19 Abs. 3 der Instruktion bei der Konsolidation auszusparenden größeren Gewannwege, die in das Eigentum der Gemeinden übergingen. Auf diese Weise wurde das Anwenderecht in den Konsolidationsgemarkungen beseitigt und durch die Gewannpfade und Gewannwege oder öffentlichen Feldwege ersetzt[24].

Das Anwenderecht des Fuldischen Rechts gab dem Grundeigentümer die Befugnis, auf seines Anstößers Grundstück mit Pflug oder Egge umwenden zu dürfen. Es wurde dort unter die Klasse der Dienstbarkeiten eingeordnet. Das bedeutete, daß es nicht vermutet wurde, sondern jeweils durch Verträge oder echte Verjährung bewiesen werden mußte[25]. Dies hat vielfach dazu geführt, daß der Grundeigentümer in der Regel auf seinem Eigentum selbst ein sogen. Vor- oder Wendbeet zur eigenen Notdurft hat liegen lassen müssen.

In Kurhessen hatte sich gewohnheitsrechtlich das Schwengelrecht entwickelt. Die kurhessische Grebenordnung vom 6. 11. 1739[26] erwähnt es in § 8 des Art. VI als bestehendes Recht. Es ist das Recht des Grundstückseigentümers, bei der Bestellung des Grenzstreifens seines Grundstücks ein Zugtier auf dem Nachbargrundstück zu führen. Diese Eigentumsbeschränkung bestand aber nur zugunsten in der Feldmark gelegener landwirtschaftlicher Grundstücke; in der Ortslage waren Einfriedungen mit Hecken und Zäunen an Äckern und Wiesen unmittelbar an der Grenze zulässig[27].

Im Gebiet des früheren Fürstentums Waldeck war als lokal geltendes Recht und damit als auf Gewohnheitsrecht beruhendes Recht das Schwengelrecht bekannt. Es war das Recht, an der Grenze eines Ackers so zu pflügen, daß

---

20 Dekret des HG zu Wiesbaden 1862 in Arch. f. Nass. Prax. 5, 116; Bertram § 246; Sayn S. 78. Vgl. hierzu LG. Frankfurt vom 21. 5. 74 – 2/16 S 321/73 –.
21 Staudinger Anm. 3 a zu Art. 124 EG.BGB.
22 LG Ffm. in Frankfurter AnwZtg 32, 581.
23 Bertram aaO.
24 Bertram aaO., Sayn aaO. Ebenso LG. Frankfurt vom 21. 5. 74 – 2/16 S 321/73 –.
25 Thomas I S. 259.
26 Sammlg. Kurhess. Landesordnungen Band 2 S. 651.
27 Vgl. hierzu auch LG Hanau RdL. 1957, 39; LG Lüneburg RdL. 61, 162.

das Ackerpferd das Grundstück des Nachbarn betreten durfte. Im Einzelfall mußte es als bestehend nachgewiesen werden[28].

Für das Gebiet des Allgemeinen Landrechts bezeichnete ALR I 8 § 118 als Pflugrecht den Rain zwischen benachbarten Grundstücken, der in der Regel als gemeinschaftliches Eigentum anzusehen war. § 119 aaO. enthielt das Verbot an die beiden benachbarten Besitzer, den Rain ohne Einwilligung der Miteigentümer zu verändern oder zu schmälern. Ergänzend bestimmte ALR I 17 § 366, daß die Mitte des Grabens oder Rains, der die Grenze bestimmt, als eigentliche Grenzlinie zu achten war; durch Art. 89 Ziff. 1 b PrAG. BGB ist diese Vorschrift aber außer Kraft gesetzt worden.

Das Anwenderecht in seinen verschiedenen Formen ist als partikularrechtliche Eigentumsbeschränkung vom BGB unberührt geblieben (Art. 124 EG.BGB). Soweit es am 1. 1. 1900 begründet war oder später begründet und inzwischen nicht aufgehoben worden ist, besteht es kraft Gewohnheitsrechts oder kraft Vereinbarung als Grunddienstbarkeit weiter. Entsprechend der Geschäftsanweisung für Spezialkommissare und Vermessungsbeamte (jetzt Kulturämter) von 1887 nahmen diese in Hessen in die Flurbereinigungspläne unter „Besondere Festsetzungen" bis heute vielfach Bestimmungen der Art auf, daß bei Bestehen des Anwenderechts oder Schwengelrechts die Einfriedungen an Äckern, Wiesen und an bis zu 5 m breiten Wegen nur in einer Entfernung von mindestens 0,5 m von der Grenze des Nachbargrundstücks errichtet werden dürfen; in der Ortslage dagegen konnte die Einfriedung auf der Grenze erstellt werden.

Die Hessische Bauordnung vom 9. 7. 1957 (GVBl. S. 101 ff.) enthält keine Vorschriften über Einfriedungen, also auch nicht solche über Einfriedungen gegenüber öffentlichen Straßen, Wegen und Plätzen. Die letztere Regelung ist durch § 3 HBO den Gemeinden überlassen, der diese zum Erlaß von Bausatzungen ermächtigt.

Der Umfang von Rechten, die bei Inkrafttreten des Hess. NRG bestanden haben, richtet sich von diesem Zeitpunkt, also vom 1. 11. 1962 ab (§ 49), grundsätzlich nach neuem Recht (§ 46). Allerdings enthält § 16 Abs. 2 Nr. 1 für Einfriedungen, die zu jenem Zeitpunkt vorhanden waren, eine Ausnahmeregelung, die inzwischen durch Zeitablauf gegenstandslos geworden ist. In jedem Falle bleiben aber vor dem 1. 11. 1962 wirksam getroffene Vereinbarungen bestehen[29].

§ 14
Errichtung

(1) Der Eigentümer eines bebauten oder gewerblich genutzten Grundstücks ist auf Verlangen des Eigentümers des Nachbargrundstücks verpflichtet, sein Grundstück einzufrieden, soweit die Grenze zum Nachbargrundstück nicht mit Gebäuden besetzt ist. Sind beide Grundstücke bebaut oder gewerblich genutzt, so sind die Eigentümer der beiden Grund-

28 Lange S. 79/80 unter Hinweis auf ein Urteil des Landgerichts Kassel aus 1909.

29 Vgl. hierzu unten § 46 Anm. 1.

stücke gegenseitig verpflichtet, bei der Errichtung der Einfriedung mitzuwirken. Stellt das Verlangen nach Satz 1 der Eigentümer eines Grundstücks, das weder bebaut noch gewerblich genutzt ist, aber innerhalb eines im Zusammenhang bebauten Ortsteils gelegen oder in einem Bebauungsplan als Bauland ausgewiesen ist, so ist er berechtigt, bei der Errichtung der Einfriedung mitzuwirken.

(2) Die Einfriedung ist im Falle des Abs. 1 Satz 1 – vorbehaltlich des § 16 Abs. 1 – entlang der Grenze, in den übrigen Fällen auf der Grenze zu errichten.

(3) Als gewerblich genutzt im Sinne des Abs. 1 Satz 1 gilt nicht ein Grundstück, das dem Erwerbsgartenbau dient.

1. Einfriedungen sind Anlagen, die an oder auf der Grundstücksgrenze stehen und die Aufgabe haben, die Grenze zu sichern und das Grundstück vor unbefugtem Betreten durch Menschen oder Tiere zu schützen. Diese Voraussetzungen kann auch eine lebende Hekke erfüllen. Gleiches gilt für einen Elektrozaun, der ein Grundstück in der Feldmark abgrenzt, auch wenn die bisherige Verwendung des Grundstücks als Viehweide inzwischen weggefallen ist und der Zaun daher nur noch dem Zweck dient, Menschen und Tiere am Betreten zu hindern; unerheblich ist dabei, ob der Elektrozaun ein leicht oder schwer zu nehmendes Hindernis darstellt, sofern er nur seinem Zweck gegenüber solchen Personen gerecht werden kann, die bereit sind, ein solches Hindernis zu achten; nicht ausschlaggebend ist daher auch der Umstand, daß im Einzelfalle die Eisenstäbe des Elektrozauns verhältnismäßig leicht versetzt werden können. Auf einen solchen Elektrozaun ist § 16 anwendbar[30].
   Nach §§ 903, 905 BGB kann der Eigentümer eines Grundstücks grundsätzlich frei bestimmen, ob und wie er sein Grundstück einfrieden oder ob er eine vorhandene Einfriedung wieder beseitigen oder durch eine andere ersetzen will. Selbstverständlich muß sich diese Einfriedung aber innerhalb des Grundstücks ihres Erbauers halten; insbesondere darf sie weder die Grenze zum Nachbarn überschreiten oder mit einzelnen Teilen ins Nachbargrundstück hinüberragen, noch darf sie auf der gemeinsamen Grenze errichtet werden[31]. In seiner Entschließungsfreiheit wird der Grundeigentümer aber geg. Falles durch öffentlich-rechtliche Vorschriften wie auch – vorbehaltlich abweichender privat-

30 So zutreffend LG Fulda vom 18. 12. 68 – 2 S 63/68 –.
31 Zutreffend LG Limburg vom 6. 6. 73 – 3 S 59/73 –.

rechtlicher Abmachung (§ 45) — durch die §§ 14 ff. eingeschränkt:

a) Öffentlich-rechtliche Vorschriften für Einfriedungen gehen sowohl den §§ 14 ff. wie auch privatrechtlichen Abmachungen vor (§ 45). Die Einfriedungen können daher auf solche Weise der Privatrechtssphäre völlig entzogen werden: Der neuzeitliche Städtebau strebt an, die privaten Grünflächen (Grundstücksfreiflächen) in die gesamte Grünplanung des Gemeinwesens einzufügen. Vielfach werden daher neuerdings die Grundstücksfreiflächen nicht mehr durch Gebäude gegen die Straße abgeschirmt, sondern die Freiflächen öffnen sich, insbesondere bei der sogenannten Zeilenbauweise, zu der Straße hin und bilden im Sinne städtebaulicher Gestaltung zusammen mit dem öffentlichen Straßenraum und den Grünanlagen eine Gestaltungseinheit. Das Ziel geht dabei dahin, die Grundstücksfreiflächen innerhalb eines zusammenhängenden Bereichs (Baublocks) einheitlich zu gestalten. Diese einheitliche Gestaltung schließt Grundstückseinfriedungen entweder überhaupt aus oder erfordert, daß sich diese der allgemeinen Freiflächengestaltung unterordnen, indem sie nur noch Markierungen der Grenze darstellen. Solche Planungen finden ihren Niederschlag in Bebauungsplänen (§ 9 Abs. 1 Nr. 15 u. 16 BBauG.) und in örtlichen Bausatzungen (§§ 3 u. 29 Abs. 3 HBO).

Nach § 11 Abs. 2 FStrG. dürfen Zäune nicht angelegt werden, wenn sie die Verkehrssicherung durch Sichtbehinderung beeinträchtigen; auch kann ihre Beseitigung verlangt werden. Vgl. hierzu auch unten § 19 Anm. 2.

b) Privatrechtlich ist die Entschließungsfreiheit des Grundstückseigentümers in der Weise eingeschränkt, daß — unbeschadet einer zulässigen anderslautenden Vereinbarung (§ 45) — unter den Voraussetzungen des § 14 Abs. 1 der Nachbar von ihm verlangen kann, eine Einfriedung herzustellen, ferner, daß ihm die Beschaffenheit der Einfriedung durch § 15 vorgeschrieben ist, und schließlich, daß er unter den Voraussetzungen des § 16 Abs. 1 einen bestimmten Abstand von der Grenze einhalten muß.

Liegen öffentlich-rechtliche Hindernisse nicht vor und hat der Nachbar bislang keine auf §§ 14 ff. gestützten Forderungen erhoben, so kann jeder Grundstückseigentümer innerhalb der Grenzen seines Grundstücks einen beliebigen Zaun errichten, ohne zuvor seinen

Nachbarn um Einwilligung bitten zu müssen[32]. Zweckmäßig wird er sich dieser Einwilligung aber versichern, weil er sonst das Risiko eingeht, daß ihm nachträglich rechtliche Schwierigkeiten und zusätzliche Kosten entstehen: So kann der Eigentümer des angrenzenden, noch unbebauten und gewerblich nicht genutzten Grundstücks eines Tages die Errichtung einer Einfriedung entlang der Grundstücksgrenze entsprechend der Vorschrift des § 15 fordern (Abs. 1 S. 1; Abs. 2); sind beide Grundstücke bebaut oder gewerblich genutzt, so kann der Nachbar die gemeinsame Errichtung einer Einfriedung auf der Grundstücksgrenze entsprechend § 15 verlangen (Abs. 1 S. 2, Abs. 2). Es wird allerdings zu prüfen sein, ob die Forderung des Nachbarn nicht des Rechtsschutzbedürfnisses ermangelt. So hat das LG. Limburg[33] eine solche Klage mit der Begründung abgewiesen, der Beklagte habe eine Einfriedung ortsüblicher Art im Abstand von 15 cm von der gemeinsamen Grenze auf seinem Grundstück errichtet, was dem Kläger den Vorteil verschafft habe, daß er so sein Grundstück bis zur Grenze voll ausnutzen könne, und daß er außerdem seine Kostenanteile für Errichtung und Unterhaltung einspare. Schließlich kann dem Verlangen des Nachbarn auf Errichtung einier Einfriedung entlang der Grenze bzw. auf der gemeinsamen Grenze — trotz der bereits vorhandenen Einfriedung — unter Umständen entgegengesetzt werden, daß in dem längeren stillschweigenden Verhalten des Nachbarn seine schlüssig erteilte Zustimmungserklärung zu sehen sei, die der späteren Klage nach §§ 14, 15 entgegenstehe[34]; das gilt insbesondere dann, wenn die vorhandene Einfriedung den Interessen des Grundstücksnachbarn voll entspricht.

2. Die Verpflichtung zur Errichtung einer Einfriedung im Sinne des § 15 wird — unbeschadet entgegenstehender öffentlich-rechtlicher Bestimmungen und unbeschadet einer abweichenden, dem öffentlichen Recht nicht widersprechenden, ausdrücklich oder stillschweigend erklärten Vereinbarung mit dem Nachbarn

---

32 Vgl. LG Kassel – 1 S 160/64 –; LG Frankfurt 2/1 S 314/67; LG Limburg – 3 S 63/73 – sowie 3 T 83/73 und 3 S 59/73 –.

33 LG Limburg vom 11. 8. 65 – 3 S 58/65 –.

34 Zutreffend AG. Langen vom 18. 2. 66 – 5 C 467/65. Mit Recht hat auch das LG. Gießen vom 24. 1. 73 – 1 S 265/72 – solche stillschweigende Vereinbarungen in einem Falle angenommen, in dem eine Liguster- und eine Weißdornhecke schon 6 bis 9 Jahre lang vor dem Grundstückserwerb durch den Kläger auf der Grenze gestanden hatten und alsdann auch vom Kläger mehrere Jahre „hingenommen" worden waren.

(§ 45) – begründet, wenn folgende Voraussetzungen erfüllt sind (Abs. 1 S. 1):

a) Die gemeinsame Grenze darf nicht mit Gebäuden besetzt sein;

b) das einzufriedende Grundstück muß bebaut[35] oder gewerblich genutzt sein.[36] Landwirtschaft ist niemals gewerbliche Nutzung. Ausdrücklich nimmt Abs. 3 als eine Art landwirtschaftlicher Nutzung auch den Erwerbsgartenbau aus der gewerblichen Nutzung heraus; der Eigentümer eines der Landwirtschaft oder dem Erwerbsgartenbau dienenden Grundstücks kann also von seinem Nachbarn zur Errichtung einer Einfriedung nicht gezwungen werden.[37]

Der tragende Gedanke der Vorschrift ist, daß von bebauten oder gewerblich genutzten Grundstücken für die benachbarten Grundstücke eine Gefahr ausgeht, die das Verlangen nach einer Einfriedung rechtfertigt. Dabei ist es gleichgültig, ob diese Grundstücke in- oder außerhalb des Baugebiets gelegen sind.

Treffen die Voraussetzungen nach Abs. 1 S. 1 auf zwei aneinander grenzende Grundstücke gleichermaßen zu, so sind ihre Eigentümer wechselseitig verpflichtet, bei der Errichtung der Einfriedung mitzuwirken (Abs. 1 S. 2)[38]. Die Mitwirkung kann darin bestehen, daß beide Grundstückseigentümer gemeinsam in Eigenarbeit die Einfriedung herstellen, oder daß der eine das Material liefert und nur der andere die Einfriedung herstellt, oder daß gemäß Absprache der eine von beiden die Einfriedung allein errichtet oder herstellen läßt und dann den angefallenen Kostenanteil anfordert. Der nach § 14 Abs. 1 S. 2 aufgeforderte Nachbar hat also das Recht, die Art seiner Mitwirkung selbst zu bestimmen. Verhält sich aber der Nachbar gegenüber der Aufforderung passiv, so muß er „auf Mitwirkung" verklagt werden. Entsprechend dem Klageantrag auf Verurteilung zur Mitwirkung kann das Urteil gleichfalls nur auf Mitwirkung des Beklagten bei

35 „Bebaut" ist ein Grundstück nicht schon dann, wenn für ein Gebäude die Fundamente gelegt sind; vielmehr muß mindestens der Rohbau erstellt sein, der wegen der damit gegebenen Versteckmöglichkeit für lichtscheues Gesindel eine Gefahr für den nachbarlichen Frieden begründet. Eine solche Gefährdung, deren Abwehr eine gemeinschaftliche Einfriedung dienen soll, wird durch das bloße Legen von Fundamenten nicht geschaffen.

36 Gewerblich genutzt wird ein Grundstück, wenn es z. B. für Garagen oder als Lagerplatz Verwendung findet. Unerheblich ist, ob die gewerbliche Nutzung gewinnbringend ist; so AG Wiesbaden vom 4. 11. 64 – 93 C 882/64 – in einem Falle der Nutzung eines Grundstücks durch eine dort errichtete Anlage zur Wassergewinnung.

37 Elektrozäune auf Äckern oder Wiesen in der freien Feldmark fallen nicht unter § 14; auf sie ist § 16 anwendbar. Vgl. hierzu oben § 14Anm. 1 und FN. 30.

38 Ausnahmsweise kann der Klage auf Mitwirkung das Rechtsschutzbedürfnis fehlen. Vgl. dazu oben Anm. 1 b und FN. 33.

der Errichtung einer Einfriedung im Sinne der §§ 14 ff. lauten[39]. Dieses Urteil wird dann nach § 887 ZPO vollstreckt, indem der Schuldner, der sich auch nach Urteilserlaß weiter passiv verhält und damit die Mitwirkung ablehnt, auf Antrag zur Zahlung eines Kostenvorschusses in Höhe der Hälfte der gemäß §§ 15, 17 voraussichtlich entstehenden Kosten verurteilt wird. Diese Kosten werden beigetrieben und auf den Kostenanteil des Schuldners angerechnet. Nach Abschluß der Arbeiten muß verrechnet werden.[40]

Stellt das Verlangen nach Satz 1 der Eigentümer eines Grundstücks, das weder bebaut noch gewerblich genutzt ist, aber innerhalb eines im Zusammenhang bebauten Ortsteils (vgl. § 34 BBauG.) gelegen oder in einem Bebauungsplan (vgl. § 9 sowie § 173 Abs. 3 BBauG.) als Bauland ausgewiesen ist, so ist er berechtigt, aber zunächst nicht verpflichtet, bei der Errichtung der Einfriedung mitzuwirken (Abs. 1 S. 3). Diese Vorschrift ermöglicht es ihm, durch Erbringung von Eigenleistungen die Kosten für die Errichtung der Einfriedung möglichst niedrig zu halten; hieran ist er interessiert, da er nach § 17 Abs. 1 anteilig zu den Kosten der Errichtung der Einfriedung beitragen muß. Ein im Zusammenhang bebauter Ortsteil wird von einer Gruppe von Gebäuden auf verschiedenen Grundstücken gebildet, die nach Anzahl und Lage für den unbefangenen Betrachter eine selbständige städtebauliche Einheit bilden. Er endet mit den äußersten bebauten Grundstücken entlang der jeweiligen Erschließungsanlagen. Der Bebauungsplan, in dem das Grundstück als Bauland ausgewiesen ist, muß kein qualifizierter Bebauungsplan im Sinne des § 30 BBauG. sein. Als Bebauungspläne gelten auch bei Inkrafttreten des BBauG. bestehende baurechtliche Vorschriften und festgestellte städtebauliche Pläne, soweit sie verbindliche Regelungen der in § 9 BBauG. bezeichneten Art enthalten (§ 173 Abs. 3 BBauG.).

3. In den Fällen des Abs. 1 S. 1 ist gemäß Abs. 2 die Einfriedung innerhalb und entlang der eigenen Grundstücksgrenze, in allen übrigen Fällen aber auf der

39 Die Abweisung des neben dem Antrag auf Verurteilung zur Mitwirkung gestellten Antrags auf Verurteilung in die Hälfte der zu erwartenden Kosten mit der Begründung, die Höhe der Kosten hätte angegeben werden müssen, durch das AG Wiesbaden vom 4. 11. 64 – 93 C 882/64 – ist daher im Ergebnis richtig, in der Begründung aber nicht zutreffend, da dem Beklagten die Möglichkeit erhalten bleiben muß, nach seiner Verurteilung zur Mitwirkung die Art seiner Mitwirkung selbst zu wählen.

40 Vgl. hierzu OLG Frankfurt vom 10. 5. 68 – 16 U 3/68.

Grenze zu errichten. Die erstere Einfriedung ist eine echte Grenzscheidung, die andere eine Grenzeinrichtung im Sinne der §§ 921, 922 BGB[41] mit den daraus sich ergebenden Rechtsfolgen. Der Erbauer der Grenzscheidung (Fall des Abs. 1 S. 1) ist ihr Alleineigentümer; als solcher kann er sie beseitigen und zum Beispiel durch eine teurere ersetzen; jedenfalls bleibt seine Verpflichtung im Sinne der §§ 14 Abs. 1 S. 1, 15 bestehen. Die Grenzeinrichtung (Fälle des Abs. 1 S. 2 und S. 3) dagegen unterliegt der gemeinsamen Verwaltung und steht im ungeteilten Miteigentum der beiden Nachbarn. Solange der eine von ihnen an dem Fortbestand der Grenzeinrichtung ein Interesse hat, darf der andere sie weder beseitigen noch ändern; er darf also z. B. nicht den Maschendraht entfernen und die Zwischenräume zwischen den Betonpfeilern mit Mauerwerk ausfüllen[42].

Ausnahmsweise muß die Grundstücksscheidung (§ 14 Abs. 1 S. 1) von der eigenen Grundstücksgrenze einen Abstand von 0,5 m halten, wenn die Voraussetzungen nach § 16 Abs. 1 gegeben sind.

4. Der Anspruch aus § 14 richtet sich gegen den Grundstückseigentümer[43] und nicht gegen den Nutzungsberechtigten, also z. B. nicht gegen den Nießbraucher, selbst wenn dieser mit Zustimmung des Grundstückseigentümers eine Einfriedung errichtet hat. Dies ergibt sich aus dem Aufbau des Hess. NRG, das in den ersten 4 Abschnitten nur die Grundstückseigentümer, in allen übrigen Abschnitten dagegen neben diesen auch die Nutzungsberechtigten als Verpflichtete aufführt[44].

5. Soweit Einfriedungen von Grundstücken gegenüber öffentlichen Straßen (unter diesen Begriff fallen auch die öffentlichen Wege und Plätze) oder gegenüber öffentlichen Grünflächen oder gegenüber öffentlichen Gewässern in Frage kommen, stehen öffentliche Interessen auf dem Spiel. Für sie scheidet daher die Anwendung der §§ 14 ff. aus. Gleiches gilt für Einfriedungen gegenüber privaten Gewässern (vgl. § 16).

6. Dem Grundstückseigentümer steht der Erbbauberechtigte gleich (§ 11 ErbbaurechtsVO). Vgl. auch vorsteh. Anm. 4.

41 Vgl. Meisner-Stern-Hodes § 7 I 1.
42 So zutreffend LG Darmstadt vom 21. 5. 64 – 6 S 184/63 –.
43 Vgl. aber Anm. 6.
44 So zutreffend AG Groß-Umstadt vom 7. 1. 1966 – C 138/65 –.

§ 15
Beschaffenheit

Die Einfriedung besteht aus einem ortsüblichen Zaun; läßt sich eine ortsübliche Einfriedung nicht feststellen, so besteht sie aus einem 1,2 m hohen Zaun aus verzinktem Maschendraht. Schreiben öffentlich-rechtliche Vorschriften eine andere Art der Einfriedung vor, so tritt diese an die Stelle der in Satz 1 genannten Einfriedungsart.

1. Die Vorschrift des § 15 regelt die Beschaffenheit von Einfriedungen, deren Herstellung nach § 14 verlangt worden ist; sie betrifft also nicht Einfriedungen, die der Grundstückseigentümer ohne entsprechendes Verlangen des Nachbarn auf seinem Grundstück anbringt[45]. § 15 war daher auch nicht anwendbar in dem vom AG. Offenbach am 26. 3. 75 entschiedenen Fall — Az. 31 C 2022/74 —: Dort hatte einer der Grundstückseigentümer auf seinem Grundstück parallel zu dem auf der Grenzlinie verlaufenden 1,25 m hohen Maschendrahtzaun einen durchscheinenden Zaun aus welligem PVC errichtet. Einfriedung im Sinne der §§ 14 ff. war hier nur der Maschendrahtzaun, daher hätte die Klage auf Beseitigung des PVC.-Zauns gemäß § 823 Abs. 2 BGB, § 15 Hess. NRG. keinen Erfolg haben dürfen.

   § 15 betrifft nur die Fälle des § 14 Abs. 1, d. h. die Beschaffenheit der Einfriedung ist durch § 15 nur für die Fälle geregelt, in denen der Nachbar die Errichtung einer Einfriedung gemäß § 14 Abs. 1 S. 1 oder S. 2 fordert und eine solche noch nicht vorhanden ist; nur unter solchen Voraussetzungen schreibt § 15 bestimmte Mindestanforderungen vor (vgl. LG. Limburg oben in § 14 FN. 32 sowie LG. Gießen vom 24. 1. 73 — 1 S 265/72 —).

   Soweit öffentlich-rechtliche Vorschriften nichts anderes bestimmen (§ 45; vgl. auch § 14 Anm. 1 a) oder die beteiligten Grundstückseigentümer sich nicht auf eine, den öffentlich-rechtlichen Vorschriften nicht widersprechende Art und Beschaffenheit der Einfriedung geeinigt[46] haben (§ 45), besteht diese aus einem „ortsüblichen" Zaun (S. 1 Halbsatz 1). Die Ortsüblichkeit setzt nicht voraus, daß die Einfriedungsart im gesamten Orts- oder Gemeindebereich über-

---

45 Vgl. LG Limburg vom 9. 5. 73 – 3 S 63/73 –, vom 21. 5. 73 – 3 T 83/73 – und vom 6. 6. 73 – 3 S 59/73 –.

46 Sofern öffentlich-rechtliche Vorschriften nicht entgegenstehen, können sie sich auch auf eine Mauer als Einfriedung einigen.

wiegend vertreten sein müsse. Es kann vielmehr auch so sein, daß ein in sich geschlossenes Siedlungsgebiet gleiche und daher für seinen Bereich „ortsübliche"[47] Zäune aufweist. Ortsübliche Einfriedungen können zum Beispiel auch aus lebenden Hecken bestehen (vgl. auch unten § 39 Abs. 2); unter dem Begriff Zaun ist somit keineswegs nur eine tote Einfriedung zu verstehen.

Nur wenn weder öffentlich-rechtlich eine bestimmte Einfriedung vorgeschrieben, noch eine solche privatrechtlich vereinbart, und auch eine ortsübliche Einfriedung nicht feststellbar ist, hat diese aus einem 1,2 m hohen Zaun aus verzinktem Maschendraht zu bestehen (S. 1 Halbs. 2); die Größe der Maschen und die Stärke des Drahtes sind dabei nicht vorgeschrieben.

Im Einzelfalle können aber zusätzliche kostenträchtige Maßnahmen im Rahmen der „normalen" Herstellungskosten notwendig werden. Haben z. B. die Grundstücke dadurch ein verschiedenes Niveau bekommen, daß der eine Grundstückseigentümer bei der Errichtung seines Wohnhauses sein Grundstück aufgefüllt hat, und ist nach den Regeln der Baukunst nun ein Sockel notwendig, so kann die Errichtung eines geeigneten Fundaments gefordert werden[48]. Ist ferner eine Einfriedung bereits vorhanden, entspricht diese aber nicht mehr den Anforderungen einer standfesten Grenzeinrichtung und können diese Mängel nicht mehr sachgerecht beseitigt werden, so muß diese mängelhafte, einsturzgefährdete und eine Gefahrenquelle bildende Grenzeinrichtung beseitigt werden, bevor eine ordnungsmäßige Grenzeinrichtung hergestellt werden kann; die hierdurch entstehenden Mehrkosten sind nach den gleichen Grundsätzen wie die Kosten für die Errichtung der neuen Einfriedung zwischen den Nachbarn aufzuteilen[49].

2. Ist öffentlich-rechtlich eine besondere Art der Einfriedung bestimmt, z. B. durch Vorschriften der Bausatzung auf Grund der §§ 3 und 29 Abs. 3 HBO oder durch Anordnung der Bauaufsicht nach § 59 Abs. 2 HBO zum Zwecke der Abwehr von Gefahren für die öffentliche Sicherheit und Ordnung, so tritt diese an

47 In Fabrikgegenden kann ortsübliche Einfriedung eine Mauer sein. Nach AG Frankfurt-Höchst vom 23. 6. 65 – Hö 3a G 49/65 – sind Schilfmattenzäune in der Goldsteinsiedlung in Frankfurt nicht ortsübliche Zäune.

48 OLG Frankfurt vom 10. 5. 68 – 16 U 3/68 –. Wegen der Kostenfolgen vgl. unten zu § 17 Anm. 3.

49 Vgl. OLG Frankfurt vom 10 5. 68 – 16 U 3/68 –.

die Stelle der in S. 1 bezeichneten Einfriedungsart (S. 2). Der oder die zur Herstellung der Einfriedung verpflichteten Grundstückseigentümer müssen also eine solche, oftmals höhere Kosten verursachende, besondere Einfriedungsart herstellen und unterhalten. Ist allerdings diese besondere Einfriedungsart nur mit Rücksicht auf die besondere Nutzung nur eines der beiden Grundstücke vorgeschrieben — bei gewerblich genutzten Grundstücken zum Beispiel wird oft zur Vermeidung von Immissionen und Gefahren eine geschlossene Einfriedungsart gefordert werden —, so sind der Berechnung des Kostenanteils des anderen Grundstückseigentümers nur die Herstellungskosten einer Einfriedung nach § 15 S. 1, höchstens die tatsächlichen Aufwendungen einschließlich der Eigenleistungen, zugrunde zu legen (§ 17 Abs. 3 S. 2); dementsprechend vermindert sich auch sein Anteil an den Unterhaltungskosten (§ 18 Abs. 2).

3. Hat der Grundstückseigentümer schon vor Inkrafttreten des Gesetzes (§ 49) eine Einfriedung errichtet, so beantwortet sich die Frage, ob er damit seinen Verpflichtungen gegenüber seinem Nachbarn genügt hat, grundsätzlich nach den §§ 14 ff.; denn nach § 46 richtet sich der Umfang von Rechten, die bei Inkrafttreten des Hess. NRG, d. h. am 1. 11. 1962 (§ 49), bestanden haben, nach den Vorschriften dieses Gesetzes. Dem § 15 würde es aber nicht entsprechen, wenn es sich bei der Einfriedung um einen einfachen Zaun aus glattem Draht oder aus Stacheldraht oder um einen sogenannten Weidezaun mit Knotengitter handelte, es sei denn, ein solcher Zaun wäre ortsüblich oder die beiden Grundstückseigentümer hätten sich hierüber vereinbart, denn rechtswirksam vor dem Inkrafttreten des Hess. NRG getroffene und nicht gegen öffentliches Recht (Bausatzung) verstoßende Vereinbarungen blieben bestehen (vgl. § 46 Anm. 1).

Ausnahmsweise kann unter besonderen Umständen in einem längeren stillschweigenden Verhalten des Nachbarn gegenüber einer vor dem 1. 11. 62 errichteten Einfriedung, z. B. einer Mauer, die schlüssige Einverständniserklärung[50] liegen, daß es bei dieser sein Bewenden behalten solle. An eine solche Feststellung wird man aber strenge Anforderungen stellen müssen[51]. Gleiches gilt für eine Einfriedung, die der Grundstückseigentümer nach Inkrafttreten des Hess. NRG errichtet hat, bevor

50 LG Gießen vom 24. 1. 73 – 1 S 265/72 – vgl. oben FN. 34.
51 Vgl. AG Langen vom 18. 2. 1966 – 5 C 467/65 –.

sein Nachbar das Verlangen nach § 14 Abs. 1 S. 1 an ihn gerichtet hat[52]. Selbstverständlich können sich die Grundstückseigentümer auch jederzeit nach dem Inkrafttreten des Hess. NRG darüber einigen, ob und welche Art der Einfriedung sie auf ihrer Grenze anbringen wollen, sofern diese Vereinbarung nicht gegen öffentliches Recht verstößt (§ 45).

4. Die Höhe der Kostenbeteiligung des Nachbarn errechnet sich in jedem Falle nach §§ 17 Abs. 3, 18 Abs. 2, insbesondere auch dann, wenn es sich um eine Einfriedung handelt, die zwar den Zwecken einer solchen nach § 15 voll entspricht, aber wegen des verwendeten teuren Materials (Holz) oder infolge besonderer Ausgestaltung erhöhte Kosten verursacht hat oder hinsichtlich der Unterhaltung noch erfordert.

§ 16

Abstand von der Grenze

(1) Die Einfriedung muß von der Grenze eines Grundstücks, das außerhalb eines im Zusammenhang bebauten Ortsteils liegt und nicht in einem Bebauungsplan als Bauland ausgewiesen ist, 0,5 m zurückbleiben, auch wenn ein Verlangen nach § 14 Abs. 1 nicht gestellt worden ist. Dies gilt nicht gegenüber Grundstücken, für die nach Lage, Beschaffenheit oder Größe eine Bearbeitung mit Gespann oder Schlepper nicht in Betracht kommt.

(2) Der Anspruch auf Beseitigung einer Einfriedung, die einen geringeren als den nach Abs. 1 vorgeschriebenen Abstand einhält, ist ausgeschlossen,

1. wenn die Einfriedung bei Inkrafttreten dieses Gesetzes vorhanden ist und ihr Abstand dem bisherigen Recht entspricht oder

2. wenn der Nachbar nicht binnen zwei Jahren nach der Errichtung Klage auf Beseitigung erhoben hat; diese Frist beginnt frühestens mit dem Inkrafttreten dieses Gesetzes.

(3) Wird eine Einfriedung, die einen geringeren als den nach Abs. 1 vorgeschriebenen Abstand einhält, durch eine andere ersetzt, so gilt Abs. 1.

1. Abs. 1 stellt sicher, daß bestimmte landwirtschaftlich genutzte Grundstücke ohne Behinderung durch

---

52 In solchem Falle kann das spätere Verlangen des Nachbarn gemäß § 14 sich als unzulässige Rechtsausübung darstellen und daher einer etwaigen Klage auf Mitwirkung nach § 14 Abs. 1 das Rechtsschutzinteresse fehlen. Vgl. oben § 14 Anm. 1 b und FN. 33.

die auf einem Nachbargrundstück errichtete Einfriedung[53] bearbeitet werden können, indem er vorschreibt, daß gegenüber solchen Grundstücken die Einfriedung auf dem Nachbargrundstück von der gemeinsamen Grenze einen — in der Horizontale gemessenen — Abstand von 0,50 m einhalten muß. Diese Grundstücke müssen folgende Voraussetzungen erfüllen:

a) Sie müssen außerhalb eines im Zusammenhang bebauten Ortsteils liegen[54] (Abs. 1 S. 1);

b) sie dürfen nicht in einem Bebauungsplan als Bauland ausgewiesen sein (Abs. 1 S. 1). Der Bebauungsplan wird auf Grund des § 9 BBauG. aufgestellt; als Bebauungspläne gelten gemäß § 173 Abs. 3 BBauG. auch solche bei Inkrafttreten des BBauG. bestehenden baurechtlichen Vorschriften und festgestellten Pläne, soweit sie verbindliche Regelungen der in § 9 BBauG. bezeichneten Art enthalten;

c) sie müssen nach Lage, Größe und Beschaffenheit für eine Bearbeitung mit Gespann oder Schlepper in Betracht kommen (Abs. 1 S. 2). Nicht erforderlich ist also, daß sie tatsächlich mit Schlepper oder Gespann bearbeitet werden; es genügt vielmehr, daß sie für eine solche Bearbeitung in Frage kommen können. Maßgebend hierfür sind Lage, Beschaffenheit und Größe des Grundstücks. Hat zum Beispiel ein Grundstück eine solche Schräglage oder ist es so sumpfig oder so stark Ödland oder ist es so klein oder so schlecht geschnitten, daß eine Bearbeitung mit Gespann oder Schlepper notwendig ausscheiden muß, so braucht der Abstand nach Abs. 1 S. 1 nicht eingehalten zu werden. Da die Bearbeitung „mit Gespann oder Schlepper" möglich sein muß, reicht die Möglichkeit der Bearbeitung mit einem Kleinschlepper in der Form eines Allzweckmotorgeräts nicht aus; auf ein solches Grundstück kann also § 16 Abs. 1 S. 1 keine Anwendung finden (Abs. 1 S. 2)[55].

Ist andererseits die Bearbeitung mit „Gespann oder Schlepper" möglich, so muß der Abstand sofort eingehalten werden, auch wenn die Anwendung von Gespann oder Schlepper eine vorherige

---

53 Einfriedung im Sinne des § 16 kann auch ein Elektrozaun sein, auch wenn seine Eisenstäbe verhältnismäßig leicht versetzt werden können und er als Hindernis leicht überwunden werden kann. Vgl. oben § 14 Anm. 1 und FN. 30.

54 Vgl. hierzu § 34 BBauG.

55 So zutreffend AG Groß-Umstadt vom 7. 1. 1966 – C 138/65 – hinsichtlich eines 3,50 m breiten Weinberggrundstücks, das mit einem Allzweckmotorgerät bewirtschaftet worden ist.

Änderung der Nutzungsart voraussetzen würde, indem zum Beispiel die Wiese in einen Acker umgewandelt werden müßte, denn entscheidend ist nur die abstrakte Geeignetheit des Grundstücks zu der genannten Bearbeitungsweise im Zeitpunkt der Errichtung der Einfriedung. Nach dem Zweckgedanken der Vorschrift muß diese allerdings auch dann anwendbar sein, wenn die abstrakte Geeignetheit des Grundstücks erst künftig geschaffen werden kann, zum Beispiel durch Drainierungsmaßnahmen, Vergrößerung des Grundstücks durch Zukauf. In solchem Fall kann die Beseitigung des Zaunes wegen der in Abs. 2 bestimmten Ausschlußfrist aber nur verlangt werden, wenn geg. Falles innerhalb von 2 Jahren seit der Errichtung eines Zaunes, nicht seit der Schaffung der nach Abs. 1 erforderlichen Voraussetzungen für das Grundstück, Klage auf Beseitigung erhoben wird.

Die Anwendbarkeit des Abs. 1 entfällt, sobald eine der drei vorgenannten Voraussetzungen nicht mehr gegeben ist, also zum Beispiel, sobald das bisher begünstigte Grundstück in den im Zusammenhang bebauten Ortsteil einbezogen oder als Bauland ausgewiesen wird. Unerheblich ist in jedem Falle, ob die Einfriedung gemäß § 14 Abs. 1 S. 1 auf Verlangen des Nachbarn oder aus eigenem Entschluß ihres Erbauers errichtet worden ist (Abs. 1 S. 1).

Der Grundstückseigentümer, der die Einhaltung des Abstandes von 0,5 m fordert, braucht lediglich darzutun, daß sein Grundstück außerhalb eines im Zusammenhang bebauten Ortsteils liegt und nicht in einem Bebauungsplan als Bauland ausgewiesen ist. Demgegenüber ist der Nachbar beweispflichtig dafür, daß für das fragliche Grundstück nach dessen Lage, Beschaffenheit oder Größe eine Bearbeitung mit Gespann oder Schlepper nicht in Betracht kommt.

2. Der Abstand von 0,50 m, den die Einfriedung von der Grenze zu dem begünstigten Grundstück einhalten muß, bezweckt, das Umwenden mit Gespann oder Schlepper zu erleichtern. Diese Vorschrift gewährt allerdings nicht das Recht, den Streifen von 0,5 m vor der Einfriedung auf dem angrenzenden Grundstück zu betreten oder zu befahren. Eine solche Befugnis wäre nur gegeben, wenn dem Grundstückseigentümer gewohnheitsrechtlich oder vertraglich ein Anwende-, Tret-, Kehr- oder Pflugrecht usw. zustünde. Vielfach werden solche Rechte heute im Rahmen der Flurbereini-

gung geschaffen[56]; ihre Normierung in diesem Gesetz erschien daher nicht geboten.

3. Grundsätzlich hat der Eigentümer des begünstigten Grundstücks den Anspruch, daß die im geringeren Abstand als 0,5 m errichtete Einfriedung beseitigt wird; er kann nicht fordern, daß die Einfriedung auf einen Abstand von 0,5 m von der Grenze gebracht wird[57]; der Grundstückseigentümer behält also die Entscheidung, ob er die Einfriedung zurücksetzen oder überhaupt beseitigen will. Ausnahmsweise entfällt aber nach Abs. 2 der Beseitigungsanspruch:

a) Einfriedungen, die bei Inkrafttreten dieses Gesetzes (§ 49) vorhanden waren, ohne den Abstand von 0,5 m einzuhalten, können bestehen bleiben, wenn dieser Tatbestand
aa) dem bisherigen Recht entsprach, weil nach partikularem Recht die Einhaltung eines Abstandes von 0,50 m nicht vorgeschrieben war (Abs. 2 Ziff. 1);
bb) zwar dem bisherigen partikularen Recht widersprach, die Beseitigungsklage aber nicht binnen 2 Jahren seit dem Inkrafttreten dieses Gesetzes (§ 49) erhoben worden ist (Abs. 2 Ziff. 2).
Eine bei Inkrafttreten dieses Gesetzes vorhandene Einfriedung kann somit nicht mehr angegriffen werden, wenn bis zum 31. Oktober 1964 die Beseitigungsklage nicht erhoben worden ist. Der Beklagte braucht sich daher jetzt nur noch auf den zeitlichen Ablauf zu berufen, und es bedarf keiner Untersuchung mehr, ob die Nichteinhaltung des Abstandes dem früheren Partikularrecht entsprach oder nicht. Auch in diesen Fällen ist damit das frühere partikulare Recht gegenstandslos geworden. Ähnliche Regelungen trifft das Gesetz in den Abschnitten „Fenster- und Lichtrecht" (§ 13) und „Grenzabstände für Anpflanzungen" (§ 43 Abs. 1).

b) Einfriedungen, die nach Inkrafttreten dieses Gesetzes entgegen Abs. 1 S. 1 errichtet werden, dürfen bestehen bleiben, wenn der Eigentümer des begünstigten Grundstücks nicht binnen 2 Jahren nach Errichtung der Einfriedung Klage auf Beseitigung erhoben hat (Abs. 2 Ziff. 2). Es handelt sich hier um eine Art gesetzlicher Verwirkung; allerdings bedarf es keiner Billigkeitserwägungen mehr, solche sind gar nicht zulässig; der bloße Hinweis auf

56 Vgl. hierzu oben zu Nr. 4 der Einführung vor § 14.
57 LG Fulda vom 18. 12. 68 – 2 S 63/68 –.

den Zeitablauf reicht aus, die Klage zur Abweisung zu bringen.

4. Die Ausnahmen nach Abs. 2 entfallen, wenn die Einfriedung durch eine andere ersetzt wird (Abs. 3); die neue Einfriedung muß also den Abstand wahren[58], allerdings kann dann der Fall nach vorst. Anm. 3 b wieder praktisch werden.
Schwierigkeiten kann die Frage bereiten, ob die Einfriedung durch eine andere ersetzt oder ob sie nur ausgebessert wird, denn eine angebliche Ausbesserung kann in Wirklichkeit als ein Ersatz zu werten sein. Letzteres wäre anzunehmen, wenn die Einfriedung so abgenutzt oder verbraucht wäre, daß sie ihrem Wesen nach als Einfriedung nicht mehr gelten könnte. Durch ständige und vor allem rechtzeitige Reparaturen könnte aber erreicht werden, daß die Einfriedung in einem Zustand verbliebe, der den „Ersatz" durch eine neue Einfriedung entbehrlich machte; in solchem Falle wird man zwecks Verhinderung einer Gesetzesumgehung auf die Zeit der normalen Haltbarkeit und Brauchbarkeit der Einfriedung abstellen müssen.

§ 17

Kosten der Errichtung

(1) In den Fällen des § 14 Abs. 1 Satz 2 und 3 tragen die beteiligten Grundstückseigentümer die Kosten der Errichtung der Einfriedung zu gleichen Teilen.

(2) Wird das an ein eingefriedetes Grundstück angrenzende Grundstück bebaut oder gewerblich genutzt, so ist der Eigentümer des angrenzenden Grundstücks, sofern eine Verpflichtung zur Übernahme anteiliger Errichtungskosten für ihn noch nicht entstanden ist, zur Zahlung einer Vergütung in Höhe der Hälfte der Kosten der Errichtung der Einfriedung unter angemessener Berücksichtigung der bisherigen Abnutzung verpflichtet; das gleiche gilt, wenn das angrenzende Grundstück in den im Zusammenhang bebauten Ortsteil einbezogen oder in einem Bebauungsplan als Bauland ausgewiesen wird, sofern der Eigentümer dieses Grundstücks oder sein Rechtsvorgänger die Errichtung der Einfriedung verlangt hatte.

(3) Der Berechnung sind die Errichtungskosten einer Einfriedung im Sinne des § 15, höchstens die tatsächlichen Aufwendungen, einschließ-

58 Hätte der Nachbar die Einfriedung schuldhaft zerstört oder bis zur Unbrauchbarkeit beschädigt, so wäre er nach §§ 823, 249 ff. BGB zum Schadensersatz auch in der Weise verpflichtet, daß er die Errichtung der neuen Einfriedung an alter Stelle dulden müßte.

lich der Eigenleistungen, zugrunde zu legen. Ist nur für eines der beiden Grundstücke eine Einfriedungsart nach § 15 Satz 2 vorgeschrieben, so sind der Berechnung die Errichtungskosten einer Einfriedung nach § 15 Satz 1, höchstens die tatsächlichen Aufwendungen, einschließlich der Eigenleistungen, zugrunde zu legen.

1. Die einseitige Verpflichtung des Grundeigentümers, gemäß § 14 Abs. 1 S. 1 eine Einfriedung zu errichten, enthält die selbstverständliche Verpflichtung, auch die Kosten der Errichtung allein zu tragen; dieser Fall ist daher in § 17 nicht besonders behandelt. Sind aber gemäß § 14 Abs. 1 S. 2 beide Grundstückseigentümer wechselseitig zur Errichtung der Einfriedung verpflichtet, weil eine Einfriedung nicht vorhanden ist und mindestens einer der beiden Nachbarn von dem anderen die Errichtung einer Einfriedung gefordert hat (vgl. oben § 14 Abs. 1 S. 2 und S. 3 sowie § 15 Anm. 1), so fallen ihnen die Kosten der Errichtung der Einfriedung regelmäßig (vgl. hierzu unten Anm. 3) zu gleichen Teilen zur Last (Abs. 1 in Verbdg. mit § 14 Abs. 1 S. 2). Die gleiche Verpflichtung zur anteiligen Kostentragung besteht ferner dann, wenn die Errichtung einer Einfriedung von dem Eigentümer eines Grundstücks verlangt wird, das weder bebaut noch gewerblich genutzt ist (so daß für ihn selbst eine Verpflichtung im Sinne des § 14 Abs. 1 S. 2 noch nicht begründet ist), das aber innerhalb eines im Zusammenhang bebauten Ortsteils[59] gelegen oder in einem Bebauungsplan als Bauland ausgewiesen[60] ist (Abs. 1 in Verbdg. mit § 14 Abs. 1 S. 3); diese Regelung rechtfertigt sich aus der Erwägung, daß bei Grundstücken solcher Lage es regelmäßig nur eine Frage der Zeit ist, bis auch sie bebaut oder gewerblich genutzt werden, und daß solche zwischen bebauten oder gewerblich genutzten Grundstücken brach liegende Grundstükke oft keine geringere Gefahrenquelle für ihre Umgebung bilden, als dies sonst für bebaute oder gewerblich genutzte Grundstücke zutrifft.

   Mit Rücksicht auf diese anteilige Kostenmithaftung räumt § 14 Abs. 1 S. 3 ausdrücklich das Recht ein, bei der Errichtung der Einfriedung mitzuwirken, womit der Nachbar die Möglichkeit erhält, durch die Erbringung eigener Arbeitsleistungen oder durch Beschaffung verbilligter Materialien die Kosten möglichst niedrig zu halten.

59 Vgl. § 14 Anm. 2 b.
60 Vgl. § 14 Anm. 2 b.

2. Tritt die Verpflichtung nach § 14 Abs. 1 S. 2 oder S. 3 für den Nachbarn erst nach Errichtung der Einfriedung ein, weil sein Grundstück inzwischen

a) bebaut oder gewerblicher — ausgenommen erwerbsgartenbaulicher — Nutzung zugeführt worden ist oder

b) in einen im Zusammenhang bebauten Ortsteil[61] einbezogen oder in einem Bebauungsplan[62] als Bauland ausgewiesen worden ist, so löst diese Tatsache für den Nachbarn die Verpflichtung aus, die Hälfte der Kosten der Errichtung der Einfriedung unter angemessener Berücksichtigung der bisherigen Abnutzung zu erstatten (Abs. 2), im Falle b) allerdings nur dann, wenn er oder sei Rechtsvorgänger die Errichtung der Einfriedung verlangt hatte (Abs. 2 Halbs. 2); war dieses Verlangen unterblieben, so hatte der Erbauer der Einfriedung diese ohne Beteiligung seines Nachbarn ganz auf eigene Rechnung für sich errichtet, so daß dem Nachbarn auch später keine Kosten der Errichtung angelastet werden können.

3. Haben die Grundstücksnachbarn, ohne zugleich eine besondere Kostenabsprache zu treffen, miteinander vereinbart, daß als Einfriedung eine Grenzmauer errichtet werden soll, die zugleich dem einen Grundstück als Stützmauer dienen soll, weil dieses z. B. bis zur Höhe der Mauer aufgeschüttet worden ist und damit zwischen beiden Grundstücken ein Niveauunnterschied geschaffen worden ist, der abgesichert werden soll, so muß zwischen den beiden Grundstückseigentümern ein anderer Verteilerschlüssel hinsichtlich der Kosten der Errichtung (§ 17) und Unterhaltung (§ 18) zur Anwendung kommen, denn die Mauer kann unter diesen Umständen nicht ausschließlich als Grenzmauer, andererseits auch nicht ausschließlich als Stützmauer gewertet werden. Sie ist vielmehr gleichzeitig Grenz- und Stützmauer. In dem Falle, daß die Aufschüttung in voller Höhe der Mauer vorgenommen worden ist, wird man beide Zwecke, denen die Mauer dient, wohl gleich bewerten müssen mit der Folge, daß der Eigentümer des aufgeschütteten Grundstücks die Hälfte der Kosten für die Stützmauer und von der weiteren Hälfte der Kosten, die auf die Grenzmauer entfällt, wiederum die Hälfte, insgesamt also $^3/_4$ der Kosten, tragen muß, während der andere Grundstückseigentümer nur $^1/_4$ der Kosten übernehmen muß.

---

61 Vgl. § 14 Anm. 2 b.
62 Vgl. § 14 Anm. 2 b.

4. In aller Regel sind — unbeschadet einer abweichenden privatrechtlichen Vereinbarung (§ 45) — der Berechnung der Vergütung nur die Kosten der Errichtung einer ortsüblichen Einfriedung im Sinne des § 15 S. 1 Halbs. 2, höchstens aber die tatsächlichen Aufwendungen einschließlich der Eigenleistungen, zugrunde zu legen, sofern eine besondere Einfriedungsart gemäß § 15 S. 2 nicht erfordert war (Abs. 3 S. 1). Machte die Nutzung der beiden Grundstücke eine besondere Einfriedungsart notwendig, so sind die Kosten einer solchen, höchstens aber die tatsächlichen Aufwendungen einschließlich etwaiger Eigenleistungen, zur Grundlage zu nehmen (Abs. 3 S. 1 in Verbindung mit § 15); traf dieses Erfordernis allerdings nur für eines der beiden Grundstücke zu, so sind für die Berechnung der Vergütung nur die Kosten einer Einfriedung im Sinne des § 15 S. 1, höchstens aber die tatsächlichen Aufwendungen einschließlich der Eigenleistungen, maßgebend.

§ 18
Kosten der Unterhaltung

(1) Die Kosten der Unterhaltung der Einfriedung tragen die beteiligten Grundstückseigentümer je zur Hälfte, wenn für sie oder ihre Rechtsvorgänger die Verpflichtung zur Tragung von Errichtungskosten begründet worden ist.

(2) § 17 Abs. 3 gilt entsprechend.

1. Errichtet der Eigentümer eines Grundstücks auf diesem eine Einfriedung, ohne daß der Nachbar an ihn das Verlangen gestellt hat, so ist er zu ihrer Unterhaltung nicht verpflichtet, er kann sie vielmehr nach Belieben auch wieder entfernen. Im übrigen aber unterhält er sie als ihr Erbauer und Eigentümer im eigenen Interesse. Dieser Fall bedurfte daher keiner Regelung.

Ist aber die Einfriedung auf Verlangen des Nachbarn (§ 14 Abs. 1 S. 1) errichtet worden, so folgt die Verpflichtung, die Einfriedung gebrauchsfähig zu erhalten und daher zu unterhalten, schon aus der Überlegung, daß der Wegfall der Einfriedung infolge mangelhafter Unterhaltung den Anspruch auf Errichten einer solchen neu entstehen lassen würde. Eine Einfriedung muß daher der Erbauer unterhalten, wenn der Nachbar gemäß § 14 Abs. 1 S. 1 ihre Errichtung verlangt hat oder wenn nach freiwilliger Errichtung der Einfriedung der Nachbar unter den Voraussetzungen jener Vorschrift die Unterhaltung fordert.

2. § 18 Abs. 1 regelt ausdrücklich nur den Fall, daß beide Grundstückseigentümer *gemeinsam zur Unterhaltung* der Einfriedung verpflichtet und daher an den Kosten der Unterhaltung der Einfriedung beteiligt sind. Voraussetzung hierfür ist, daß für sie oder ihre Rechtsvorgänger die Verpflichtung zur Tragung von Herstellungskosten begründet worden ist. Dieser Tatbestand ist *in folgenden Fällen* erfüllt:

a) Beide Grundstückseigentümer waren zur Errichtung der Einfriedung wechselseitig verpflichtet (§ 14 Abs. 1 S. 2); gemäß § 17 Abs. 1 hatten sie zu gleichen Teilen die Kosten der Errichtung zu tragen, wobei die Berechnungsgrundlage nach § 17 Abs. 3 zu ermitteln war. Im gleichen Verhältnis haben sie nun zu den Unterhaltungskosten beizutragen (§ 18 Abs. 2 in Verbindg. mit § 17 Abs. 3).

b) Das Verlangen auf Errichtung der Einfriedung ist von einem Grundstückseigentümer im Sinne des § 14 Abs. 1 S. 3 gestellt worden. Dieser ist verpflichtet, zu den Errichtungskosten anteilig beizutragen (§ 17 Abs. 1). Er ist daher gleichfalls nach Maßgabe der §§ 18 Abs. 2, 17 Abs. 3 zur Mitunterhaltung der Einfriedung anteilig verpflichtet.

c) Erst nach Errichtung der Einfriedung wird das angrenzende Grundstück bebaut oder gewerblich — nicht erwerbsgartenbaulich (§ 14 Abs. 1 und Abs. 3) — genutzt. Die Verpflichtung zur anteiligen Erstattung der Kosten der Errichtung der Einfriedung wurde daher gemäß § 17 Abs. 2 S. 1 begründet. Dementsprechend ist auch von diesem Zeitpunkt ab eine Verpflichtung zur Beteiligung an den Unterhaltungskosten nach Maßgabe der §§ 18, 17 Abs. 2 Halbs. 1, Abs. 3 gegeben.

d) Ein Grundstück, dessen Eigentümer bzw. dessen Rechtsvorgänger die Errichtung einer Einfriedung auf dem Nachbargrundstück gefordert hatte, wird in den im Zusammenhang bebauten Ortsteil einbezogen oder im Bebauungsplan als Bauland ausgewiesen. Die Verpflichtung zur anteiligen Erstattung der Errichtungskosten erwächst hier aus § 17 Abs. 2 Halbs. 2 unter Berücksichtigung von § 17 Abs. 3. Dementsprechend sind auch die Unterhaltungskosten gemäß §§ 18, 17 Abs. 3 anteilig zu tragen. In allen vorgenannten Fällen tragen beide Grundstückseigentümer je die Hälfte der nach Maßgabe des § 17 Abs. 3 zu ermittelnden Kosten der Unterhaltung. Dadurch kann es vorkommen, daß der Erbauer der Einfriedung in Wirklichkeit einen höheren Kostenanteil als sein Nachbar zu zahlen hat; von den nach

§ 18 Abs. 2, § 17 Abs. 3 für die Beurteilung erheblichen Kosten trägt er aber nur die Hälfte.

e) Dient die aus einer Grenzmauer bestehende Einfriedung zugleich einem der beiden Grundstückseigentümer als Stützmauer, so muß eine andere Kostenverteilung Platz greifen. Vgl. hierzu § 17 Anm. 3.

3. Grundsätzlich sollten sich die Nachbarn über Art und Umfang der Unterhaltungsarbeiten verständigen. Sie können vereinbaren, daß sie die Ausbesserungsarbeiten gemeinsam durchführen oder einem von ihnen oder einem Dritten übertragen wollen. Weigert sich der Nachbar, in solcher Weise mitzuwirken, weil er z. B. die Notwendigkeit von Ausbesserungen bestreitet, so kann der andere Grundstückseigentümer die Arbeiten auch allein vornehmen oder durchführen lassen, um alsdann unter Bezugnahme auf § 18 die halben Kosten anzufordern. Zweckmäßig erwirkt er aber vor Beginn der Arbeiten ein Urteil, das den Nachbarn zur Mitwirkung bei den Ausbesserungen verurteilt, wobei Art und Umfang der Ausbesserungen festgestellt werden. Vgl. hierzu auch oben § 14 Abs. 1 S. 2 und Anm. 2 b dazu[63].

§ 19
Ausnahmen

Die §§ 14 bis 18 gelten nicht für Einfriedungen zwischen Grundstükken und den an sie angrenzenden öffentlichen Straßen, öffentlichen Grünflächen und Gewässern.

1. Die Vorschriften der §§ 14 bis 18 gelten nicht im Verhältnis zwischen dem Eigentümer eines Privatgrundstücks einerseits und dem Eigentümer einer öffentlichen Straße — unter diesen Begriff fallen auch öffentliche Wege und Plätze (vgl. § 2 Abs. 1 Hess. StraßenG.) —, einer öffentlichen Grünfläche oder eines öffentlichen oder privaten Gewässers andererseits. Daher kann der Eigentümer einer öffentlichen Straße, einer öffentlichen Grünfläche oder eines Gewässers von dem Eigentümer eines angrenzenden Privatgrundstücks nicht gemäß § 14 Abs. 1 S. 1 die Errichtung einer Einfriedung fordern. Umgekehrt steht auch dem Eigentümer des Privatgrundstücks gegen den Eigentümer öffentlicher Straßen, öffentlicher Grünflächen oder von Gewässern ein Anspruch auf eine Einfrie-

63 Vgl. auch aus der Zeit vor Inkrafttreten des Hess. NRG. AG Kassel vom 28. 6. 62 - 35 C 358/61 - abgedr. DWW 68/164.

dung nicht zu; dies gilt im Verhältnis zu dem Eigentümer eines privaten Gewässers ohne Einschränkung, also auch dann, wenn dieses gewerblicher Fischzucht dient.

2. Zulässigkeit und Beschaffenheit von Einfriedungen zwischen Privatgrundstücken einerseits und öffentlichen Straßen, öffentlichen Grünflächen und Gewässern andererseits bestimmen sich nach öffentlich-rechtlichen Vorschriften, die in Bebauungsplänen[64], in örtlichen Bausatzungen[65] oder an anderer Stelle, wie z. B. in § 11 Abs. 2 FStrG oder in § 27 Abs. 2 Hess. StraßenG. enthalten sind; nach letzterer Vorschrift dürfen u. a. Zäune nicht angelegt oder müssen, falls sie vorhanden sind, beseitigt werden, wenn sie die Sicherheit oder Leichtigkeit des Verkehrs beeinträchtigen können. Eine diesen Vorschriften widersprechende Vereinbarung wäre rechtsunwirksam (§ 45).

Fünfter Abschnitt
VERÄNDERUNG DES GRUNDWASSERSPIEGELS

Einführung

Partikularrechtlich war als Einwirkung auf den Untergrund eines Grundstücks der Fall der Aufschüttung eines Grundstücks über die Höhe des Nachbargrundstücks hinaus erfaßt: Die §§ 185 ff. Theil I Titel 8 des Preuß. Allg. Landrechts bestimmten ganz allgemein, daß jemand, der seinen Grund und Boden erhöhen wollte, drei Fuß vom Zaun, der Mauer oder den Planken des Nachbarn zurückbleiben mußte. Diese Regelung wollte den Eintritt von Schäden irgendwelcher Art als Folge von Grundstückserhöhungen dadurch verhindern, daß für die Erhöhung ein bestimmter Mindestabstand von dem Nachbargrundstück vorgeschrieben wurde.

Ferner erklärte es § 130 Theil I Titel 8 Preuß. Allg. Landrecht ausdrücklich für zulässig, daß durch die Anlage eines Brunnens dem Nachbarn das Wasser abgegraben wurde[1].

Diese Vorschriften sind durch Art. 89 Preuß. AG. BGB. für das Gebiet des preuß. Rechtskreises aufrecht erhalten worden. Allerdings war die Rechtsgültigkeit des Art. 89 Preuß. AG. BGB. umstritten: Nach richtiger Ansicht[2] handelte es sich hierbei aber um eine dem BGB. fremde und deshalb nach Art. 124 EG. BGB. aufrecht erhaltene und rechtswirksam gebliebene Eigentumsbeschränkung.

§ 20

Der Eigentümer und die Nutzungsberechtigten eines Grundstücks dürfen auf dessen Untergrund mit physikalischen oder chemischen

64 Vgl. hierzu § 16 Anm. 1 b.
65 §§ 3 und 29 Abs. 3 HBO.
1 Vgl. Meisner-Stern-Hodes § 20 I 1.
2 BGH in LM 1 zu Art. 124 EG BGB; Meisner-Stern-Hodes, § 20 V 2 a.

Mitteln nicht in einer Weise einwirken, daß der Grundwasserspiegel steigt oder sinkt und dadurch auf einem Nachbargrundstück erhebliche Beeinträchtigungen hervorgerufen werden.

1. In seinen §§ 906 ff. regelt das BGB eine Anzahl von Tatbeständen, bei denen von Aufschüttungen nachteilige Folgen für das Nachbargrundstück ausgehen. Diese bundesgesetzlich geregelten Tatbestände sind einer landesgesetzlichen Normierung nicht zugänglich:

a) Führt beispielsweise die Aufschüttung von Sand zu einer Zuführung von Sand auf das Nachbargrundstück, so kann nach herrschender Ansicht[3] der Nachbar mit der Eigentumsfreiheitsklage aus den §§ 903, 1004 BGB gegen diese Beeinträchtigung vorgehen. Sieht man in der Sandzuführung eine „ähnliche Einwirkung" im Sinne des § 906 BGB[4], so muß die Einwirkung insoweit geduldet werden, als die Benutzung des Nachbargrundstücks nur unwesentlich beeinträchtigt wird.

b) Begründet die Aufschüttung die Gefahr, daß Teile von ihr abrutschen und das Nachbargrundstück beschädigen, so kann ein Anspruch aus § 908 BGB gegeben sein.

c) Senkt sich der Untergrund infolge des Druckes, den das aufgeschüttete Erdmaterial ausübt, und wird dadurch zugleich dem Nachbargrundstück die erforderliche Stütze entzogen (das Nachbargebäude wird z. B. beschädigt oder baufällig), so ist der Fall des § 909 BGB gegeben, denn der Druck hat eine in seiner Wirkung auf das Nachbargrundstück übergreifende Vertiefung (Setzungsmulde) herbeigeführt, und die Aufschüttung hat sich nicht als genügende anderweitige Befestigung erwiesen.

Eine nach § 909 BGB unzulässige Grundstücksvertiefung liegt ferner vor, wenn auf einem Grundstück durch einen dort errichteten Hochbau der Untergrund stark zusammengepreßt wird, vorausgesetzt, daß dadurch zugleich dem Nachbargrundstück die erwähnte notwendige Stütze entzogen wird.

§ 909 BGB ist ferner anwendbar, wenn dem Boden Grundwasser entzogen wird und dadurch der Boden des Nachbargrundstücks die erforderliche Stütze verliert[5]. Dabei ist es gleichgültig, ob die künstliche Absenkung des Grundwasserspiegels durch Ableiten oder Ab-

3 RGZ 166/66.
4 Vgl. Meisner-Stern-Hodes, § 16 II 3.
5 RGZ 62/372.

pumpen des Grundwassers zur Ermöglichung von Tiefbauarbeiten oder zwecks Wassernutzung oder zur Trockenlegung des Grundwasserspiegels vorgenommen wird, falls nur als Folge hiervon das Nachbargrundstück seine Stütze verliert, indem es nun nicht mehr geeignet ist, das Fundament eines auf ihm errichteten Gebäudes zu halten und dem Gebäude eine tragfähige Unterlage zu bieten. Letzteres ist beispielsweise der Fall, wenn der Boden des Nachbargrundstücks nachgibt und dadurch im Nachbargebäude Risse entstehen[6] oder wenn der Pfahlrost, auf dem das Nachbargebäude errichtet worden ist, durch die Grundwasserabsenkung in Fäulnis gerät[7]. Auch das sogenannte Strauß'sche Gründungsverfahren, wonach ein eisernes Rohr bis auf eine bestimmte Länge in den tragfähigen Baugrund gesenkt, sodann die Erde aus dem Rohr entfernt und an ihrer Stelle Beton hineingebracht wird, der unter langsamem Herausziehen des Rohres festgestampft wird, stellt eine nach § 909 BGB unzulässige Vertiefung dar, wenn dadurch das Nachbargrundstück seine Stütze verliert[8].

d) Bewirkt die Grundstückserhöhung durch Aufschüttung eine Änderung der Oberflächenwasserverhältnisse in der Weise, daß nun das wild abfließende Wasser nicht mehr wie bisher von dem Nachbargrundstück auf das jetzt erhöhte Grundstück ablaufen kann oder indem umgekehrt jetzt von dem erhöhten Grundstück wild abfließendes Wasser auf das Nachbargrundstück läuft, so greifen die Vorschriften über wild abfließendes Wasser, nämlich die §§ 21 ff. dieses Gesetzes, Platz; die inhaltlich gleichlautenden Abs. 1 und 2 des § 73 Hess. WasserG. sind durch § 47 dieses Gesetzes aufgehoben.

2. Bundesgesetzlich ist bisher nicht erfaßt der Fall, daß durch eine Einwirkung auf den Untergrund die Grundwasserverhältnisse mit der Folge verändert werden, daß andere Schäden als der Verlust der Stütze auf dem Nachbargrundstück eintreten. In RGZ 155/154 hatte das Reichsgericht den Fall zu entscheiden, daß auf dem Nachbargrundstück der normale Grundwasserabfluß durch eine auf dem anderen Grundstück bewirkte Pressung des Bodens gehemmt worden und dadurch der Grundwasserspiegel gestiegen und Grundwasser in das Haus des

6 RGZ 132/51.
7 RGZ 167/14.
8 RGZ 144/170.

Nachbarn eingedrungen war. Das Reichsgericht hat sowohl einen Schadensersatzanspruch wie auch nur die Abwehrklage aus § 1004 BGB mit der Begründung versagt, daß eine unzulässige Beeinträchtigung deshalb nicht vorliege, weil die Einwirkung auf das Nachbargrundstück lediglich die natürliche Folge einer erlaubten Benutzung des eigenen Grundstücks sei; der Nachbar müsse die ihm ungünstigen Auswirkungen eines Tuns des anderen innerhalb dessen Eigentumsrecht hinnehmen, falls nicht besondere Vorschriften zu seinem Schutz vorhanden seien, was aber hier nicht zutreffe. Dieser Ansicht hat sich auch das Schrifttum angeschlossen[9].

Diesem unbefriedigenden Ergebnis will § 20 abhelfen, da es sich in solchen Fällen in der Regel um eine über das gewöhnliche Maß weit hinausgehende Art der Benutzung des eigenen Grundstücks handelt, die dazu oft sehr erheblichen Schaden verursacht. § 20 verbietet daher die Einwirkung auf den Untergrund eines Grundstücks mit physikalischen oder chemischen Mitteln insoweit, als diese zur Folge hätte, daß in den Grundwasserverhältnissen Veränderungen hervorgerufen würden, die ihrerseits die Ursache für erhebliche Beeinträchtigungen auf dem Nachbargrundstück bildeten. Die Veränderung könnte in einem Steigen oder Sinken des Grundwasserspiegels bestehen. Ein Steigen des Grundwasserspiegels mit der Folge des Eintretens erheblicher Beeinträchtigungen beim Nachbarn könnte z. B. dadurch verursacht werden, daß durch eine Aufschüttung oder durch die Errichtung eines Hochbaus der Boden gepreßt würde, oder daß auf dem Baugrundstück eine über gespanntem Grundwasser liegende, undurchlässige Bodenschicht durch Graben, Bohren oder Stanzen durchstoßen oder doch so geschwächt würde, daß sie bräche; der gleiche Erfolg könnte ferner eintreten, wenn die Bodenbeschaffenheit dadurch verändert würde, daß durch Einblasen von Luft oder durch Einpressen bestimmter Mittel in den Boden zwecks Verfestigung dieser undurchlässig, zum mindesten aber schwerer durchlässig gemacht würde. Umgekehrt könnte z. B. das Durchstoßen einer undurchlässigen Bodenschicht bei baulichen Bohrungsarbeiten dazu führen, daß das Grundwasser anders abläuft und demzufolge ein Brunnen auf dem Nachbargrundstück versiegt.

§ 20 erklärt diese Folgen baulicher Maßnahmen für unzulässig, wenn dadurch erhebliche Beeinträchtigungen auf dem Nachbargrundstück

9 Vgl. Meisner-Stern-Hodes, § 20 V 1; Westermann, Sachenrecht, § 63 IV 1; Wüsthoff, Wassergesetz, Teil I, S. 67 N. 4.

verursacht werden. Ob nicht nur eine Beeinträchtigung, sondern eine erhebliche vorliegt, kann nur nach Lage des Einzelfalles entschieden werden. Vor der Durchfürhung seines Bauvorhabens muß sich daher der Bauherr darüber vergewissern, daß durch seine beabsichtigten baulichen Maßnahmen, insbesondere durch die Einwirkung auf den Untergrund und die Grundwasserverhältnisse, ein Steigen oder Absinken des Grundwasserspiegels mit der Folge des Auftretens erheblicher Beeinträchtigungen beim Nachbarn nicht eintreten wird.

Das Verbot des § 20 richtet sich gegen den Eigentümer und die Nutzungsberechtigten des Grundstücks. Unter diesen sind zu verstehen der Nießbraucher (vgl. §§ 1030, 100 BGB) und alle, die ein schuldrechtliches Nutzungs- und Gebrauchsrecht haben, insbesondere der Mieter und der Pächter (§§ 535 ff., 581 ff., 100 BGB).

3. Ein Schadensersatzanspruch ist nur im Falle des Verschuldens nach §§ 823 ff. BGB gegeben.

4. Nachbargrundstück ist nicht nur das unmittelbar angrenzende Grundstück, sondern jedes, auf dem als Folge der Einwirkungen auf den Untergrund des Grundstücks und des dadurch verursachten Steigens des Grundwassers erhebliche Beeinträchtigungen hervorgerufen werden. Alle auf solche Weise in ihren Rechten beeinträchtigten Personen sind nach § 20 anspruchsberechtigt.

5. § 20 läßt den § 3 WasserhaushaltsG. unberührt. Denn abgesehen davon, daß eine bundesgesetzliche Vorschrift durch ein Landesgesetz nicht verändert oder aufgehoben werden kann, trifft § 3 WasserhaushaltsG. einen anderen Tatbestand: Nach Abs. 2 dieser Vorschrift gelten als Benutzung im Sinne des WasserhaushaltsG. auch das Aufstauen, Absenken und Umleiten von Grundwasser durch Anlagen, die hierzu bestimmt oder hierfür geeignet sind, sowie Maßnahmen, die geeignet sind, dauernd oder in einem nicht unerheblichen Ausmaß schädliche Veränderungen der physikalischen, chemischen oder biologischen Beschaffenheit des Wassers herbeizuführen; gemeint sind also Einwirkungen, die von eigens hierfür vorgesehenen Anlagen ausgehen, und Maßnahmen, die für den gesamten Wasserhaushalt schlechthin von Bedeutung sind. Durch ein Vorgehen, wie es § 20 mit der Auswirkung auf verhältnismäßig eng begrenztem Raum zwischen Nachbarn zum Gegenstand hat, wird der Wasserhaushalt selbst aber nicht berührt. Auch die übrigen Vor-

schriften des WasserhaushaltsG., insbesondere die §§ 19 ff. (1. Teil) und die §§ 33 ff. (3. Teil), stehen § 20 nicht entgegen, da sie andere Tatbestände regeln.

Sechster Abschnitt
WILD ABFLIESSENDES WASSER

Einführung

Das Deutsche Privatrecht verstand unter dem Begriff „oberirdische Vorflut" die Verpflichtung des Grundeigentümers, das von einem höheren Nachbargrundstück herabfließende Wasser auf seinem tiefer-liegenden Grundstück aufzunehmen und ihm freien Ablauf zu lassen[1]. Die landesgesetzlichen Vorschriften zur Vorflut wurden durch Art. 124 und Art. 65 EG.BGB aufrechterhalten.

In den preußischen Gebieten war die Vorflut in den §§ 197, 198 Pr.WG geregelt. Hiernach durfte der Ablauf zu einem tiefer-liegenden Grundstück nicht künstlich so verändert werden, daß das duldende Grundstück belästigt wurde. Von diesem Verbot war die Veränderung eines Wasserablaufs infolge veränderter wirtschaftlicher Benutzung des Grundstücks ausdrücklich ausgenommen. Zugleich war aber dem Unterlieger – mit einer Ausnahme für Hessen-Nassau – das Recht eingeräumt, das ihm zufließende Wasser von seinem Grundstück abzuhalten. Die Frage, was unter einer Veränderung der wirtschaftlichen Benutzung des Grundstücks zu verstehen sei, war allerdings sehr umstritten[2]. Für unzulässig wurde z. B. gehalten die Herstellung von Spiel- und Sportplätzen sowie von Rodelbahnen, ferner die Anlegung von Wegen und Eisenbahndämmen, wenn diese nicht der wirtschaftlichen Benutzung der Grundstücke dienten, weiter die Herstellung von Gräben, die eine bessere Abführung des Wassers bezweckten, auch wenn sie der Umwandlung der Nutzung in eine andere Kulturart, z. B. von Wiese in Ackerland, dienen sollten; andererseits sollte die durch eine Ausrodung von Waldflächen verursachte Veränderung in den Wasserabflußverhältnissen erlaubt sein. Streitig blieb, ob es zulässig sei, als Folge der zunehmenden Bebauung neue Straßen anzulegen und vorhandene öffentliche Wege zu pflastern, wenn dadurch die Versickerungsmöglichkeit des Niederschlagswassers beeinträchtigt oder die Richtung des Wasserablaufs verändert wurde und die Unterlieger durch vermehrten Wasserzufluß belästigt wurden[3].

Für das Gebiet des früheren Großherzogtums und späteren Volksstaats Hessen brachte Art. 6 des Hessischen Bachgesetzes, das zuletzt in der Fassung vom 1. 7. 1957 (GVBl. S. 77) galt, eine Vereinheitlichung. Abweichend zum Preußischen Recht untersagte diese Vorschrift dem Eigentümer des höherliegenden Grundstücks stets, den natürlichen Lauf des von seinem Grundstück ablaufenden Wassers zum Nachteil fremden Eigentums zu ändern. Hiernach konnte auch eine Änderung der wirtschaftlichen Benutzung des höherliegenden Grundstücks

1 Stobbe, Deutsches Privatrecht, II S. 101.
2 Vgl. hierzu Holtz-Kreutz-Schlegelberger, PrWG, 4. Auflage, Anm. 7 zu § 197 PrWG.
3 Vgl. LG Gießen in Zeitschr. f. d. ges. Wasserrechtswirtschaft 1916 S. 189.

die damit verbundene Änderung in den Wasserabflußverhältnissen nicht rechtfertigen oder zulässig machen.

Das Wasserhaushaltsgesetz vom 27. 7. 1957 machte als Rahmengesetz im Sinne des Art. 75 Ziff. 4 GG den Erlaß des Hessischen Wassergesetzes notwendig. Dort wurde in § 73 Abs. 1 und 2 zunächst auch das wasserrechtliche Nachbarrecht geregelt. Eine im wesentlichen gleiche Regelung ist nun unter Aufhebung des § 73 Abs. 1 und 2 Hess.WasserG (vgl. § 47) in dieses Nachbarrechtsgesetz aufgenommen worden. Damit ist eine klare Unterscheidung zwischen öffentlich-rechtlichem Wasserrecht in den öffentlich-rechtlichen Wassergesetzen einerseits und privat-nachbarrechtlichem Wasserrecht im Hess. Nachbarrechtsgesetz andererseits getroffen.

Der Umfang von Rechten, die bei Inkrafttreten des Hess. NRG bestanden haben, richtet sich von diesem Zeitpunkt, also vom 1. 11. 1962 (§ 49) ab, grundsätzlich nach neuem Recht (§ 46). Jedoch behalten vor diesem Zeitpunkt rechtswirksam getroffene Vereinbarungen ihre Gültigkeit[4].

§ 21
Abfluß und Zufluß

(1) Wild abfließendes Wasser ist oberirdisch außerhalb eines Bettes abfließendes Quell- oder Niederschlagswasser.

(2) Der Eigentümer und die Nutzungsberechtigten eines Grundstücks dürfen nicht

1. den Abfluß wild abfließenden Wassers auf Nachbargrundstücke verstärken,

2. den Zufluß wild abfließenden Wassers von Nachbargrundstücken auf ihr Grundstück hindern,

wenn dadurch die Nachbargrundstücke erheblich beeinträchtigt werden.

(3) Der Eigentümer und die Nutzungsberechtigten eines Grundstücks dürfen den Abfluß von Niederschlagswasser von ihrem Grundstück auf Nachbargrundstücke mindern oder unterbinden.

1. § 21 behandelt den Abfluß und Zufluß wild abfließenden Wassers. Der Begriff des wild abfließenden Wassers ist weder im Wasserhaushaltsgesetz des Bundes noch in dem Hessischen Wassergesetz ausdrücklich geregelt. Seine Bestimmung ergibt sich aber aus der Ge-

4 Vgl. hierzu unten zu § 46 Anm. 1.

genüberstellung mit den anderen Gewässern (vgl. § 1 Abs. 1 Nr. 1 WasserhaushaltsG. und § 1 Hess. WasserG.). Hiernach ist wild abfließendes Wasser, wie es § 21 Abs. 1 ausdrücklich formuliert, das oberirdisch außerhalb eines Bettes abfließende Quell- oder Niederschlagswasser. Unter den Begriff des „wild abfließenden Wassers" fällt also nicht

a) Wasser, das durch menschliche Behandlung hindurch gegangen ist,

b) Wasser, das in einem künstlich hergestellten Bett oder in einer Leitungsanlage weitergeführt, also abgeleitet oder zugeleitet wird,

c) Wasser von Niederschlägen, das sich nicht unmittelbar auf dem Boden „niederschlägt" und sammelt, sondern das z. B. auf das Dach eines Bauwerks auftrifft und von da zum Boden abläuft oder abtropft (vgl. § 26).

2. Abs. 2 verbietet zwei verschiedene Arten von Einwirkungen auf das wild abfließende Wasser, wenn damit eine erhebliche Beeinträchtigung des Nachbargrundstücks verbunden ist:

a) Eigentümer und Nutzungsberechtigte eines — in der Regel höhergelegenen — Grundstücks dürfen seinen natürlichen Abfluß von ihrem Grundstück auf Nachbargrundstücke nicht künstlich verstärken (Abs. 2 Nr. 1). Vermindern oder gänzliches Abstoppen des Abflusses ist ihnen dagegen erlaubt, soweit es sich um oberirdisch außerhalb eines Bettes abfließendes Niederschlagswasser handelt (Abs. 3). Eine unzulässige Verstärkung des Abflusses wäre auch dann gegeben, wenn der verstärkte Abfluß eine Folge des Wechsels der Kulturart des Grundstücks wäre; würde also ein Waldstück gerodet und in Ackerland umgewandelt, so müßte zugleich dafür gesorgt werden, daß nicht als Folge davon der Abfluß sich so verstärkte, daß das aufnehmende Nachbargrundstück hiervon eine erhebliche Beeinträchtigung erführe. Die gleiche Folge könnte bei Bebauung oder Bepflasterung eines höhergelegenen Grundstücks eintreten. In all diesen Fällen müßte das Mehr-Wasser abgefangen und abgeleitet werden.

b) Eigentümer und Nutzungsberechtigte eines — in der Regel tiefergelegenen — Grundstücks dürfen den natürlichen Zufluß des wild abfließenden Wassers auf ihr Grundstück nicht hindern (Abs. 2 Nr. 2). Ein Abwehrrecht steht ihnen nur zu, wenn das zufließende Wasser kein „wild abfließendes Wasser" im Sinne

des Abs. 1 ist[5] oder soweit es sich um den künstlich verstärkten Zufluß im Sinne von Abs. 2 Nr. 1[6] handelt.
Diese in Abs. 2 normierten Verbote stellen sich als Schutzgesetze im Sinne des § 823 Abs. 2 BGB dar.[7].

3. Abs. 3 normiert den Grundsatz der freien Verfügungsbefugnis des Eigentümers oder Nutzungsberechtigten eines Grundstücks über das auf diesem befindliche, aus Niederschlägen stammende wild abfließende Wasser[8]. Dieses darf also auf dem Grundstück aufgefangen und behalten werden, und der Nachbar hat keinen Anspruch darauf, daß insoweit der Zufluß wild abfließenden Wassers von dem anderen Grundstück in seiner Stärke erhalten bleibt bzw. nicht gemindert oder nicht völlig abgestellt wird.

4. Eine erhebliche Beeinträchtigung eines Nachbargrundstücks liegt sicher dann vor, wenn die ordnungsmäßige Nutzung des Grundstücks gefährdet wird. So könnte eine Wiese bei zu starker Durchfeuchtung sauer werden. Ein auf dem tieferliegenden Grundstück errichtetes Gebäude könnte bei Verstärkung des Wasserabflusses schweren Feuchtigkeitsschäden ausgesetzt sein.
Beeinträchtigungen dieser Art können auch eintreten, wenn das wild abfließende Wasser auf das Grundstück, von dem es kommt, infolge einer nach Abs. 1 Nr. 2 unzulässigen Stauung wieder zurückgedrängt wird.

5. Nutzungsberechtigte des Grundstücks sind der Nießbraucher (§§ 1030 ff., 100 BGB) sowie der Mieter und Pächter (§§ 535 ff., 581 ff., 100 BGB).

6. Entsprechend allgemein nachbarrechtlichen Grundsätzen[9] ist unter Nachbargrundstück nicht nur das unmittelbar angrenzende, sondern jedes Grundstück zu verstehen, das von der Einwirkung erfaßt wird.

7. Unerheblich ist, welche tatsächlichen und rechtlichen Verhältnisse im Einzelfalle bis zum Inkrafttreten des Hess. NRG, also bis zum 1. 11. 1962, bestanden haben, denn ab 1. 11. 1962

---

5 Vgl. dazu oben Anm. 1 a–c.
6 Vgl. oben Anm. 2 a.
7 So zutreffend LG Kassel vom 26. 10. 72 – 1 S 66/72 – zur Vorschrift des § 73 Abs. 1 und 2 HessWasserG., die inzwischen durch die inhaltsgleichen §§ 21 bis 23 Hess.NRG. ersetzt worden sind; vgl. dazu auch unten § 47.
8 Vgl. vorst. Anm. 1 c.
9 Vgl. Meisner-Stern-Hodes § 17 FN. 6 und FN. 10. Siehe aber auch oben § 20 Anm. 4.

finden die §§ 21 bis 25 in ganz Hessen uneingeschränkt Anwendung (§ 46). Jedoch behalten vor diesem Zeitpunkt rechtswirksam getroffene Vereinbarungen ihre Gültigkeit.[10]

8. Die Beeinträchtigung des Nachbargrundstücks als Folge einer Veränderung des Untergrunds mit einem dadurch verursachten Steigen oder Sinken des Grundwasserspiegels im Zuge baulicher Maßnahmen ist in § 20 geregelt.

§ 22

Wiederherstellung des früheren Zustandes

(1) Haben Naturereignisse den Abfluß wild abfließenden Wassers von einem Grundstück auf ein Nachbargrundstück verstärkt oder den Zufluß wild abfließenden Wassers von einem Nachbargrundstück auf ein Grundstück gemindert oder unterbunden und wird dadurch das Nachbargrundstück erheblich beeinträchtigt, so müssen der Eigentümer und die Nutzungsberechtigten des Grundstücks die Wiederherstellung des früheren Zustandes durch den Eigentümer und die Nutzungsberechtigten des beeinträchtigten Nachbargrundstücks dulden.

(2) Die Wiederherstellung muß binnen drei Jahren vom Ende des Jahres ab, in dem die Veränderung eingetreten ist, durchgeführt werden. Während der Dauer eines Rechtsstreits über die Verpflichtung zur Duldung der Wiederherstellung ist der Lauf der Frist für die Prozeßbeteiligten gehemmt.

1. § 22 betrifft den Fall, daß Naturereignisse auf einem Nachbargrundstück einen Zustand herbeigeführt haben, den hervorzurufen nach § 21 Abs. 2 den Eigentümern und Nutzungsberechtigten von Grundstücken untersagt ist.
   Der Begriff „Naturereignis" umfaßt nicht nur außergewöhnliche Geschehnisse in der Natur wie z. B. Bodenbewegungen durch Erdbeben, heftige Unwetter mit wolkenbruchartigen Regenfällen oder Hagelschauern mit der Folge erheblicher Verwüstungen und Zerstörungen auf dem Boden, sondern auch mehr oder weniger alltägliche Vorkommnisse wie einen langandauernden Regen (Landregen) mit ähnlichen Auswirkungen. Alle diese Ereignisse sind im Sinne des § 22 aber nur erheblich, wenn sie
   a) den bisherigen Abfluß wild abfließenden Wassers von dem höher gelegenen Grundstück auf das Nachbargrundstück verstärken oder

10 Vgl. hierzu § 46 Anm. 1.

den bisherigen Zufluß von dem Nachbargrundstück auf ein anderes Grundstück mindern oder unterbinden u n d

b) dadurch zugleich das Nachbargrundstück erheblich beeinträchtigen; dieses bekommt also im ersteren Falle erheblich mehr Wasser als bisher zugeführt, im letzteren Falle dagegen staut sich auf ihm Wasser, das sonst abgeflossen wäre.

N i c h t h i e r h e r gehört der Fall, daß das Naturereignis den bisherigen A b f l u ß wild abfließenden Wassers auf das Nachbargrundstück, also den Wasserzufluß auf das Grundstück des nach § 22 Berechtigten, der hieran interessiert ist, n u r g e m i n d e r t o d e r g a n z u n t e r b u n d e n hat, denn das Gesetz spricht nur von verstärktem Abfluß auf das Nachbargrundstück. Außerdem ergibt sich aus § 21 Abs. 3, daß jeder Grundeigentümer das auf sein Grundstück fallende Niederschlagswasser, nicht das von diesem als wildes Wasser abfließende Quellwasser, behalten darf. Schließlich wäre es auch kaum möglich, den früheren Zustand wiederherzustellen, wenn z. B. infolge von Bodenbewegungen auf einem Grundstück eine Quelle versiegt und damit der bisherige Abfluß dieses wild abfließenden Wassers auf das Nachbargrundstück unterbunden wäre.

2. Hat in den vorerhähnten Fällen das Naturereignis eine erhebliche Beeinträchtigung des Nachbargrundstücks zur Folge, so steht dessen Eigentümer und Nutzungsberechtigtem das Recht zu, auf eigene Kosten den f r ü h e r e n Z u s t a n d w i e d e r h e r z u s t e l l e n. Sie dürfen also z. B. eine auf dem fremden Grundstück stehende, durch das Naturereignis beschädigte Mauer in Ordnung bringen, wenn infolge der Beschädigung der Abfluß wild abfließenden Wassers auf ihr Grundstück sich mit der Folge erheblicher Beeinträchtigung verstärkt hat. Ebenso dürfen sie Geröll oder andere Bodenteile wegräumen, die sich auf einem angrenzenden Grundstück durch ein Naturereignis angesammelt haben und die nun mit der Folge einer erheblichen Beeinträchtigung ihres Grundstücks bewirken, daß das von diesem wild abfließende Wasser nicht oder nicht im bisherigen Umfang von dem anderen Grundstück aufgenommen wird.

3. N u t z u n g s b e r e c h t i g t e d e s G r u n d s t ü c k s sind der Nießbraucher (§§ 1030 ff., 100 BGB) sowie der Mieter oder Pächter (§§ 535 ff., 581 ff., 100 BGB).

4. Die Wiederherstellung muß nur i n n e r h a l b e i n e r F r i s t v o n d r e i J a h r e n, gerechnet vom Ende des Jahres ab, in dem die Veränderung eingetreten ist, geduldet werden (Abs. 2 S. 1). Kommt es

zwischen den Beteiligten zu einem Rechtsstreit darüber, ob ein Fall im Sinne des § 22 Abs. 1 überhaupt gegeben ist, z. B. weil man darüber streitet, ob die Beeinträchtigung erheblich ist oder nicht, so ist die Frist zur Wiederherstellung während der Dauer des Rechtsstreits für die Prozeßbeteiligten gehemmt (Abs. 2 S. 2); das bedeutet, daß der Zeitraum, während dessen die Verjährung gehemmt ist, in die Verjährungsfrist nicht eingerechnet wird (§ 205 BGB).

§ 23
Schadensersatz

Schaden, der bei Ausübung des Rechts auf dem betroffenen Grundstück entsteht, ist zu ersetzen. Auf Verlangen ist Sicherheit in Höhe des voraussichtlichen Schadensbetrags zu leisten; in solchem Falle darf das Recht erst nach Leistung der Sicherheit ausgeübt werden.

1. Schaden, der bei Ausübung des Wiederherstellungsrechts im Sinne des § 22 Abs. 1 entsteht, ist ohne Rücksicht auf Verschulden zu ersetzen.

2. Auf Verlangen muß der Berechtigte Sicherheit leisten. Wird Sicherheit gefordert, so darf das Recht erst nach Sicherheitsleistung ausgeübt werden (S. 2); geschieht dies nicht, wird also nicht die Hinterlegung eines Geldbetrags gefordert, der dem substantiiert darzulegenden, voraussichtlich erwachsenden Schadensbetrag der Höhe nach entspricht, so kann dem Duldungsverlangen des Berechtigten nicht entgegengehalten werden, dieser habe keine Sicherheit geleistet[11].
Der Anspruch auf Sicherheitsleistung durch Hinterlegung des voraussichtlichen Schadensbetrags entfällt selbstverständlich bzw. wird unbegründet, sobald die Schaden verursachende Maßnahme durchgeführt ist und die Höhe des Schadens damit endgültig feststeht[12].

3. Die Verpflichtung zur Sicherheitsleistung besteht nicht, wenn das Recht zur Abwendung einer gegenwärtigen erheblichen Gefahr ausgeübt werden muß (§ 25); denn es muß dann sofort gehandelt werden können. Ein solcher Fall könnte z. B. gegeben sein, wenn eine Stützmauer, die bisher den Zufluß auf das Grundstück des Berechtigten gehindert hatte, teilzerstört worden und bei nicht sofortigem Ausbessern mit ihrem völligen Einsturz sowie

11 AG Dillenburg vom 14. 10. 71 – 5 C 524/71 –.
12 LG Limburg vom 15. 3. 72 – 3 S 191/71 –.

mit dem ungehemmten Einströmen wilden Wassers vom angrenzenden Grundstück zu rechnen wäre.

§ 24
Anzeigepflicht

(1) Die Absicht, das Recht nach § 22 Abs. 1 auszuüben ist zwei Wochen vor Beginn der Bauarbeiten dem Eigentümer und, soweit deren Rechtsstellung oder Besitzstand davon berührt wird, auch den Nutzungsberechtigten des betroffenen Grundstücks anzuzeigen.

(2) Ist der Duldungspflichtige der nicht unmittelbarer Besitzer ist, nicht bekannt oder infolge Aufenthalts im Ausland nicht alsbald erreichbar und hat er auch keinen Vertreter bestellt, so genügt insoweit die Anzeige an den unmittelbaren Besitzer.

1. Die Absicht, das Recht auf Wiederherstellung des früheren Zustands gemäß § 22 Abs. 1 ausüben zu wollen, muß grundsätzlich zwei Wochen vor Beginn der Arbeiten angezeigt werden, und zwar dem Grundstückseigentümer, dem Erbbauberechtigten sowie den Nutzungsberechtigten des Grundstücks, nämlich dem Nießbraucher (§§ 1030 ff., 100 BGB), dem Mieter oder Pächter (§§ 535 ff., 581 ff., 100 BGB) oder dem sonstigen Besitzer, soweit deren Rechtsstellung oder Besitzstand hiervon berührt wird (Abs. 1). Sind diese der Meinung, daß die Voraussetzungen ihrer Duldungspflicht nicht gegeben seien, z. B. weil sie eine erhebliche Beeinträchtigung des Nachbargrundstücks verneinen, so muß der Nachbar auf Duldung der Wiederherstellungsmaßnahmen klagen. Hat der Nachbar solche Arbeiten angekündigt oder bereits begonnen, so kann bei Nichtvorliegen der Voraussetzungen nach § 22 Abs. 1 auf Unterlassung geklagt werden.

   Abs. 2 läßt die Anzeige an den unmittelbaren Besitzer genügen, wenn der in erster Linie Anzeigeberechtigte, der aber nicht zugleich unmittelbarer Besitzer ist,

   a) nicht bekannt ist; dieser Fall ist z. B. gegeben, wenn Streit besteht, ob ein Vertrag auf Veräußerung des Grundstücks oder des Erbbaurechts rechtswirksam geworden oder durch Anfechtung weggefallen ist, oder wenn über das Erbrecht gestritten wird. Selbstverständlich ist der Grundstückseigentümer oder Erbbauberechtigte dann nicht unbekannt, wenn Name und Anschrift unschwer von Nachbarn oder durch Rückfrage bei Behörden (Grundbuchamt, Einwohnermeldeamt) ermittelt werden können.

b) infolge Aufenthalts im Ausland nicht alsbald erreichbar ist. Diese Voraussetzung ist angesichts der modernen Verkehrs- und Nachrichtenmittel in der Regel nur zu bejahen, wenn eine bestimmte Anschrift des Berechtigten im Ausland nicht bekannt ist. Hat er vor der Abreise einen Vertreter bestellt, so muß diesem die Anzeige erstattet werden.

2. Die Verpflichtung zur Anzeige entfällt, wenn die Ausübung des Wiederherstellungsrechts zur Abwendung einer gegenwärtigen erheblichen Gefahr erforderlich ist (§ 25). Vgl. hierzu auch § 23 Anm. 3.

§ 25

Wegfall der Verpflichtung zur Sicherheitsleistung und zur Anzeige

Ist die Ausübung des Rechts nach § 22 Abs. 1 zur Abwendung einer gegenwärtigen erheblichen Gefahr erforderlich, so entfällt die Verpflichtung zur Sicherheitsleistung und zur Anzeige.

1. Vgl. hierzu § 23 Anm. 2 und 3 sowie § 24 Anm. 1 und 2.

Siebenter Abschnitt
DACHTRAUFE

Einführung

Unter Traufrecht (Trüpfe) wurde teilweise verschiedenes verstanden. Es konnte damit das aus der römisch-rechtlichen servitus stillicidii erwachsene Recht an fremder Sache gemeint sein; danach war der Inhaber des Traufrechts berechtigt, seine Traufe ohne Rücksicht auf das Nachbargrundstück ablaufen zu lassen, und der Nachbar war verpflichtet, dieses Wasser aufzunehmen, auch wenn der natürliche Abfluß auf dem Boden nicht auf sein Grundstück ging. Eine andere Auffassung verstand unter dem Traufrecht nur die Vermutung des Eigentums an dem unter der Dachtraufe liegenden Grund und Boden. Diese Ansicht beruhte auf der Überlegung, daß es verboten war, Flüssigkeiten auf das Grundstück des Nachbarn abzuleiten, sofern kein besonderes Recht, insbesondere keine Grunddienstbarkeit dieser Art bestand. Der Grundeigentümer, der ein Gebäude errichtete, mußte daher mit der Umfassungsmauer von der Grenze so weit zurückbleiben, daß das Dach des Neubaus das Regenwasser noch auf den eigenen Grund und Boden gelangen ließ. Da nun eine Grunddienstbarkeit nicht vermutet wurde, schloß man aus dem bloßen Vorhandensein der Dachtraufe, daß der Erbauer des Gebäudes bei dessen Errichtung so weit von der Grenze geblieben war, daß nur der eigene Grund von der Dachtraufe betroffen wurde. Diese Eigentumsvermutung war in der Regel nur tatsächlicher Art, vereinzelt war sie aber auch in die Form einer gesetzlichen Vermutung gekleidet. Die Eigentumsvermutung, die stets durch Gegenbeweis entkräftet werden konnte, setzt ein Gebäude voraus; eine freistehende Mauer reichte dazu nicht aus[1]. In einzelnen Fällen schließlich kannte das Partikularrecht das Traufrecht als Recht am fremden Grundstück im Sinne einer Grunddienstbarkeit und zugleich auch im Sinne einer Eigentumsvermutung.

Im gemeinen Recht war das Traufrecht nur im Sinne einer Eigentumsvermutung entwickelt. Es sprach eine tatsächliche Vermutung dafür, daß „der Streifen Landes, soweit meine Dachtraufe reicht, mein Eigentum sei"[2].

Auch das Preuß. Allg. Landrecht bestimmte in Theil I Titel 8 §§ 120 und 121, daß die Winkel oder Zwischenräume zwischen den Häusern in der Regel für gemeinschaftlich geachtet wurden; hatte aber bisher nur einer der Nachbarn die Traufe dahin fallen lassen, so wurde vermutet, daß der Zwischenraum ihm allein eigentümlich gehörte. § 189 ALR I 8 schrieb vor, daß derjenige, der an der Grenze ein neues Gebäude aufführte, die Dachtraufe weder auf des Nachbarn Grund und Boden noch über denselben hinwegleiten durfte, es sei denn, daß er hierauf ein besonderes Recht erworben hatte. Dieses Recht, das eine Grunddienstbarkeit darstellte, wurde in seinem Inhalt durch die §§ 59 und 61 des Theils I Titels 22 näher bestimmt: Die Ausübung mußte mit geringstmöglichem Nachteil für den Nachbarn durchgeführt werden; der Eigentümer des dienenden Grundstücks durfte an dem Gebäude des herrschenden Grundstücks heraufbauen, er mußte aber unter der Traufe bleiben und sie unter sein Dach nehmen.

Im übrigen wurde das Traufrecht stets als Recht an fremder Sache angesehen. Es war das Recht, das Regenwasser tropfenweise (ohne Ansammlung in Röhren oder Rinnen) auf das Nachbargrundstück herabfallen zu lassen[3].

Teil 6 Cap. III Ziff. IV ff. der Nassau-Catzenelnbogischen Landrechtsordnung bestimmte, daß kein Recht bestand, die Dachtraufe auf eines anderen Grundstück laufen zu lassen, sofern nicht eine Dienstbarkeit vereinbart war.

Nach § 25 der Kurhessischen Bauordnung vom 9. 1. 1784 mußte bei der Errichtung eines Neubaus ein Zwischenraum von vier Werkschuh auf eigenem Grund freigelassen werden, wenn dem Nachbarn das Recht, offene Fenster zu haben, und das Dachtraufrecht vertraglich über zehnjährigen Besitzstand zustand[4]. Demjenigen, der mit seinem Neubau in dieser Weise zurückgewichen war, blieb es unbenommen, das Regenwasser auf seine zwei Schuhe ablaufen zu lassen. Stand dem Nachbarn weder ein Licht- noch ein Dachtraufrecht zu, so konnte der Erbauer eines neuen Gebäudes dieses an der Mauer des ersten Gebäudes errichten; er mußte aber, sofern er die Dachtraufe nach des Nachbarn Haus fallen lassen wollte, das Dach so einrichten lassen, daß dem Nachbarn dadurch kein Nachteil erwuchs.

Auch die Frankfurter Reformation vom 10. 9. 1611 verstand unter Traufrecht eine Grunddienstbarkeit am Nachbargrundstück[5]. Sie regelte in § VIII aaO. die

1 Seuff. Bl. 43, 38.
2 Hesse II 2 S. 508.
3 So für das Nassauische Privatrecht Bertram § 241.
4 Platner S. 290.
5 8. Theil VII. Titel § I.

Ersetzung des Traufrechts und räumte in § IX aaO. dem Nachbarn das Recht ein, mangels entgegenstehender schriftlicher Vereinbarung seinen eigenen Grund, auf den der Trauf gefallen war, zu verbauen, jedoch unter der Voraussetzung, daß er den Trauf in einem eigenen Kändel, den er legen würde, oder in einem besonderen Kanal fassen und ohne Beschwer für den Nachbarn ausführen werde; dieser Kanal sollte dann beiden Häusern gemeinsam sein. Etwa gleichlautende Vorschriften enthielten die §§ 11 bis 14 des Cap. 7 des Frankfurter Baustatuts vom 11. 6. 1809.

§ 38 Abs. 2 HBO schreibt vor, daß das Niederschlagswasser von den Dächern so abzuleiten ist, daß weder die Standsicherheit und Dauerhaftigkeit von Bauwerken oder von ihren Teilen beeinträchtigt, noch die Verkehrssicherheit gefährdet werden kann. Diese Regelung stellt ausschließlich auf öffentlich-rechtliche Gesichtspunkte ab. Sie läßt das privatrechtliche Verhältnis zwischen dem Bauherrn und seinem Nachbarn unberührt und macht daher die nachbarrechtliche Regelung des Traufrechts nicht überflüssig. Diese ist auch nicht etwa aus dem Grunde gegenstandslos, weil in dem Falle, daß die Gebäude nicht aneinander gebaut werden, die Abstände des § 25 HBO einzuhalten sind, wodurch wohl in beiden Fällen in der Regel ein Traufrecht nicht zum Zuge kommen wird, denn abgesehen davon, daß auch Nebenbauten oder Garagen oder Mauern ohne gleichhohen Gegenbau an die Grenze gebaut werden können, läßt § 25 Abs. 4 HBO unter bestimmten Voraussetzungen Ausnahmen von den Bauwerks- und Grenzabständen zu.

Zu erwähnen ist hier noch § 38 Abs. 4 HBO, der vorschreibt, daß bei Dächern mit einer Dachneigung von mehr als 35° (alter Teilung) öffentliche Flächen und zugängliche Grundstücksfreiflächen gegen das Herabfallen von Schnee, Eis und Teilen der Dachdeckung durch Schutzvorrichtungen (Fanggitter) gesichert werden müssen.

Die Eigentumsvermutung nach Gemeinem Recht oder Preußischem ALR ist heute gegenstandslos, da die Anlegung des Katasters nach dem Hessischen Katastergesetz vom 3. 7. 1956 praktisch durchgeführt ist und somit die Eigentumsgrenzen aus den Katasterunterlagen und darüber hinaus regelmäßig — buchungsfreie Grundstücke ausgenommen — auch aus den Grundbüchern ersichtlich ist; eine gesetzliche Vermutung der Eigentumsbegrenzung von Grundstücken auf dem Wege über das Traufrecht ist daher ausgeschlossen.

Nach Gemeinem Recht und nach Preuß. Allg. Landrecht konnten Traufdienstbarkeiten ersessen werden. Nach dem 1. 1. 1900 konnte sich eine zuvor begonnene Ersitzung nur noch bis zum Inkrafttreten der Grundbuchverfassung, also bis zum Zeitpunkt der Grundbuchanlegung vollenden (Art. 186, Art. 187 EG.BGB), jedoch nur mit dem nach den §§ 1018, 1019 BGB zulässigen Inhalt (Art. 184 Satz 2 EG.BGB)[6].

Der Umfang von Rechten, die bei Inkrafttreten des Hess. NRG bestanden haben, richtet sich von diesem Zeitpunkt, also vom 1. 11. 1962 (§ 49) ab, grundsätzlich nach neuem Recht (§ 46). Jedoch behalten vor diesem Zeitpunkt rechtswirksam getroffene Vereinbarungen ihre Gültigkeit[7].

§ 26

Niederschlagswasser

(1) Der Eigentümer und die Nutzungsberechtigten eines Grundstücks müssen ihre baulichen Anlagen so einrichten, daß

1. Niederschlagswasser nicht auf das Nachbargrundstück tropft oder nach diesem abgeleitet wird,

2. Niederschlagswasser, das auf das eigene Grundstück tropft oder abgeleitet ist, nicht auf das Nachbargrundstück übertritt.

(2) Abs. 1 findet keine Anwendung auf freistehende Mauern entlang öffentlicher Straßen und öffentlicher Grünflächen.

1. Niederschlagswasser (Regen- oder Schneewasser) kann sein:
   a) wild abfließendes Wasser im Sinne des § 21 Abs. 1, wenn es sich unmittelbar auf dem Boden niederschlägt und sammelt, von wo es unbehindert abfließt (vgl. § 21 Anm. 1);
   b) Dachtraufe im Sinne der §§ 26 ff., wenn es zunächst auf ein Dach auftrifft und dann zum Boden abläuft oder abtropft (vgl. § 21 Anm. 1 c).

2. Ohne besonderen Rechtstitel, der persönlicher oder dinglicher Art sein kann[8], darf von baulichen Anlagen auf einem Grundstück Niederschlagswasser auf das Nachbargrundstück weder tropfen noch nach dort abgeleitet werden (vgl. Abs. 1 Nr. 1). Ferner müssen der Eigentümer und die Nutzungsberechtigten eines Grundstücks dafür sorgen, daß Niederschlagswasser, das zunächst auf das eigene Grundstück getropft oder abgelaufen oder abgeleitet worden ist, nun nicht auf das Nachbargrundstück übertritt (Abs. 1 Nr. 2)[9];

6 Vgl. auch Meisner-Stern-Hodes, § 36 II und III.

7 Vgl. hierzu unten § 46 Anm. 1.

8 Vgl. hierzu unten § 27 Anm. 1.

9 In einem Falle, in dem Feuchtigkeitsschäden durch Spritzwasser aufgetreten waren, nachdem der Bekl. zur Überdachung einer Durchfahrt an der Hausmauer eine Eternitfläche angebracht hatte, auf die das Niederschlagswasser von oben aufprallen und gegen die Hauswand des Kl. spritzen mußte, hat AG. Melsungen vom 29. 11. 72 – C 23/71 – zum Schadensersatz für die ein-

bei solchem Wasser handelt es sich nicht etwa um wild abfließendes Wasser im Sinne des § 21 Abs. 1, das der Nachbar aufnehmen muß (§ 21 Abs. 2 Nr. 2), da es sich auf dem Grundstück erst gesammelt hat, nachdem es zuvor vom Dach getropft oder von dort abgelaufen oder abgeleitet worden ist (vgl. § 21 Anm. 1 c). Wie der Eigentümer oder der Nutzungsberechtigte des Grundstücks es erreicht, daß er seinen Pflichten nach § 26 Abs. 1 nachkommt, ist ausschließlich seine eigene Sache. Er kann sich z. B. nicht darauf berufen, daß es technisch unmöglich sei, unter den gegebenen Verhältnissen das Niederschlagswasser in das Kanalnetz der Gemeinde abzuleiten; in solchem Falle muß er nach anderen Möglichkeiten suchen, z. B. das Wasser in Senkgruben oder anderen Anlagen auffangen[10].

3. Unerheblich ist, welche tatsächlichen Verhältnisse bis zum Inkrafttreten des Hess. NRG, also am 1. 11. 1962, bestanden haben, da ab 1. 11. 1962 die Vorschriften der §§ 26 ff. in ganz Hessen uneingeschränkt anzuwenden sind (§ 46). Jedoch bleiben zuvor rechtswirksam getroffene Vereinbarungen in Kraft[11].

4. Dem Eigentümer steht der Erbbauberechtigte gleich (§ 11 ErbbaurechtsVO). Nutzungsberechtigte sind der Nießbraucher (§§ 1030, 100 BGB), der Mieter oder Pächter (§§ 535 ff., 581 ff., 100 BGB) oder der sonstige Besitzer.

5. Zweckbestimmung und Widmung der öffentlichen Straßen — dieser Begriff umfaßt zugleich die öffentlichen Plätze und Wege (vgl. § 2 Abs. 1 Hess. StraßenG.) — sowie der öffentlichen Grünflächen lassen es gerechtfertigt erscheinen, daß der Eigentümer einer öffentlichen Straße oder einer öffentlichen Grünfläche sich hinsichtlich des Dachtraufrechts in gewissem Umfang anders behandeln lassen muß als ein sonstiger Grundstücksnachbar: Nach § 8 Abs. 10 des FStrG richtet sich die Benutzung der Straße in einer den Gemeingebrauch nicht beeinträchtigenden Weise nach bürgerlichem Recht. Eine entsprechende Bestimmung enthält § 20 Hess. StraßenG., der bestimmt, daß die Einräumung von Rechten zur Benutzung des Eigentums an öf-

getretenen Feuchtigkeitsschäden verurteilt, weil der Bekl. schuldhaft es unterlassen hatte, durch ein Eternit-Wandanschlußprofil mit einem Putzstreifen aus wasserdichtem Zementverputz bis zur Höhe von 50 cm über der Dachfläche das Mauerwerk des Kl. gegen das Spritzwasser vom Eternit-Dach abzusichern.

10 Vgl. AG Höchst/Odw. vom 27. 2. 64 – C 83/63 – und LG Darmstadt vom 2. 7. 64 – 6 S 122, 145/64 –.

11 Vgl. hierzu § 46 Anm. 1.

fentlichen Straßen (öffentlichen Wegen und Plätzen) sich nach bürgerlichem Recht richtet, wenn sie den Gemeingebrauch nicht beeinträchtigt, wobei eine Beeinträchtigung von nur kurzer Dauer für Zwecke der öffentlichen Versorgung außer Betracht bleibt. Überragt nun die aus baugestalterischen Gründen angebrachte Abschrägung auf der Umfassungsmauer nach der Straße zu die Grenze zur Straße, so liegt darin eine bürgerlich-rechtliche Nutzung der Straße; das gleiche gilt für das dadurch bedingte Ablaufen der auf die Mauer fallenden Niederschläge nach der Straße zu. Aus baugestalterischen Gründen kann aber nicht darauf bestanden werden, daß die Maueroberfläche plan oder von der Straße weg schräg nach hinten unten abfällt; im übrigen handelt es sich hier im Vergleich zur sonstigen Nutzung der Straße um eine ganz unbedeutende Art der Sondernutzung. Aus diesen Gründen müssen der Straßeneigentümer und der Eigentümer einer öffentlichen Grünfläche, für den ähnliche Erwägungen zutreffen, dulden, daß von freistehenden Mauern entlang der öffentlichen Straße Niederschlagswasser abläuft (Abs. 2).

§ 27

Anbringen von Sammel- und Abflußeinrichtungen

(1) Der Eigentümer und die Nutzungsberechtigten eines Grundstücks, die aus besonderem Rechtsgrund verpflichtet sind, das von den baulichen Anlagen eines Nachbargrundstücks tropfende oder abgeleitete oder von dem Nachbargrundstück übertretende Niederschlagswasser aufzunehmen, sind berechtigt, auf eigene Kosten besondere Sammel- und Abflußeinrichtungen an der baulichen Anlage des traufberechtigten Nachbarn anzubringen, wenn die damit verbundene Beeinträchtigung nicht erheblich ist. Sie haben diese Einrichtungen zu unterhalten.

(2) Für die Verpflichtung zum Schadensersatz und zur Anzeige gelten die §§ 23 und 24 entsprechend.

1. Abs. 1 hat den Fall im Auge, daß eine Verpflichtung zur Aufnahme der Traufe des Nachbarn aus besonderem Rechtsgrund besteht. Dieser Rechtsgrund kann auf schuldrechtlicher Vereinbarung beruhen oder, was den Regelfall bilden dürfte, durch eine Dienstbarkeit begründet sein. Eine Grunddienstbarkeit konnte von dem Zeitpunkt ab, in welchem das Grundbuch als angelegt anzusehen ist, und kann daher heute nur noch durch dinglichen Vertrag in Verbindung mit der Eintragung auf dem be-

lasteten Grundstück, nicht mehr durch Ersitzung, erworben werden[12].

2. Ist der Nachbar im Sinne des Abs. 1 S. 1 traufberechtigt, so steht ihm, sofern die getroffene Vereinbarung nicht etwas anderes bestimmt, das Recht zu, Niederschlagswasser von seinem Dach auf das duldungspflichtige Grundstück herabtropfen zu lassen oder, soweit er das Niederschlagswasser von seinem Dach bis über seinen Boden ableitet, es von dort aus auf das duldungspflichtige Grundstück ausfließen zu lassen oder das von seinem Dach oder mittels einer Leitung von dort auf sein Grundstück gelangende und sich sammelnde Niederschlagswasser von selbst infolge der abschüssigen Bodenverhältnisse auf das andere Grundstück übertreten zu lassen. Bei der letzteren Art von Niederschlagswasser handelt es sich nicht um wild abfließendes Wasser im Sinne des § 21 Abs. 1 (vgl. § 21 Anm. 1 c), weshalb ohne besondere Vereinbarung eine Verpflichtung des duldungspflichtigen Grundstücks zur Aufnahme solchen Niederschlagswassers nicht schon nach § 21 Abs. 2 Nr. 2 gegeben ist.

3. Der Eigentümer und die Nutzungsberechtigten des im Sinne der Anm. 2 duldungspflichtigen Grundstücks haben aber das Recht, die Verpflichtung zur Aufnahme der Traufe in einer den traufberechtigten Nachbarn nicht erheblich beeinträchtigenden Weise in ihrer nachteiligen Wirkung zu mildern. Nach Abs. 1 S. 1 dürfen sie nämlich in einer Dachrinne am Haus des Nachbarn das Niederschlagswasser auffangen und durch ein dort angebrachtes Abflußrohr weiterleiten und damit zugleich verhindern, daß herabgetropftes oder abgeleitetes Niederschlagswasser, das zunächst auf dem Nachbargrundstück sich sammelte, auf ihr Grundstück überläuft. Voraussetzung ist aber, daß durch diese Maßnahmen der Nachbar nicht erheblich beeinträchtigt werden darf. Das erfordert u. a., daß die Ausführung in einer Weise erfolgt, daß ernsthafte Bedenken technischer oder baugestalterischer Art hiergegen nicht erhoben werden können.

4. Abs. 1 Satz 2 stellt klar, daß derjenige, der solche Sammel- und Abflußeinrichtungen anbringt, sie auch unterhalten, d. h. in einem ordnungsmäßigen und ansehnlichen Zustand erhalten muß.

---

12 Wegen der teilweise nach Partikularrecht zulässig gewesenen Ersitzung der Traufdienstbarkeit vgl. oben die „Einführung" vor § 26.

5. Nach Abs. 2 gelten für die Verpflichtung zum Schadensersatz und für die Anzeigepflicht die §§ 23 und 24 entsprechend. Vgl. hierzu oben § 23 Anm. 1 und 2 sowie § 24 Anm. 1.
6. Wegen der Erbbauberechtigten und des Begriffs der Nutzungsberechtigten vgl. § 26 Anm.. 4.

Achter Abschnitt
HAMMERSCHLAGS- UND LEITERRECHT

Einführung

Unter Hammerschlags- und Leiterrecht wurde teilweise verschiedenes verstanden. Nach der einen Ansicht[1] bedeutete es die Befugnis, zur Reparatur des eigenen Hauses das Nachbargrundstück betreten und dort ein Gerüst aufstellen zu dürfen. Nach anderer Ansicht[2] gewährte das Hammerschlagsrecht die Befugnis, das Nachbargrundstück zwecks Ausbesserung einer Mauer oder einer Planke betreten und in seinem Luftraum notwendige Arbeiten vornehmen zu dürfen, während auf Grund des Leiterrechts auch zur Errichtung eines Baues auf dem Nachbargrundstück ein Gerüst aufgeschlagen werden durfte. Nach einer dritten Meinung[3] gewährten Hammerschlags- und Leiterrecht die Befugnis, sowohl zum Bau wie zur Reparatur eines Gebäudes, einer Scheidung oder eines Grabens das Nachbargrundstück betreten und erforderliche Gerüste aufstellen zu dürfen. Übereinstimmung bestand darüber, daß jenes Recht nicht die Befugnis umfaßte, etwaige Hindernisse, die seiner Ausübung entgegenstanden, z. B. eine Hecke, zu beseitigen oder zu verlangen, daß der zur Ausübung erforderliche Platz auf dem Nachbargrundstück nicht verbaut wurde.

Im Gebiet des Gemeinen Rechts kam nach zutreffender und herrschender Ansicht dem Hammerschlags- und Leiterrecht allgemeine Bedeutung nicht zu[4].

Die Vorschrift in Theil I Titel 8 § 155 Preuß. Allg. Landrecht, die durch Art. 89 Nr. 1 b Preuß. AG.BGB aufrechterhalten wurde, dab dem Grundstückseigentümer, der eine die Grenzscheide bildende Planke zu unterhalten hatte, nur das Recht, das Nachbargrundstück zu notwendigen Bau- und Ausbesserungsarbeiten an der Planke zu betreten. Eine ausdehnende analoge Anwendung dieser Vorschrift auf andere Tatbestände im Sinne eines allgemeinen Hammerschlags- und Leiterrechts wurde allgemein abgelehnt[5]. Das Obertribunal[6] half in den übrigen Fällen mit einer notwendigen Servitut nach Theil I Titel 22 § 3 Preuß. Allg. Landrecht. Nach dieser Vorschrift mußte das Betreten des Grundstücks als

---

1 Stobbe, PrivR.II S. 99.
2 Schellhaas, PrivR. S. 12.
3 v. Roth-Becher, Bay.PrivR. II 1 S. 211.
4 Hesse S. 553; Dernburg PrPrivR., 3. Aufl., Bd. 1 S. 536 Nr. 5; Förster-Eccius, PrPrivR., Bd. 3 S. 184; OTrib. 60/27; RG 1/753; Meisner-Stern-Hodes aaO. § 28 I; a. M. Best, Hess.PrivR. S. 61; Schellhaas S. 12; OLG Darmstadt in ArchPrivR. NF 12 S. 187.
5 Rehbein-Reincke Anm. 89 zu § 155 ALR I 8.
6 OTr 51, 223.

Dienstbarkeit gestattet werden, wenn ohne Einräumung einer solchen Dienstbarkeit das Nachbargrundstück „ganz oder zum Teil völlig unbrauchbar würde". Theil I Titel 22 § 3 Preuß. All. Landrecht ist aber durch Art. 89 Preuß. AG.BGB aufgehoben worden.

Im Gebiet des früheren Großherzogtums und späteren Volksstaats Hessen gewährte Art. 83 Hess. AG.BGB dem Eigentümer eines Gebäudes, dessen Ausbesserung oder Wiederherstellung nicht erfolgen konnte, ohne daß das Nachbargrundstück betreten oder ein Baugerüst auf oder über diesem Grundstück errichtet wurde oder die zu den Bauarbeiten erforderlichen Gegenstände über das Grundstück gebracht oder dort niedergelegt wurden, das Recht zu verlangen, daß der Eigentümer des Nachbargrundstücks dessen Benutzung zu diesen Zwekken duldete, es sei denn, daß die mit der Duldung für das Nachbargrundstück verbundenen Nachteile und Belästigungen außer Verhältnis zu dem dadurch erreichten Vorteil standen. Der entstehende Schaden mußte ersetzt werden; war seine Entstehung von vornherein zu besorgen, so konnte – außer bei Gefahr im Verzug – auch Sicherheitsleistung gefordert werden. Die dem Gebäudeeigentümer zustehenden Rechte standen ebenso dem Nießbraucher, Mieter oder Pächter, der Reparaturen besorgte, zu. Das Hammerschlags- und Leiterrecht war nicht gegeben, wenn es sich um die Errichtung eines Neubaus handelte.

Vereinzelt hat die Rechtsprechung[7] den nicht unbedenklichen Versuch unternommen, ein Hammerschlags- und Leiterrecht bereits und nur aus dem „nachbarlichen Gemeinschaftsverhältnis"[8] abzuleiten.

Als allgemeine Meinung[9] kann heute die Ansicht gelten, daß der Eigentümer eines Trümmergrundstücks, von dem Beeinträchtigungen für das Nachbargrundstück, insbesondere durch Feuchtigkeitseinwirkung, ausgehen, zum Abstellen dieser Mängel nicht verpflichtet ist. Nach den Grundsätzen von Treu und Glauben besteht für ihn aber die Verpflichtung, dem Nachbarn zu gestatten, das Trümmergrundstück zu betreten und, falls erforderlich, auch ein Baugerüst dort aufzustellen, damit der beeinträchtigte Nachbar selbst die nachteiligen Wirkungen abstellen kann. In diesen Fällen handelt es sich aber nicht um das Betätigen eines Hammerschlags- und Leiterrechts, da die baulichen Maßnahmen nicht am eigenen Bauwerk unter Benutzung des fremden Grundstücks, sondern ausschließlich an und auf dem fremden Grundstück vorgenommen werden.

Der Entwurf zum Bundesbaugesetz[10] enthielt in dem Abschnitt „Bau-

---

7 Vgl. LG Duisburg in MDR 58 S. 514; LG Hannover in MDR 62, 480; LG Bonn in MDR 62, 306 – mit Einschränkungen –; OLG Hamm NJW 66 S. 599; vgl. ferner LG Aachen NJW 66 S. 204.

8 Zu diesem Begriff vgl. Meisner-Stern-Hodes § 38 I 1.

9 Vgl. hierzu Meisner-Stern-Hodes § 38 a.

10 BTDr. Nr. 336 – 3. Wahlperiode –.

liches Nachbarrecht" in § 173 eine Vorschrift über „Hammerschlags- und Leiterrecht"[11]. Der Abschnitt ist aber nicht Gesetz geworden.

Der Umfang von Rechten, die bei Inkrafttreten des Hess. NRG bestanden haben, richtet sich von diesem Zeitpunkt, also vom 1. 11. 1962 (§ 49) ab, grundsätzlich nach neuem Recht (§ 46). Jedoch behalten vor diesem Zeitpunkt rechtswirksam getroffene Vereinbarungen ihre Gültigkeit[12].

§ 28

Inhalt und Umfang

(1) Der Eigentümer und die Nutzungsberechtigten eines Grundstücks müssen dulden, daß ihr Grundstück von dem Eigentümer und den Nutzungsberechtigten des Nachbargrundstücks zwecks Errichtung, Veränderung, Unterhaltung oder Beseitigung einer baulichen Anlage betreten wird, und daß auf oder über ihm Gerüste aufgestellt sowie die zu den Bauarbeiten erforderlichen Gegenstände über das Grundstück gebracht oder dort niedergelegt werden, wenn und soweit

1. das Vorhaben anders nicht zweckmäßig oder nur mit unverhältnismäßig hohen Kosten durchgeführt werden kann,

2. die mit der Duldung verbundenen Nachteile oder Belästigungen nicht außer Verhältnis zu dem von dem Berechtigten erstrebten Vorteil stehen und

3. das Vorhaben den baurechtlichen Vorschriften entspricht.

(2) Das Recht ist mit tunlichster Sonung auszuüben. Wird das betroffene Grundstück landwirtschaftlich oder gewerbsmäßig gärtnerisch genutzt, so darf das Recht nicht zur Unzeit geltend gemacht werden, wenn sich die Arbeiten unschwer auf einen späteren Zeitpunkt verlegen lassen.

(3) Abs. 1 findet auf die Eigentümer öffentlicher Straßen keine Anwendung.

1. Das Hammerschlags- und Leiterreicht umfaßt die Befugnis, zwecks Errichtung, Veränderung, Unterhaltung oder Beseitigung einer baulichen Anlage ein fremdes Grundstück zu betreten, auf oder über ihm Gerüste aufzustellen und die für Bauarbeiten erforderlichen Gegenstände über es zu tragen oder auf ihm niederzulegen. Grundsätzlich steht es dem Berechtigten frei, dieses Recht persönlich auszuüben oder zur Vornahme der Arbeiten dritte

11 Vgl. hierzu Hodes in JR. 60 S. 48.

12 Vgl. hierzu unten § 46 Anm. 1.

fachkundige Personen heranzuholen. Zwar spricht § 28 Abs. 1 S. 1 nur von dem Grundstückseigentümer und den Nutzungsberechtigten als befugten Personen. Diese Formulierung ist aber nicht wörtlich zu verstehen, wie sich schon aus der Überlegung ergibt, daß in der großen Mehrzahl der Fälle der Grundstückseigentümer oder der Nutzungsberechtigte zur fachgemäßen Erledigung überhaupt nicht in der Lage sein wird, z. B. zum Verputz einer großen Hauswand, und somit bei abweichender Meinung und wörtlicher Auslegung der Vorschrift diese in der Mehrzahl der Fälle gegenstandslos würde. Eine andere Frage ist aber die, ob der Berechtigte unter bestimmten Voraussetzungen nicht verpflichtet ist, sich dritter Personen zu bedienen, weil z. B. zwischen den Beteiligten erhebliche Spannungen bestehen oder sogar offene Feindschaft herrscht und aus diesem Grunde die Ausübung des Rechts durch dritte Personen gegenüber dem Verpflichteten als die schonendere anzusehen ist. Mit Rücksicht auf die ausdrückliche Vorschrift des Abs. 2 S. 1, wonach das Recht „mit tunlichster Schonung" auszuüben ist, muß man die Frage bejahen[13].

Die Zulässigkeit der Ausübung des Hammerschlags- und Leiterrechts hat mehrere Voraussetzungen:

a) Das beabsichtigte Bauvorhaben darf anders nicht zweckmäßig oder nur mit unverhältnismäßig hohen Kosten durchführbar sein (Abs. 1 Nr. 1). Es ist also einerseits nicht erforderlich, daß die baulichen Maßnahmen nur unter Inanspruchnahme des angrenzenden Grundstücks überhaupt durchgeführt werden könnten; andererseits genügt es nicht, daß das Bauvorhaben vom angrenzenden Grundstück aus oder unter seiner Mitbenutzung leichter, bequemer oder billiger erledigt werden könnte. Voraussetzung ist vielmehr:

aa) Das Bauvorhaben muß anders nicht zweckmäßig durchgeführt werden können. Dies bedeutet, daß ohne die Inanspruchnahme des Hammerschlags- und Leiterrechts die Baumaßnahmen in einer vom technischen Standpunkt aus nicht vertretbaren Weise durchgeführt werden müßten.

bb) Die andere Alternative ist die, daß ohne die Inanspruchnahme des fremden Grundstücks unverhältnismäßig hohe Kosten entstehen würden; die Baumaßnahme müßte also Kosten verursachen, die in einem Mißverhältnis zu Zweck und Erfolg der Arbeiten stünden; im

13 Zutreffend AG Gießen vom 25. 6. 65 – 43 C 12/65. Vgl. auch § 28 Anm. 2.

übrigen könnte aber die Art der Ausführung durchaus zweckmäßig sein, da es ausreicht, wenn eine der beiden Alternativen des Abs. 1 Ziff. 1 vorliegt. Regelmäßig allerdings wird eine nicht zweckmäßige Art der Durchführung zugleich eine solche sein, die unverhältnismäßig hohe Kosten verursacht. So könnte zum Beispiel eine Dachreparatur sowohl zweckmäßig wie zu angemessenen Kosten mittels eines auf dem angrenzenden Grundstück aufzustellenden einfachen Gerüstes durchführbar sein, während ihre Erledigung vom eigenen Haus und Dach aus nicht zweckmäßig und zugleich mit unverhältnismäßig hohen Kosten verbunden sein könnte.

b) Ferner dürfen die mit der Duldung verbundenen Nachteile oder Belästigungen nicht außer Verhältnis zu dem von dem Berechtigten erstrebten Vorteil stehen (Abs. 1 Nr. 2). Dies bedeutet praktisch, daß die Ausübung des Rechts unter den gegebenen Umständen dem angrenzenden Nachbarn billigerweise zugemutet werden kann, und zwar ist diese Prüfung unabhängig davon vorzunehmen, daß in jedem Falle der entstehende Schaden ersetzt werden muß.

c) Schließlich muß das Vorhaben den baurechtlichen Vorschriften des öffentlichen Rechts entsprechen. Dieses Erfordernis geht weiter, als wenn das Gesetz die Vorlage der Baugenehmigung verlangte, denn es gibt Bauvorhaben, die einer baurechtlichen Genehmigung nicht bedürfen. Das Bauvorhaben muß also materiell und formell den Bauvorschriften entsprechen (§ 45); die Duldungspflicht entfällt daher, wenn ohne Rücksicht auf die Notwendigkeit einer Baugenehmigung der mit dem Bauvorhaben erstrebte Erfolg vom Baurecht nicht gebilligt wird.

Ist also ein Bauwerk ohne die erforderliche Baugenehmigung errichtet worden, so können aus § 28 Rechte nicht hergeleitet werden. Ist für das Bauvorhaben eine Baugenehmigung nicht geboten und daher auch nicht erteilt, so kommt nach § 28 eine Befugnis nur in Betracht, wenn der erstrebte Erfolg vom Baurecht nicht mißbilligt wird. Ist die Baugenehmigung erteilt, so ist das ordentliche Gericht grundsätzlich[14] so lange daran gebunden, wie sie nicht im verwaltungsgerichtlichen

14 Der Fall, daß die Baugenehmigung sich offenkundig für jedermann als Ermessensmißbrauch oder Willkür darstellen würde und daher als von vornherein nichtig anzusehen wäre, dürfte hier zu den seltenen Ausnahmen gehören. Im übrigen vgl. die ähnlich gelagerten Fragen oben im Text zu den FN. 54 ff. im Abschn. C der Einf. vor § 11.

Verfahren aufgehoben ist. Bis zur Rechtskraft dieser Entscheidung kann das aus § 28 in Anspruch genommene ordentliche Gericht den Rechtsstreit aussetzen (§ 148 ZPO). Von dieser Möglichkeit wird es aber zweckmäßig nur dann Gebrauch machen, wenn die gegen die Baugenehmigung erhobenen Einwendungen nicht ohne weiteres von der Hand zu weisen sind, also eine gewisse Aussicht auf Erfolg bieten, und die geplanten Arbeiten unschwer bis zu dem genannten Zeitpunkt verschoben werden können[15]. Zu einer Prüfung der Baugenehmigung auf Grund des materiellen Baurechts im übrigen ist das ordentliche Gericht weder berechtigt noch verpflichtet.

2. Die Regelung des Hammerschlags- und Leiterrechts stellt ein Beispiel dafür dar, wie der Gesetzgeber entsprechend den Grundsätzen Ausgleich bringen kann. Diesem Grundgedanken der Vorschrift entvon Treu und Glauben einander widersprechende Interessen zum spricht es, daß der Berechtigte gehalten ist, seine Rechte — unbeschadet seiner Schadensersatzpflicht — nur unter tunlichster Schonung auszuüben (Abs. 2 S. 1). Daher sind im Interesse einer geordneten landwirtschaftlichen oder erwerbsgärtnerischen Nutzung bauliche Maßnahmen, die sich nachteilig auf diese Nutzung auswirken, aber unschwer auf einen späteren Zeitpunkt verschoben werden können, in welchem sie keinen oder erheblich geringeren Schaden verursachen, erst zu diesem Zeitpunkt zulässig (Abs. 2 S. 2).

Zu der schonenden Ausübung kann es auch gehören, daß der Berechtigte zur Durchführung der Arbeiten sich fremder Fachkräfte bedient und selbst sich vom Grundstück des Verpflichteten fernhält, wenn zwischen ihnen erhebliche Spannungen bestehen oder sogar offener Streit herrscht (vgl. hierzu oben Anm. 1 und FN. 1).

3. Gegenüber dem Eigentümer einer öffentlichen Straße, dem der Eigentümer eines öffentlichen Platzes oder öffentlichen Weges gleichsteht, ist das Hammerschlags- und Leiterrecht nicht gegeben (Abs. 3). Hier greifen vielmehr die öffentlich-

15 LG Kassel – 1 S 4/65 – hat eine einstw. Verfügung des Inhalts, daß der Nachbar berechtigt sein sollte, seine entlang der Grenze errichtete Garage vom Grundstück des Antragsgegners aus zu verputzen, mit der Begründung aufgehoben, daß die begehrte Regelung zur Abwendung wesentlicher Nachteile nicht erforderlich sei, da der Frost, der im übrigen schon eingesetzt hatte, der unverputzten Garagenwand keinen Schaden zufügen könne.

rechtlichen Vorschriften über den Gemeingebrauch ein. Dabei muß unterschieden werden:

a) An Bundesfernstraßen besteht der zulässige Gemeingebrauch in der Benutzung der Bundesfernstraßen zu Zwecken des Verkehrs[16]. Wird die Bundesfernstraße über den Gemeingebrauch hinaus zu anderen Zwecken als vorwiegend zum Verkehr benutzt, so liegt eine genehmigungspflichtige Sondernutzung vor, die die Erlaubnis der Straßenbehörde, in Ortsdurchfahrten die Erlaubnis der Gemeindebehörde notwendig macht, die ihrerseits, soweit sie nicht Träger der Straßenbaulast ist, die Erlaubnis nur mit Zustimmung der Straßenbaubehörde erteilen darf[17]. Die Gemeinde kann durch Satzung bestimmte Sondernutzungen von der Erlaubnis befreien und die Ausübung regeln; die Satzung bedarf, soweit die Gemeinde nicht Träger der Straßenbaulast ist, der Zustimmung der obersten Landesstraßenbaubehörde[17]. Die Erlaubnis darf nur auf Zeit oder Widerruf erteilt werden; auch kann sie mit Bedingungen und Auflagen verbunden werden[18]. Eine Beeinträchtigung des Gemeingebrauchs auf nur kurze Dauer für Zwecke der öffentlichen Versorgung hat allerdings außer Betracht zu bleiben[19]. Hiernach stellt sich die Ausübung des Hammerschlags- und Leiterrechts gegenüber Bundesfernstraßen regelmäßig als Sondernutzung dar, die einer besonderen Erlaubnis durch die zuständige Behörde bedarf.

b) Für die Hessischen Landes-, Kreis- und Gemeindestraßen — ihnen stehen nach § 2 Abs. 1 Hess. StraßenG. die öffentlichen Plätze und öffentlichen Wege gleich — treffen die §§ 14, 16 ff. Hess. StraßenG. hinsichtlich des Gemeingebrauchs eine entsprechende Regelung. Danach ist der Gebrauch der öffentlichen Straßen (Wege und Plätze — — § 2 Abs. 1 aaO. —) im Rahmen der Widmung und der verkehrsrechtlichen Vorschriften gestattet (§ 14 aaO.); der Gebrauch der öffentlichen Straßen (Wege und Plätze) über den Gemeingebrauch hinaus (Sondernutzung) bedarf der Erlaubnis der Straßenbaubehörde, die Sondernutzungen an Kreisstraßen nur im Einvernehmen mit dem Träger der Straßenbaulast erteilen darf (§ 16 Abs. 1 aaO.). Für die Erteilung der Erlaubnis für Sondernutzungen in Ortsdurchfahrten sind in jedem Falle die Gemeinden zuständig, die aber zuvor die Zustimmung des Trägers der Straßenbaulast einholen müssen, wenn die

16 § 7 Abs. 1 Nr. 1 FStrG.
17 § 8 Abs. 1 FStrG.
18 § 8 Abs. 2 FStrG.
19 § 8 Abs. 10 FStrG.

Sondernutzung sich auf die Fahrbahn erstreckt und geeignet ist, die Sicherheit oder Leichtigkeit des Verkehrs zu beeinträchtigen, oder wenn die Gemeinden die Sondernutzung für sich selbst in Anspruch nehmen wollen (§ 17 Abs. 1 aaO.).

Daneben steht an diesen öffentlichen Straßen, Plätzen und Wegen den Anliegern der „gesteigerte Gemeingebrauch" zu. Sein Umfang richtet sich nach den örtlichen und zeitlichen Verhältnissen; er findet seine Grenze dort, wo er die Grenzen der sogenannten Gemeinverträglichkeit übersteigt[20]; er ist seinem Wesen nach unentgeltlich. Nach der Rechtsprechung des Bundesgerichtshofs[21] schließt der gesteigerte Gemeingebrauch die Befugnis ein, bei Bauarbeiten an dem eigenen Grund auch Teile der dem öffentlichen Verkehr gewidmeten Grundflächen vorübergehend zur Lagerung von Baumaterialien, zum Aufstellen von Bauzäunen und Baugerüsten und auch von Baugeräten in Anspruch zu nehmen, soweit sich diese Inanspruchnahme in angemessenen Grenzen hält, den unbedingt notwendigen Umfang nicht überschreitet und nicht die Benutzung der Straße im Rahmen der Widmung völlig unmöglich macht.

c) Auf andere öffentliche oder öffentlichen Zwecken gewidmete Grundstücke ist Abs. 3 nicht anwendbar. So kann selbstverständlich der Fiskus als Eigentümer eines Grundstücks, auf dem ein Amtsgericht oder ein Finanzamt errichtet ist, durchaus verpflichtet sein, die Ausübung des Hammerschlags- und Leiterrechts durch den Nachbarn zu dulden.

(3) Duldungsverpflichtet sind der Grundstückseigentümer, dem der Erbbauberechtigte gleichsteht, sowie die Nutzungsberechtigten des Grundstücks, also der Nießbraucher, Pächter, Mieter oder sonstige Besitzer. Umgekehrt ist der gleiche Personenkreis auch zur Ausübung des Rechts befugt.

§ 29

Schadensersatz und Anzeigepflicht

Für die Verpflichtungen zum Schadensersatz und zur Anzeige gelten die §§ 23 bis 25 entsprechend.

1. Schaden, der bei Ausübung des Hammerschlags- und Leiterrechts entsteht, ist ohne Rücksicht auf Verschulden zu ersetzen (§§ 29, 23 S. 1). Schadensersatzpflichtig ist, wer das Hammerschlags- und Leiterrecht ausübt, also der Grundstücks-

20 BVG DVBl. 57/538.
21 BGHZ 23/157; MDR 58/587.

eigentümer oder der ihm gleichstehende Erbbauberechtigte (§ 11Erb-baurechtsVO) oder die Nutzungsberechtigten, nämlich der Nießbraucher (§§ 1030 ff., 100 BGB), der Mieter oder Pächter (§§ 535 ff., 581 ff., 100 BGB) oder sonstige Besitzer. Schadensersatzberechtigt ist, wem der Schaden entsteht, also entsprechend der duldungspflichtige Grundstückseigentümer oder Erbbauberechtigte oder Nutzungsberechtigte der vorerwähnten Art.

Neben der Verpflichtung zum Ersatz des Schadens braucht keine besondere Benutzungsgebühr entrichtet zu werden.

Auf Verlangen des duldungspflichtigen Grundstückseigentümers oder eines Nutzungsbrechtigten — je nachdem, wem der Schaden droht — muß vor Beginn der Inanspruchnahme des betroffenen Grundstücks[22] Sicherheit geleistet werden (§§ 29, 23 S. 2). Die Verpflichtung zur Sicherheitsleistung entfällt jedoch, wenn das Recht zur Abwendung einer gegenwärtigen erheblichen Gefahr ausgeübt werden soll (§§ 29, 25); vgl. § 23 Anm. 3.

2. Die Absicht, das Hammerschlags- und Leiterrecht auszuüben, muß zwei Wochen vor Beginn der Ausübung allen denen angezeigt werden, deren Rechtsstellung oder Besitzstand hiervon berührt wird, also neben dem Grundstückseigentümer, dem der Erbbauberechtigte gleichsteht, regelmäßig auch dem Nießbraucher, Pächter, Mieter oder sonstigen Besitzer. Befindet sich allerdings das verpachtete Stück Land am entgegengesetzten Ende des Grundstücks und berühren diesen Grundstücksteil daher die vorgesehenen Baumaßnahmen nicht, so ist der Pächter nicht anzeigeberechtigt. Unter bestimmten Voraussetzungen (§§ 29, 23 Abs. 2) genügt die Anzeige an den unmittelbaren Besitzer (vgl. hierzu § 24 Anm. 1).

   Die Verpflichtung zur Anzeige entfällt, wenn das Recht zur Abwendung einer gegenwärtigen erheblichen Gefahr ausgeübt wird (§§ 29, 25). Vgl. hierzu § 23 Anm. 3.

Neunter Abschnitt
DULDUNG VON LEITUNGEN

Einführung

Der Anspruch auf einen „Leitungsnotweg" durch angrenzende Grundstücke war dem Partikularrecht nicht bekannt.

Einen „Leitungsnotweg" für oberirdische Fernsprechleitungen schuf

22 LG Limburg vom 15. 3. 72 – 3 S 191/71 –.

die noch heute gültige Vorschrift des § 12 des Telegrafenwegegesetzes vom 18. 12. 1899 (RGBl. I S. 705), indem sie den Grundstückseigentümer verpflichtet, das Ziehen von Telegrafen- und Fernsprechleitungen durch den Luftraum seines Grundstücks zu dulden, sofern nicht dadurch die Nutzung des Grundstücks nach den zur Zeit der Herstellung der Anlage bestehenden Verhältnissen wesentlich beeinträchtigt wird; tritt später eine wesentliche Beeinträchtigung ein, so muß die Telegrafenverwaltung die Leitungen auf ihre Kosten wieder beseitigen. Für entstehenden Schaden muß Ersatz geleistet werden.

Darüber hinaus haben Schrifttum und Rechtsprechung[1], einem Bedürfnis Rechnung tragend, den § 917 BGB auf die Benutzung eines fremden Grundstücks zur unterirdischen Verlegung einer Röhrenleitung oder eines Lichtkabels entsprechend angewendet. Abgesehen davon aber, daß es sich hier um eine Rechtsprechung handelt, die sich nicht ohne weiteres aus dem Wortlaut des Gesetzes ergibt, läßt die entsprechende Anwendung des § 917 BGB doch eine Anzahl von Streitfragen offen, die der hessische Landesgesetzgeber zu lösen sich vorgenommen hat. Dabei geht er inhaltlich über den § 917 BGB hinaus, indem er unter gewissen Voraussetzungen ein Recht auf Duldung von Leitungen auch zugunsten solcher Grundstücke begründet, für die unter entsprechenden Umständen ein Notwegrecht nicht gegeben wäre[2].

Die Bebauung eines Grundstücks macht heute fast ausnahmslos den Anschluß an das öffentliche Versorgungsnetz (Gas-, Wasser- und Elektrizitätsleitungen, Fernheizungen) und an Entwässerungsleitungen erforderlich. Dabei kann sich durchaus die Notwendigkeit herausstellen, daß der Anschluß an das Versorgungs- oder Entwässerungsnetz unter Mitbenutzung angrenzender Grundstücke gesucht werden muß. Zwar sind nach § 4 Abs. 2 Nr. 3, § 23 Abs. 2 HBO Grundstücke grundsätzlich nur dann noch bebaubar, wenn sie eine eigene oder eine durch Grunddienstbarkeit gesicherte fremde Zufahrt zu einem befahrbaren öffentlichen Weg besitzen. Damit ist die Bebauung innenliegender Grundstücke erheblich erschwert. Es bleibt aber zu bedenken, daß gewichtige Gründe technischer oder auch finanzieller Art gegeben sein können, die die In-

1 Meisner-Stern-Hodes, § 27 V (FN 108); Staudinger RN. 34 und § 917; Westermann Sachenrecht, § 65 II 1; Planck 2 zu § 917; Berthmann DWW 37, 655; auch Meisner-Ring § 25 II; BGH LM 3 zu § 919; RGZ 157, 309; LZ 14, 1768 (RG); JW 32, 1069 (Köln); SeuffA 79 Nr. 33 (Hamm).

2 Ebenso AG Königstein vom 20. 3. 67 – 2 C 274/66 –: Das kläg. Grundstück hatte zwar eine gepflasterte Zufahrt; hinsichtlich der Abwasserleitung war es aber als „Innengrundstück" zu behandeln, da Aufreißen der Pflasterung, Verlegen der Leitung und Neupflasterung des Zuwegs „nicht zweckmäßig" gewesen wären und „unverhältnismäßig hohe Kosten" verursacht hätten (§ 30 Abs. 1 Nr. 1).

anspruchnahme fremder Grundstücke für die Herstellung des Anschlusses an das Versorgungs- oder Entwässerungsnetz dringend geboten oder zum mindesten als zweckmäßig erscheinen lassen. So kann der Weg von einem vielleicht im Hintergrund eines schmalen langen Grundstücks errichteten Gebäude bis zum Versorgungsnetz oder zur Abwasserleitung erheblich länger und damit wesentlich teurer und technisch viel unzweckmäßiger sein als die Anschlußherstellung durch ein schmales angrenzendes Grundstück, das parallel zum Grundstück und zur Straße verläuft. Ferner müssen Abwasserleitungen zum Abfluß hin das notwendige Gefälle haben; auch für Gasleitungen ist das sogenannte Leitungsgefälle von technischer Bedeutung. Schließlich können schwierige geologische Bodenverhältnisse die Mitbenutzung eines fremden Grundstücks erfordern. Neben den vorerwähnten Vorschriften der HBO behalten also die §§ 30 ff. durchaus ihre eigenständige Bedeutung.

Gleiches gilt im Hinblick auf § 83 Hess. WasserG. vom 6. 7. 1960 (GVBl. S. 69). Diese Vorschrift bestimmt, daß die Eigentümer und die Nutzungsberechtigten von Grundstücken auf Anordnung der oberen Wasserbehörde verpflichtet sind, das ober- und unterirdische Durchleiten von Wasser und Abwasser und die Unterhaltung dieser Leitungen zu dulden, wenn es zum Be- oder Entwässern von Grundstücken, zur Fortleitung von Wasser oder Abwasser oder zu Zwecken der Teichwirtschaft oder zur Errichtung einer Stau- oder Triebwerksanlage erfoderlich ist; § 84 aaO. schreibt vor, daß der Unternehmer einer vorhandenen Grundstücksentwässerungs-, Wasserversorgungs- oder Abwasseranlage den Anschluß eines anderen gegen angemessene Beteiligung an den Anlage-, Unterhaltungs- und Betriebskosten gestatten muß. Die Anordnungen dürfen aber nur getroffen werden, wenn das Vorhaben anders nicht zweckmäßig oder nur mit erheblichen Mehrkosten durchgeführt werden kann und der zu erwartende Nutzen den Schaden des Betroffenen erheblich übersteigt (§ 85 Abs. 1 aaO.). Diese Vorschriften treffen nicht den hier geregelten Fall; denn sie verfolgen ausschließlich die öffentlichen Zwecke der allgemeinen Wasserwirtschaft und gelten nur für die öffentlichen Wasserversorgungs-, Abwasser- und Bewässerungsleitungen im Rahmen der öffentlich-rechtlichen Erlaubnis- und Bewilligungsverfahren; sie lassen das privatrechtliche Verhältnis zwischen den Eigentümern oder Nutzungsberechtigten benachbarter Grundstücke unberührt.

Auch die Vorschrift des § 9 Abs. 1 Nr. 6 und Nr. 11 BBauG in Verbindung mit § 42 BBauG macht die §§ 30 ff. nicht überflüssig. Dort ist bestimmt, daß der Bebauungsplan auch die Führung oberirdischer Versorgungsanlagen und Versorgungsleitungen sowie die Flächen, die mit Geh-, Fahr- und Leitungsrechten zugunsten der Allgemeinheit, eines Erschließungsträgers oder eines beschränkten Personenkreises zugelassen sind, festzusetzen hat; auf Verlangen muß gegen Entschädigung eine Grunddienstbarkeit eingetragen oder auch das Grundstück von dem Begünstigten übernommen werden. Hiernach wird künftig meist bereits durch den Bebauungsplan bestimmt sein, daß und wie die notwendigen Leitungen zu einem Neubau verlaufen sollen. Dennoch kann auch dann noch im Einzelfalle sich nachträglich herausstellen, daß die so vorgesehene Anlage von Leitungen zu dem Versorgungs- oder Entwässerungsnetz infolge besonders widriger Umstände nicht die technisch zweckmäßige oder aber daß sie eine besonders teure Lösung darstellt. Hinzu kommt ferner, daß bis zum Inkrafttreten des BBauG Festsetzungen dieser Art in den Bauleitplänen nicht getroffen werden konnten und somit im Falle einer inzwischen durchgeführten Teilbebauung die Regelung nach den §§ 30 ff. noch praktische Bedeutung gewinnen kann, und daß auch die Bebauungspläne des BBauG Festsetzungen über Leitungsrechte zwar enthalten können, aber nicht unbedingt enthalten müssen. Auch kann das durch Bebauungsplan festgesetzte Leitungsrecht, das öffentlich-rechtlicher Natur ist, mangels einer Einigung zwischen den Grundstückseigentümern nur im Wege der Enteignung verwirklicht werden, während die §§ 30 ff. ein bürgerlich-rechtliches Rechtsverhältnis zwischen den Eigentümern begründen, aus dem ihnen privatrechtliche Ansprüche zuwachsen. Durch die Regelung der §§ 30 ff. wird daher in vielen Fällen ein öffentlich-rechtlicher Zwangseingriff in das Eigentum vermieden werden.

Die §§ 30 ff. sind auch nicht mit Rücksicht auf die Verpflichtungen überflüssig, die durch die Abschnitte III Abs. 3 und 4 der „Allgemeinen Bedingungen für die Versorgung mit Strom aus dem Versorgungsnetz“[3] und der „Allgemeinen Bedingungen für die Versorgung mit Gas aus dem Versorgungsnetz“[4] dem Abnehmer gegenüber dem Versorgungswerk auferlegt werden, wonach er, wenn er der Eigentümer des Grundstücks ist, das versorgt werden soll, die durch das Versorgungswerk auf seinem Grundstück zu verlegenden Leitungen dulden oder, wenn er nicht der Grundstückseigentümer ist, dessen Zustimmungserklärung beschaffen muß. Diese auf § 7 EWG gegründeten und durch

3 BGBl. III Folge 69 S. 84 ff. Sachgebiet 752-1-7.
4 BGBl. III Folge 69 S. 87 fff. Sachgebiet 752-1-7.

die Anordnungen im Reichsanzeiger 1942 Nr. 39 und 46 für allgemein verbindlich erklärten „Versorgungsbedingungen" bestimmen den notwendigen und zugleich zulässigen Inhalt des zwischen Versorgungswerk und Abnehmer zu schließenden Vertrags. Diese Regelung — gleiches gilt auch für die entsprechend lautenden „Wasserversorgungsbedingungen" — läßt den in den §§ 30 ff. angesprochenen Problemkreis unberührt[5].

Daß die vorerwähnten Vorschriften des BBauG die Normierung eines Leitungsnotwegs nicht überflüssig machen, ergibt sich auch aus der Tatsache, daß der Entwurf zum Bundesbaugesetz[6] in dem Abschnitt „Bauliches Nachbarrecht" im § 174 eine Bestimmung über die „Duldung von Leitungen"[7] enthalten hat, die aber nicht Gesetz geworden ist.

Der Umfang von Rechten, die bei Inkrafttreten des Hess. NRG bestanden haben, richtet sich von diesem Zeitpunkt, also vom 1. 11. 1962 ab (§ 49), nach dem neuen Recht (§ 46). Vorher rechtswirksam getroffene Vereinbarungen bleiben aber in Kraft[8].

§ 30

Leitungen in Privatgrundstücken

(1) Der Eigentümer und die Nutzungsberechtigten eines Grundstücks müssen dulden, daß durch ihr Grundstück der Eigentümer und die Nutzungsberechtigten des Nachbargrundstücks auf ihre Kosten Versorgungs- und Abwasserleitungen hindurchführen, wenn

1. der Anschluß an das Versorgungs- und Entwässerungsnetz anders nicht zweckmäßig oder nur mit unverhältnismäßig hohen Kosten durchgeführt werden kann und

2. die damit verbundene Beeinträchtigung nicht erheblich ist.

(2) Ist das betroffene Grundstück an das Versorgungs- und Entwässerungsnetz bereits angeschlossen und reichen die vorhandenen Leitungen aus, um die Versorgung oder Entwässerung der beiden Grundstücke durchzuführen, so beschränkt sich die Verpflichtung nach Abs. 1 auf das Dulden des Anschlusses. Im Falle des Anschlusses ist zu den Herstellungskosten des Teils der Leitungen, der nach dem Anschluß mitbenutzt werden soll, ein angemessener Beitrag und auf Verlangen Sicherheit in Höhe des voraussichtlichen Beitrags zu leisten. In solchem Falle darf

5 Die von Hammer MDR 65 S. 11 ff. geäußerten Zweifel sind nicht begründet.
6 BTDr. Nr. 336 – 3. Wahlperiode –.
7 Vgl. hierzu Hodes in JR 60 S. 48.
8 Vgl. hierzu unten § 46 Anm. 1.

der Anschluß erst nach Leistung der Sicherheit vorgenommen werden.

(3) Bestehen mehrere Möglichkeiten der Durchführung so ist die für das betroffene Grundstück schonendste zu wählen.

1. Abs. 1 normiert unter bestimmten Voraussetzungen für den Eigentümer und die Nutzungsberechtigten[9] eines Grundstücks die Verpflichtung, es zu dulden, daß der Eigentümer und die Nutzungsberechtigten eines Nachbargrundstücks[10] auf ihre Kosten Versorgungsleitungen (Gas-, Wasser- und Stromleitungen sowie Zu- und Ableitungen von Fernheizungen) und Abwasserleitungen durch das erstgenannte Grundstück hindurchführen. Ähnlich wie im Falle des Hammerschlags- und Leiterrechts (§ 28) müssen folgende Voraussetzungen erfüllt sein:

a) Der Anschluß an das Versorgungs- und Entwässerungsnetz darf anders nicht zweckmäßig oder nur mit unverhältnismäßig hohen Kosten durchführbar sein (Abs. 1 Nr. 1). Für die Frage, ob eine dieser beiden Bedingungen im Einzelfalle angenommen werden kann, wird vor allem die Lage des anzuschließenden Gebäudes und seines Grundstücks zur Straße, in der das Versorgungs- und Entwässerungsnetz verlegt ist, von Bedeutung sein; ferner wird es auf das Bodengefälle und die geologische Beschaffenheit des Bodens, durch den die Leitungen einerseits ohne und andererseits unter Inanspruchnahme des Rechts aus § 30 gelegt werden müßten oder sollen, maßgebend ankommen[11]. Nicht zweckmäßig wäre die Herstellung des Anschlusses, wenn sie in einer vom technischen Standpunkt aus nicht vertretbaren Weise durchgeführt werden müßte. Ein solcher Tatbestand ist mit Recht in einem Falle angenommen worden[12], in dem ein Grundstückseigentümer es nicht duldete, daß sein Nachbar von seinem höher ge-

9 Vgl. unten Anm. 8.

10 Nachbargrundstück ist hier in dem engen Sinne wie nach § 917 BGB zu verstehen. Berechtigt und verpflichtet aus §§ 30 ff. sind somit grundsätzlich nur die Eigentümer und Nutzungsberechtigten von Grundstücken, die benachbart sind, die also eine Grenze gemeinsam haben. Ausnahmsweise kommen daneben noch die sogenannten mittelbaren Nachbargrundstücke (vgl. dazu Meisner-Stern-Hodes § 27 II 1 und FN. 70) in Betracht, wenn sie der Verbindung mit dem öffentlichen Versorgungsnetz im Wege liegen. Hieraus folgt, daß ein Fernheizwerk, das eine neue Wohnstadt mit Wärmeenergie versorgen soll, keinen Anspruch gegen die Eigentümer und Nutzungsberechtigten der in dem Wohngebiet gelegenen Grundstücke auf Duldung der Verlegung der Fernheizkanäle in den Grundstücken hat. Das Werk wird sich daher rechtzeitig entsprechend sichern müssen, z. B. durch die Eintragung entsprechender Dienstbarkeiten an 1. Rangstelle auf allen in Frage stehenden Grundstücken.

11 Vgl. hierzu auch oben die Einführung zu § 30.

12 AG. Königstein vom 20. 3. 67 – 2 C 274/66 –.

legenen Grundstück aus eine Abwasserleitung unter Ausnutzung des vorhandenen natürlichen Gefälles zum tiefer gelegenen Grundstück des Beklagten und durch dieses hindurch verlegte, wodurch sich für den Nachbarn die Notwendigkeit ergeben hätte, mittels einer Wasserhebanlage die Abwässer zunächst seinen Hang hinaufzupumpen, um sie dann jenseits der Anhöhe bis zum Anschluß an das öffentliche Entwässerungsnetz durch das eigene Grundstück hindurchzuleiten. Es ist aber grundsätzlich „nicht zweckmäßig", Abwässer erst hochzupumpen und dann wieder abfließen zu lassen. Im entschiedenen Falle kam hinzu, daß auch die 2. Alternative, die den Anspruch auf einen Leitungsnotweg begründen kann, gegeben war. Denn bei Nichtgewährung des Leitungsnotwegs wären „unverhältnismäßig hohe Kosten" entstanden, da die Kosten für Beschaffung, Betrieb und Unterhaltung der Pumpanlage in einem krassen Mißverhältnis zu den Kosten eines Leitungsnotwegs gestanden hätten. In aller Regel wird zwar die „nicht zweckmäßige Art der Ausführung" zugleich „unverhältnismäßig hohe Kosten" verursachen; diese Feststellung muß aber stets gesondert getroffen werden[13].

b) Eine weitere zwingende Voraussetzung besteht darin, daß die mit der Inanspruchnahme des Grundstücks verbundene Beeinträchtigung des Eigentümers oder eines Nutzungsberechtigten[14] nicht erheblich sein darf (Abs. 1 Nr. 2). Ob dies der Fall ist, muß jeweils nach Lage des Einzelfalles entschieden werden. Diese Rücksichtnahme auf die berechtigten Interessen der duldungspflichtigen Personen geht hier sogar so weit, daß der Nachbar, der zunächst in zulässiger Weise seine Leitungen durch das betroffene Grundstück geführt oder sich dort gemäß Abs. 2 angeschlossen hat, seine Maßnahmen auf eigene Kosten rückgängig

13 LG Limburg vom 12. 4. 67 – 3 S 85/66 – hat Mehrkosten von rund 2600 DM, die bei Nichtinanspruchnahme des Leitungsnotwegs entstanden wären, in Beziehung zu den übrigen Baukosten des Wohnhauses des Klägers gesetzt und entschieden, diese Mehrkosten fielen nicht ins Gewicht, weil das 2geschossige Wohnhaus auch unter Berücksichtigung der Eigenleistungen des Klägers einen erheblichen Erstellungswert habe. Dieser Rechtsansicht kann nicht beigepflichtet werden. Sie legt zu Unrecht das Verhältnis zwischen den Mehrkosten der Leitungsverlegung zu den Gesamtbaukosten zugrunde, so daß im Einzelfalle die Frage, ob die Voraussetzungen für einen Leitungsnotweg zu bejahen oder zu verneinen wären, nach der Höhe der Gesamtbaukosten zu entscheiden wäre; letztlich liefe sie somit darauf hinaus, ob dem Geldbeutel des Bauherrn die Mehrkosten zuzumuten wären: je aufwendiger der Bau, um so mehr Mehrkosten für die Leitung wären zumutbar! Demgegenüber stellt § 30 Abs. 1 S. 1 aber eindeutig auf das objektive Größenverhältnis der Leitungsverlegung im einen und im anderen Sinne zueinander ab.

14 Vgl. unten Anm. 8.

machen muß, wenn sich die Beeinträchtigung inzwischen zu einer erheblichen fortentwickelt hat und der aus § 30 Berechtigte sie nicht auf eine nicht erhebliche zurückführen kann (§ 33). Ist also im Zeitpunkt der Durchführung der Leitungen das duldungspflichtige Grundstück noch nicht bebaut, ist seine Bebauung aber zu erwarten, so wird zweckmäßig gleich darauf Bedacht genommen, daß die Leitungen nicht nachträglich zu einer erheblichen Beeinträchtigung werden und damit der Anspruch aus § 33 ausgelöst wird.

2. Die Verpflichtung, die Durchführung von Versorgungs- und Abwasserleitungen zu dulden, erstreckt sich auf das ganze Grundstück, also auch auf seinen bebauten oder bebaubaren Teil. Allerdings wird die Durchführung der Leitungen unter einem bereits vorhandenen Gebäude im allgemeinen zu einer erheblichen Beeinträchtigung führen, und in der Regel werden auch die dabei entstehenden Kosten die anderer technisch zweckmäßiger Möglichkeiten übersteigen, so daß damit bereits vielfach die Voraussetzung nach Abs. 1 Nr. 1 entfallen wird.

3. Die Voraussetzungen nach Abs. 1 müssen selbständig für jede einzelne Leitungsart (Gas, Strom, Wasser, Abwasser, Fernheizung) geprüft werden. Es besteht somit durchaus die Möglichkeit, daß die Voraussetzungen der Duldungspflicht nur hinsichtlich der einen oder anderen der Leitungen zu bejahen, im übrigen aber zu verneinen ist.

4. Sind die Voraussetzungen nach Abs. 1 zugleich hinsichtlich mehrerer Möglichkeiten der Durchführung von Leitungen gegeben, so muß der Berechtigte die Möglichkeit wählen, die für den Duldungspflichtigen die schonendste ist. Dies ergibt sich schon aus dem in § 1020 BGB enthaltenen allgemeinen Rechtsgrundsatz, daß Rechte grundsätzlich so ausgeübt werden müssen, wie sie dem Duldungspflichtigen am wenigsten lästig sind. Vorsorglich spricht aber Abs. 3 diesen mit der Rechtsprechung über das nachbarliche Gemeinschaftsverhältnis[15] im Einklang stehenden Grundsatz nochmals ausdrücklich aus, indem er bei mehreren solcher Möglichkeiten die für das betroffene Grundstück schonendste zwingend vorschreibt. Wäre also eine Leitungsverlegung quer durch das Grundstück an sich nach Abs. 1 ebenso zulässig wie eine Leitung entlang der Grundstücksgrenze, so wäre nur die von beiden Arten schonendere die allein zulässige.

15 Vgl. dazu Meisner-Stern-Hodes § 38 I 1.

5. Die Duldungsverpflichtung nach Abs. 1 — die Voraussetzungen nach Abs. 1 Nr. 1 und 2 müssen also gegeben sein — beschränkt sich auf das bloße Dulden des Anschlusses, wenn das duldungspflichtige Grundstück an das Versorgungs- oder Entwässerungsnetz bereits angeschlossen ist, vorausgesetzt allerdings, daß die vorhandenen Leitungen ausreichen, um die Versorgung oder Entwässerung der beiden Grundstücke durchzuführen (Abs. 2 S. 1). Reichen die bereits vorhandenen Leitungen nicht aus, weil der Durchmesser der Rohre zu klein ist, so entfällt die Anwendbarkeit des Abs. 2 mit der Folge, daß nun zu prüfen ist, ob das Verlegen selbständiger Leitungen nach Abs. 1 neben den bereits vorhandenen Leitungen zulässig ist. Muß auch diese Frage verneint werden, so entfällt jegliche Duldungsverpflichtung nach Abs. 1 oder Abs. 2, da eine Verpflichtung, die vorhandenen Leitungsrohre gegen solche mit größerem Durchmesser auszuwechseln, um damit dem Nachbarn den Anschluß zu ermöglichen, nicht besteht. In solchem Falle kann nur eine Vereinbarung zwischen den Beteiligten weiterhelfen.
Die entsprechende Verpflichtung des aus Abs. 1 Berechtigten, später seinerseits den Anschluß an seine Leitungen zu dulden, normiert zugunsten der nach Abs. 1 Duldungspflichtigen der § 34 Abs. 1; vgl. dazu § 34 Anm. 1.

6. Die Kosten des Verlegens der Leitungen treffen den, der die Verlegung vornimmt (Abs. 1). Entsprechendes gilt im Falle der Herstellung eines bloßen Anschlusses für die Kosten der Anschlußleitung. Da aber in dem letzteren Falle die auf dem betroffenen Grundstück bereits vorhandene Leitung mitbenutzt wird, muß der Berechtigte außerdem einen angemessenen Beitrag leisten zu den Herstellungskosten des Teils der Leitungen, den er nach dem Anschluß mitbenutzen will (Abs. 2 S. 2). Dieser „angemessene" Beitrag errechnet sich sowohl aus der Höhe der Herstellungskosten des mitbenutzten Leitungsteils wie auch danach, wie hoch der Grad der zwischenzeitlichen Abnutzung zu veranschlagen ist. Der angemessene Kostenbeitrag kann z. B. unter dem Bruchteil liegen, wenn der Anschluß erst geraume Zeit nach der Verlegung der ursprünglichen Leitung vorgenommen wird und diese somit zur Zeit des Anschlusses nicht mehr neuwertig ist[16].
In Höhe des voraussichtlich zu gewährenden Beitrags muß der Berechtigte auf Verlangen Sicherheit leisten; wird das Verlangen

16 LG Kassel vom 11. 3. 65 – 1 S 50/64 –.

gestellt, so dürfen die Arbeiten für den Anschluß erst nach Leistung der Sicherheit begonnen oder fortgesetzt werden (Abs. 2 S. 2 und S. 3).

7. Der Anspruch auf Duldung richtet sich gegen den Eigentümer und die Nutzungsberechtigten „eines Grundstücks". Mit dem LG Kassel[17] wird man aber § 30 Abs. 2 mindestens entsprechend anwenden müssen, wenn die private Leitung eines Grundstückseigentümers sich in einer öffentlichen Straße fortsetzt und der Nachbar nicht auf dem Grundstück selbst, sondern zweckmäßiger in der öffentlichen Straße an die Leitung anschließen möchte. Hierfür spricht vor allem die Erwägung, daß der Anschluß außerhalb des Grundstücks für den Duldungsverpflichteten immer weniger lästig sein wird als der Anschluß auf oder in dem eigenen Grundstück; außerdem könnte sonst der Nachbar gezwungen sein, einen kostspieligen Anschluß an das öffentliche Netz zu suchen. Selbstverständlich muß dem Anschluß in der öffentlichen Straße der Eigentümer der Straße zustimmen; dieser wird allerdings nur einwilligen, wenn im Einzelfalle die öffentlichen Interessen den Anschluß zulassen. § 35 steht dieser Auslegung nicht entgegen, da diese Vorschrift lediglich den Eigentümer von öffentlichen Straßen oder Grünflächen, nicht aber den privaten Eigentümer einer in einem öffentlichen Weg verlegten Leitung, von der Duldungsverpflichtung nach § 30 ausnehmen will.

8. Berechtigt und verpflichtet sind neben dem Eigentümer des Grundstücks, dem der Erbbauberechtigte gleichsteht (§ 11 ErbbaurechtsVO), der Nießbraucher (§§ 1030 ff., 100 BGB), der Mieter oder Pächter (§§ 535 ff., 100 BGB) oder der sonstige Besitzer des Grundstücks.

9. Wegen der Verpflichtung des Berechtigten, den Schaden zu ersetzen, der bei dem Legen der Leitung oder bei der Herstellung des Anschlusses auf dem duldungspflichtigen Grundstück entsteht, vgl. unten zu § 32. Dort ist auch die Anzeigepflicht vor Beginn der Arbeiten geregelt.

§ 31

Unterhaltung

(1) Der Berechtigte hat die nach § 30 Abs. 1 verlegten Leitungen oder die nach § 30 Abs. 2 hergestellten Anschlußleitungen auf seine Kosten zu unterhalten. Zu den Unterhaltungskosten der Teile der Leitungen, die

17 Vgl. vorst. FN. 16.

von ihm mitbenutzt werden, hat er einen angemessenen Beitrag zu leisten.

(2) Zur Durchführung von Maßnahmen im Sinne des Abs. 1 Satz 1 darf der Berechtigte das betroffene Grundstück betreten.

1. Die Verpflichtung zur Unterhaltung von Leitungen oder Anschlußleitungen trifft grundsätzlich den, der sie gelegt hat (Abs. 1 S. 1). Im Falle des Anschlusses an eine vorhandene Leitung (§ 30 Abs. 2 S. 1) hat der Berechtigte die von ihm gelegte Anschlußleitung allein zu unterhalten (Abs. 1 S. 1); außerdem muß er sich an den Kosten der Unterhaltung des von ihm mitbenutzten fremden Leitungsteils angemessen beteiligen (Abs. 1 S. 2); die Höhe dieses Beitrags wird regelmäßig mit der Hälfte der für den mitbenutzten Leitungsteil erforderlichen Unterhaltungskosten anzusetzen sein. Diese Kostenverteilung könnte aber z. B. dann unangemessen werden, wenn die eine Benutzerseite in erheblich größerem bzw. erheblich kleinerem Umfang als die andere die Leitungen in Anspruch nähme, so z. B. wenn auf dem einen Grundstück ein Mehrfamilienwohnhaus und auf dem anderen ein Einfamilienwohnhaus durch die gleichen Leitungen versorgt oder entwässert würden. Der Kostenbeitrag müßte alsdann diesen Verhältnissen „angemessen" sein.
2. Die Verpflichtung zur Unterhaltung umfaßt auch die Pflicht, beschädigte oder zerstörte Rohrleitungen (Rohrbruch) durch andere zu ersetzen.
3. Da die Unterhaltungspflicht den Berechtigten trifft, muß er auch die Möglichkeit haben, die hierzu notwendigen Maßnahmen zu ergreifen und durchzusetzen. Insbesondere muß er berechtigt sein, Erhaltungs- und Ausbesserungsarbeiten an seiner Leitung auf dem fremden Grundstück vorzunehmen. Abs. 2 räumt ihm daher diese Befugnis ausdrücklich ein. Selbstverständlich braucht er die Arbeiten nicht in eigener Person vorzunehmen, sondern kann sich dazu der Hilfe Dritter[18] bedienen, die dann ebenfalls zum Betreten des betroffenen Grundstücks berechtigt sind.
4. Wegen der Verpflichtung des Berechtigten, den Schaden zu ersetzen, der bei Vornahme der Unterhaltungsarbeiten auf dem duldungspflichtigen Grundstück entsteht, vgl. unten zu § 32. Dort ist auch die Verpflichtung zur vorherigen Anzeige der Arbeiten und die Ausnahme davon geregelt.
5. Zum Begriff des „Berechtigten" vgl. oben § 30 Anm. 8.

18 Vgl. hierzu oben § 28 Anm. 1.

§ 32
Schadensersatz und Anzeigepflicht

Für die Verpflichtungen zum Schadensersatz und zur Anzeige gelten die §§ 23 bis 25 entsprechend.

1. Bei der Verlegung von Leitungen oder der Herstellung eines Anschlusses sowie bei den Unterhaltungs- und Wiederherstellungsarbeiten an den Leitungen kann auf dem betroffenen Grundstück Schaden, z. B. durch die Beschädigung von Anpflanzungen, verursacht werden. Dieser muß gemäß §§ 32, 23 S. 1 in vollem Umfang und ohne Rücksicht auf Verschulden ersetzt werden. Unter diesen Schaden bei der Herstellung oder Unterhaltung wird auch der zu rechnen sein, der dadurch entsteht, daß die Herstellung oder Unterhaltung mangelhaft durchgeführt worden ist, indem z.B. das angeschlossene oder ausgewechselte Abwasserrohr nicht dicht angebracht worden ist. Schäden dagegen, die durch normale Abnutzung entstehen, unterliegen den allgemeinen Vorschriften[19].
Neben der Verpflichtung zum Ersatz des Schadens wird keine Gebühr für die „Benutzung des Grundstücks" fällig.

2. Vor Beginn der Arbeiten zur Verlegung der Leitungen oder zur Herstellung des Anschlusses an bereits vorhandene Leitungen muß der Berechtigte auf Verlangen in Höhe des voraussichtlich erwachsenden Schadens Sicherheit leisten; in solchem Falle dürfen die Arbeiten erst nach Leistung der Sicherheit begonnen oder fortgesetzt werden (§§ 32, 23 S. 2).
Die Verpflichtung zur vorherigen Sicherheitsleistung entfällt ausnahmsweise dann, wenn die Ausübung des Rechts zur Abwendung einer erheblichen gegenwärtigen Gefahr erforderlich ist (§§ 32, 25). Diese Eilbedürftigkeit wird allerdings bei Verlegungs- und Anschlußarbeiten nur selten praktisch werden können; wohl aber kann der Tatbestand bei Unterhaltungsarbeiten, z. B. im Falle eines Rohrbruchs, gegeben sein, da ein solcher Vorfall regelmäßig schnellste Abhilfe erheischt.

3. Die Absicht, Verlegungs- oder Anschluß- oder Unterhaltungsarbeiten auf dem betroffenen fremden Grundstück vorzunehmen, muß grundsätzlich 2 Wochen vor Arbeitsbeginn angezeigt werden (§§ 32, 24). Diese Anzeigepflicht schützt den Duldungspflichtigen vor Überraschungen; darüber hinaus sichert sie die

---

19 §§ 823 ff. BGB; wegen der Strom- und Gasleitungen vgl. aber § 1 a RHaftpflG bei Meisner-Stern-Hodes § 43 D III 1 d.

praktische Durchführbarkeit des aus § 34 Abs. 2 sich ergebenden Anspruchs, der dahin geht, daß die Leitungen in einer Weise verlegt werden, daß die Anlage einem etwaigen künftigen Vorhaben des Duldungspflichtigen entspricht. Die Anzeigepflicht entfällt, wenn die Arbeiten zur Abwendung einer gegenwärtigen erheblichen Gefahr erforderlich sind (§§ 32, 25). Dieser Fall wird aber in aller Regel nur hinsichtlich der Unterhaltungsarbeiten praktisch werden können (vgl. hierzu oben Anm. 2).

4. Zum Begriff der Berechtigten und Verpflichteten im Sinne der §§ 30 ff. vgl. oben § 30 Anm. 8.

§ 33

Nachträgliche erhebliche Beeinträchtigung

(1) Führen die nach § 30 Abs. 1 verlegten Leitungen oder die nach § 30 Abs. 2 hergestellten Anschlußleitungen nachträglich zu einer erheblichen Beeinträchtigung, so können der Eigentümer und die Nutzungsberechtigten des betroffenen Grundstücks von dem Berechtigten verlangen, daß er seine Leitungen beseitigt und die Beseitigung der Teile der Leitungen, die gemeinschaftlich benutzt werden, duldet. Dieses Recht entfällt, wenn der Berechtigte die Beeinträchtigung so herabmindert, daß sie nicht mehr erheblich ist.

(2) Schaden, der durch die Maßnahmen nach Abs. 1 auf dem betroffenen Grundstück entsteht, ist zu ersetzen.

1. Die Maßnahmen nach § 30 sind nur zulässig, wenn sie keine erhebliche Beeinträchtigung für den Duldungspflichtigen bedeuten. Ist diese Voraussetzung im Zeitpunkt der Herstellung der Leitung oder des Anschlusses erfüllt, so bleiben damit aber die getroffenen Maßnahmen keineswegs für immer rechtmäßig und zulässig. Vielmehr muß der Berechtigte entsprechend der im § 12 Abs. 1 Satz 2 des Telegrafenwegegesetzes[20] getroffenen Regelung es vertreten, wenn seine Maßnahmen nachträglich als eine erhebliche Beeinträchtigung des Duldungspflichtigen sich auswirken. So könnte z. B. eine nicht tief genug verlegte Leitung der Errichtung eines Gebäudes oder auch im Falle der Umstellung der Heizung auf Öl dem Einbau eines Heizöltanks hinderlich sein und eine echte erhebliche Beeinträchtigung darstellen. In solchem Falle ist der Eigentümer oder Nutzungsberechtigte des Nachbargrundstücks, der die Leitungen gelegt hat oder sie als Rechts-

20 RGBl. 1899 I S. 705; vgl. auch oben die Einführung vor § 30.

nachfolger nutzt, grundsätzlich verpflichtet, auf Verlangen die verlegten Leitungen zu beseitigen. Hatte er sich nur an eine vorhandene Leitung angeschlossen, so muß er die von ihm gelegte Anschlußleitung, falls sie allein oder zusammen mit der vom Eigentümer oder Nutzungsberechtigten des betroffenen Grundstücks selbst verlegten Leitung eine erhebliche Beeinträchtigung darstellt, entfernen. Im letzteren Fall, wenn also auch die vom Eigentümer oder Nutzungsberechtigten des betroffenen Grundstücks selbst in diesem verlegte Leitung sich als erhebliche Beeinträchtigung auswirkt, muß der Nachbar, der zum Anschluß berechtigt war, über seine etwaige Verpflichtung zur Beseitigung seines Anschlusses hinaus dulden, daß der Eigentümer oder die Nutzungsberechtigten des betroffenen Grundstücks die gemeinschaftlich benutzten Teile der Leitungen beseitigen (Abs. 1 S. 1). Die Verpflichtung, die Kosten für die Beseitigung der Leitungen zu tragen, richtet sich danach, wen die Beseitigungspflicht trifft. Im einzelnen vgl. hierzu nachsteh. Anm. 4.

Diese Beseitigungs- und Duldungsverpflichtung kann aber dadurch ausgeräumt werden, daß der bisher Berechtigte Maßnahmen trifft, die der Beeinträchtigung die Erheblichkeit nehmen (Abs. 1 S. 2). Dies bedeutet allerdings nicht, daß er auf dem betroffenen Grundstück nun selbständig frei schalten und walten, insbesondere nach Gutdünken die Leitungen anders verlegen könnte; sein Verhalten müßte vielmehr durch § 30 gedeckt sein.

Im Prozeß muß der Eigentümer oder der Nutzungsberechtigte des betroffenen Grundstücks beweisen, daß die Leitungen für ihn nachträglich zu einer erheblichen Beeinträchtigung geführt haben. Weist dann demgegenüber der Beklagte nach, daß er inzwischen in zulässiger Weise Maßnahmen getroffen hat, die die Beeinträchtigung zu einer nicht erheblichen werden lassen, so muß der Kläger bei Meidung der Abweisung seiner Klage diese in der Hauptsache für erledigt erklären.

2. Das Risiko, das Abs. 1 dem begünstigten Eigentümer oder Nutzungsberechtigten des Nachbargrundstücks auferlegt, kann dieser dadurch endgültig ausräumen, daß er, statt sich auf § 30 zu stützen, mit dem Eigentümer des betroffenen Grundstücks sich dahin vereinbart, daß dieser ihm eine Grunddienstbarkeit bestellt, wonach ihm das Recht zur Verlegung von Leitungen oder zur Herstellung eines Anschlusses in genau bezeichneter Weise eingeräumt wird.

3. Auf § 33 Abs. 1 kann sich der Duldungspflichtige nicht berufen, wenn der Fall des § 34 Abs. 2 vorliegt, also die Leitung entsprechend seinen Wünschen verlegt worden ist. Einem solchen Verlangen würde die Einrede allgemeiner Arglist entgegenstehen.

4. Wer von den Rechten aus § 30 Abs. 1 oder Abs. 2 Gebrauch gemacht hat, muß seine gesamten Leitungen, wenn sich diese zu einer erheblichen Beeinträchtigung nachträglich auswachsen, ersatzlos beseitigen (Abs. 1). Somit ergeben sich folgende Kostenverpflichtungen:

a) Hat der Nachbar die beeinträchtigende Leitung verlegt (§ 30 Abs. 1), so hat er auch die Kosten ihrer Beseitigung zu tragen.

b) Hat der Eigentümer oder der Nutzungsberechtigte des betroffenen Grundstücks die beeinträchtigende Leitung verlegt und hat dann an diese der Nachbar angeschlossen (§ 30 Abs. 2), so gilt folgendes:

aa) Beeinträchtigt die Anschlußleitung allein, so muß diese der Nachbar auf seine Kosten beseitigen.

bb) Beeinträchtigt die vom Eigentümer oder Nutzungsberechtigten des betroffenen Grundstücks verlegte Leitung, so kann dieser auf eigene Kosten die Leitung beseitigen. Den Nachbarn trifft keine anteilige Kostenpflicht insoweit, als er zuvor diese Leitung mitbenutzt hat. Der Nachbar muß aber dulden, daß er abgeschnitten wird, ohne daß er deshalb einen Ersatzanspruch hätte. Die Frage, ob ihm auf Grund der veränderten Sachlage wiederum Rechte im Sinne des § 30 Abs. 1 oder Abs. 2 erwachsen, muß alsdann neu geprüft werden.

cc) Beeinträchtigen sowohl die Leitung des Eigentümers oder Nutzungsberechtigten des betroffenen Grundstücks wie auch die Anschlußleitung des Nachbarn, so treffen letzteren nur die Kosten der Beseitigung der Anschlußleitung. Im übrigen gelten hier die Ausführungen zu vorsteh. aa) und bb) nebeneinander.

Daneben ist der Nachbar, der das betroffene Grundstück durch eine Leitung oder Anschlußleitung in Anspruch genommen hatte, verpflichtet, allen bei diesen Beseitigungsmaßnahmen auf dem Grundstück entstehenden Schaden ohne Rücksicht auf Verschulden zu ersetzen (Abs. 2). Damit ist jeglicher Nachteil von den Duldungspflichtigen des § 30 abgewehrt. Neben dem Ersatz des Schadens ist keine besondere „Benutzungsgebühr" zu leisten.

5. Zum Begriff der Berechtigten und Verpflichteten im Sinne der §§ 30 ff. vgl. oben § 30 Anm. 8.

§ 34

Anschlußrecht des Duldungspflichtigen

(1) Der Eigentümer und die Nutzungsberechtigten eines Grundstücks, das gemäß § 30 Abs. 1 in Anspruch genommen ist, sind berechtigt, ihrerseits an die verlegten Leitungen anzuschließen, wenn diese ausreichen, um die Versorgung oder Entwässerung der beiden Grundstücke durchzuführen. § 30 Abs. 2 Satz 2 und § 31 Abs. 1 gelten entsprechend.

(2) Soll ein auf dem betroffenen Grundstück errichtetes oder noch zu erstellendes Gebäude an die Leitungen angeschlossen werden, die der Eigentümer oder die Nutzungsberechtigten des Nachbargrundstücks nach § 30 Abs. 1 durch das Grundstück hindurchführen wollen, so können der Eigentümer und die Nutzungsberechtigten des betroffenen Grundstücks verlangen, daß die Leitungen in einer ihrem Vorhaben Rechnung tragenden und technisch vertretbaren Weise verlegt werden. Die durch dieses Verlangen entstehenden Mehrkosten sind zu erstatten. In Höhe der voraussichtlich erwachsenden Mehrkosten ist auf Verlangen binnen zwei Wochen Vorschuß zu leisten; der Anspruch nach Satz 1 erlischt, wenn der Vorschuß nicht fristgerecht geleistet wird.

1. Während § 30 Abs. 2 die Duldungsverpflichtung des Eigentümers oder der Nutzungsberechtigten eines Grundstücks auf das Dulden des Anschlusses beschränkt, sofern die Voraussetzungen des § 30 Abs. 1 vorliegen und die vorhandenen Leitungen zur Versorgung oder Entwässerung der beteiligten Grundstücke ausreichen, gewährt umgekehrt § 34 Abs. 1 dem Eigentümer und den Nutzungsberechtigten des Grundstücks, durch das gemäß § 30 Abs. 1 Leitungen bereits gelegt worden sind, das Recht, selbst an diese Leitungen anzuschließen, sofern diese ausreichen, um die Versorgung oder Entwässerung der Grundstücke durchzuführen. Wird von diesem Recht Gebrauch gemacht, so muß — wie im vorerwähnten umgekehrten Falle — ein angemessener Beitrag zu den Herstellungskosten des Teils der Leitungen geleistet werden, der nach dem Anschluß mitbenutzt werden soll (Abs. 1 S. 2 in Verbindung mit § 30 Abs. 2 S. 2); auch kann Sicherheitsleistung entsprechend § 30 Abs. 2 S. 2 verlangt werden (Abs. 1 S. 2); vgl. hierzu § 30 Anm. 6.

Seine Anschlußleitung muß der Eigentümer oder der Nutzungsberechtigte des Grundstücks selbst unterhalten; zu den Unterhaltungskosten des von ihm mitbenutzten Teils der fremden Leitungen hat er einen angemessenen Beitrag zu leisten (§ 34 Abs. 1 S. 2, § 31 Abs. 1); vgl. § 31 Anm. 1.

2. Abs. 2 behandelt den Fall, daß die Leitungen noch nicht verlegt sind, von dem Recht nach § 30 Abs. 1 also noch kein Gebrauch gemacht ist, dies aber demnächst beabsichtigt oder bereits angezeigt ist und nun der Eigentümer oder die Nutzungsberechtigten des betroffenen Grundstücks bereits eine bestimmte Vorstellung darüber haben, daß und wie sie an diese Leitungen ein bereits errichtetes, aber an das Versorgungs- oder Entwässerungsnetz noch nicht angeschlossenes oder ein demnächst erst noch zu erstellendes Gebäude anschließen wollen; sie können dann entsprechend wie im Falle der besonderen Gründung der Grenzwand (§ 10) verlangen, daß die Verlegung der Leitungen in einer ihrem Vorhaben Rechnung tragenden und zugleich technisch vertretbaren Weise durchgeführt wird (Abs. 2 S. 1); es dürften also z. B. nur Rohre mit solchen Dimensionen verlegt werden, die später die Versorgung oder Entwässerung beider Grundstücke zulassen. Diese Regelung bezweckt die Einsparung vermeidbarer Kosten.
In solchen Fällen werden dem nach § 30 Abs. 1 Berechtigten durchweg Mehrkosten entstehen. Diese müssen ihm von dem, der aus § 34 Abs. 2 Forderungen an ihn stellt, erstattet werden (Abs. 2 S. 2); darüber hinaus ist er berechtigt, in Höhe der voraussichtlich erwachsenden Mehrkosten Zahlung eines Vorschusses binnen 2 Wochen zu verlangen, mit der Folge, daß der Anspruch auf den „besonderen Leitungsweg" im Sinne des Abs. 2 erlischt, wenn der Vorschuß nicht fristgerecht gezahlt wird (Abs. 2 S. 3).

3. Zum Begriff der Berechtigten und Verpflichteten im Sinne der §§ 30 ff. vgl. oben § 30 Anm. 8.

§ 35

Leitungen in öffentlichen Straßen

Die §§ 30 bis 34 gelten nicht für die Verlegung von Leitungen in öffentlichen Straßen und in öffentlichen Grünflächen.

1. Diese Vorschrift nimmt die öffentlichen Straßen — hierzu gehören auch die öffentlichen Plätze und öffentlichen Wege (vgl. § 2 Abs. 1

Hess. StraßenG.) – und die öffentlichen Grünflächen von der Regelung der §§ 30 bis 34 aus. Zwar richtet sich nach § 8 Abs. 10 FernstraßenG.[21] die Verlegung von Versorgungsleitungen im Straßenkörper nach Bürgerlichem Recht[22]. Ebenso richtet sich nach § 20 Hess. StraßenG. die Einräumung von Rechten zur Benutzung des Eigentums an den öffentlichen Landes-, Kreis-, Gemeinde- und sonstigen Straßen sowie den öffentlichen Wegen und Plätzen (§§ 3 Abs. 1, 2 Abs. 1 aaO.) nach Bürgerlichem Recht, wenn sie den Gemeingebrauch nicht beeinträchtigt, wobei eine Beeinträchtigung von nur kurzer Dauer für Zwecke der öffentlichen Versorgung außer Betracht bleibt. Insoweit bestünden also gegen die Anwendung der §§ 30 bis 34 auch auf öffentliche Straßen und öffentliche Grünflächen keine Bedenken. Wohl aber steht ihr die Erwägung entgegen, daß die Stellung des Trägers der Straßenbaulast, der öffentliche Interessen wahrnimmt, damit nicht vereinbar ist; denn dieser muß z. B. ungehindert bestimmen können, wo in der Straße oder in der Grünfläche eine Längsleitung verlegt werden soll, sei es in der Mitte oder in den Randstreifen. Auch würde die Anwendung des § 31 Abs. 2, wonach die zur Unterhaltung der Leitungen erforderlichen Maßnahmen auf dem betroffenen Grundstück vorgenommen werden dürfen, Schwierigkeiten begegnen, soweit es sich dabei um öffentliche Straßen – öffentliche Plätze, öffentliche Wege – oder öffentliche Grünflächen handelt.

Zehnter Abschnitt
HÖHERFÜHREN VON SCHORNSTEINEN UND LÜFTUNGSSCHÄCHTEN

Einführung

Errichtet ein Grundstückseigentümer neben einem Nachbarhaus ein höheres Gebäude oder erhöht er sein an ein anderes Gebäude angrenzendes oder mit diesem durch eine Nachbarwand oder Grenzwand verbundenes Haus um ein oder mehrere Stockwerke, so wird damit in der Regel den Schornsteinen des nicht erhöhten, niedrigeren Hauses die Zugluft genommen. Entsprechendes gilt für dessen Lüftungsanlagen (Entlüftungsrohre, Lüftungsschächte und Lüftungskanäle).

---

21 BGBl. 74 I S. 2414 ff.

22 Über den Fall, daß eine private Leitung eines Grundstückseigentümers sich in einer öffentlichen Straße fortsetzt, vgl. oben zu § 30 Anm. 7.

Für gemeinrechtliche Gebiete – Kurhessen ausgenommen[1] – hatte sich die römisch-rechtliche Vorschrift erhalten, daß Neubauten der Tenne des Nachbarn nicht den Luftzug nehmen durften. Praktische Bedeutung kommt dieser Bestimmung aber inzwischen nicht mehr zu[2].

Nach Bürgerlichem Recht steht dem durch das Höherbauen oder die Aufstockung beeinträchtigten Eigentümer oder Nutzungsberechtigten des Nachbargrundstücks kein Unterlassungsanspruch zu, insbesondere können sie einen solchen nicht auf § 1004 BGB stützen. Denn solche „negativen Einwirkungen“, d. h. solche, bei denen sich die Benutzung eines Grundstücks innerhalb seiner Grenzen vollzieht, allerdings mit der Folge, daß das Nachbargrundstück gewisse Vorteile mittelbar verliert, fallen nicht unter den Begriff der Beeinträchtigungen im Sinne des § 1004 BGB[3]. Auch auf die §§ 226, 826 BGB kann ein Unterlassungsanspruch in aller Regel nicht gestützt werden, da hierzu der Nachweis geführt werden müßte, daß die Entziehung von Licht und Luft ausschließlich in Schädigungsabsicht erfolgt wäre, was in Fällen dieser Art schlechthin ausgeschlossen erscheint.

Durch das Höherbauen bringt der Grundstückseigentümer den Eigentümer und die Nutzungsberechtigten des Nachbargrundstücks in eine Zwangslage, aus der sich diese nur durch das Höherführen der Schornsteine und Lüftungsschächte befreien können. Da ihnen aber mangels einer Eigentumsbeeinträchtigung gegen das Höherbauen oder Aufstokken ein Unterlassungsanspruch nicht zusteht, müssen sie die Kosten der Höherführung ihrer Schornsteine und Lüftungsschächte allein tragen, zumal sie zu solchen Maßnahmen gesetzlich angehalten sind: Denn nach § 47 Abs. 1, § 48 Abs. 2 HBO müssen Rauch- und Abgasschornsteine sowie Lüftungsanlagen so gesichert und unterhalten werden, daß sie ausreichenden Zug haben. Dem höherführenden Eigentümer und Nutzungsberechtigten stehen somit lediglich die Rechte aus § 36 zu.

Der Entwurf zum Bundesbaugesetz[4] enthielt in dem Abschnitt „Bauliches Nachbarrecht“ im § 172 eine Vorschrift über „Höherführung von Schornsteinen und Lüftungsleitungen“[5]. Dieser Abschnitt ist aber nicht Gesetz geworden.

1 Heusers Annalen 25/237–307; SeuffA. 36 Nr. 107.

2 Vgl. OLG. Rostock in SeuffA. 48 Nr. 246.

3 RGZ 96, 16; BGH MDR 51, 726; Planck § 906 Nr. 3; Staudinger RN. 12 zu § 906 BGB. und RN. 5 a zu Art. 124 EG.BGB.; Meisner-Stern-Hodes § 38 I 1 e; grundsätzlich jetzt auch Palandt-Hoche § 906 2 b und § 903 N. 3, die den § 906 BGB auf die Entziehung von Licht und Luft nicht mehr für entsprechend anwendbar halten, in Fällen schwerer Beeinträchtigungen durch negative Einwirkungen aber über § 242 BGB helfen wollen. Vgl. auch oben § 11 Anm. 1 und FN. 61.

4 BTDr. Nr. 336 – 3. Wahlperiode –.

5 Vgl. hierzu Hodes in JR. 60 S. 48.

Der Umfang von Rechten, die bei Inkrafttreten des Hess. NRG bestanden haben, richtet sich von diesem Zeitpunkt, also vom 1. 11. 1962 ab (§ 49), nach dem neuen Recht (§ 46). Vorher rechtswirksam getroffene Vereinbarungen bleiben aber in Kraft[6].

§ 36

Inhalt und Umfang

(1) Der Eigentümer und die Nutzungsberechtigten eines Grundstücks müssen dulden, daß an ihrem Gebäude der Eigentümer und die Nutzungsberechtigten des angrenzenden niederen Gebäudes ihre Schornsteine und Lüftungsschächte befestigen, wenn

1. die Erhöhung der Schornsteine und Lüftungsschächte zur Erzielung der notwendigen Zug- und Saugwirkung erforderlich ist und

2. die Befestigung der höhergeführten Schornsteine und Lüftungsschächte anders nicht zweckmäßig oder nur mit unverhältnismäßig hohen Kosten durchgeführt werden kann.

(2) Der Eigentümer und die Nutzungsberechtigten des betroffenen Grundstücks müssen ferner dulden, daß die höhergeführten Schornsteine und Lüftungsschächte des Nachbargebäudes von ihrem Grundstück aus unterhalten und gereinigt und die hierzu erforderlichen Einrichtungen angebracht werden, wenn diese Maßnahmen anders nicht zweckmäßig oder nur mit unverhältnismäßig hohen Kosten durchgeführt werden können. Sie können aber den Berechtigten darauf verweisen, eine Steigleiter an ihrem Gebäude anzubringen und zu benutzen, wenn diese Lösung technisch zweckmäßig ist.

1. Abs. 1 berechtigt den durch Höherbauen oder Aufstocken geschädigten[7] Eigentümer und Nutzungsberechtigten des angrenzenden niedrigeren Gebäudes, an dem höheren Gebäude die höherzuführenden Schornsteine und Lüftungsschächte zu befestigen,

a) wenn deren Erhöhung zur Erzielung der notwendigen Zug- und Absaugwirkung erforderlich ist, was durch eine entsprechende Anordnung der Bauaufsichtsbehörde oder Forderung des Bezirksschornsteinfegermeisters ohne Schwierigkeiten nachzuweisen ist, und

b) wenn außerdem die Befestigung der höhergeführten Schornsteine oder Lüftungsschächte anders entweder nicht zweckmäßig

---

6 Vg. hierzu unten § 46 Anm. 1.

7 Vgl. hierzu auch die Einführung zu diesem Abschnitt.

oder aber nur mit unverhältnismäßig hohen Kosten durchgeführt werden könnte. Die erste Alternative wäre gegeben, wenn der Erfolg sonst in einer vom technischen Standpunkt aus nicht vertretbaren Weise erzielt werden müßte. Die zweite Alternative läge vor, wenn ohne die Inanspruchnahme des Rechts aus § 36 Abs. 1 unverhältnismäßig hohe Kosten entstehen würden, d. h. solche Kosten, die zum Zweck und Erfolg der Baumaßnahmen in einem krassen Mißverhältnis stünden.

2. Über die Art und Weise der Befestigung besagt das Gesetz nichts. Insoweit sind allein die tatsächlichen Gegebenheiten, die technischen Erfordernisse sowie baugestalterische Gründe maßgebend. In Frage kommen vor allem das Hochführen der Schornsteine und Lüftungsschächte unmittelbar an der Wand des höheren Gebäudes oder vermittels eines die Schornsteine und Lüftungsschächte umschließenden Gestänges, das seinerseits an der Wand des höheren Gebäudes befestigt wird.

3. Die Unterhaltung und Reinigung der höhergeführten Schornsteine und Lüftungsschächte wird durchweg nur vom höheren Gebäude aus bewerkstelligt werden können. Abs. 2 S. 1 gibt daher das Recht zu solchen Maßnahmen, wenn die Unterhaltung oder Reinigung sonst nicht zweckmäßig oder nur mit unverhältnismäßig hohen Kosten durchgeführt werden könnte. Dieses Recht umfaßt zugleich die Befugnis, die erforderlichen Einrichtungen anzubringen, z. B. Laufbohlen und Standbretter für den Schornsteinfeger und dergleichen.

4. Der Eigentümer und die Nutzungsberechtigten des duldungspflichtigen Grundstücks können aber gemäß Abs. 2 S. 2 von dem Berechtigten verlangen, daß dieser zum Zwecke der Unterhaltung und Reinigung seiner höhergeführten Schornsteine und Lüftungsschächte eine Steigleiter auf dem Dach seines niedrigeren Hauses aufstellt, am höheren Gebäude befestigt und als Zugang zu den Schornsteinen und Lüftungsschächten verwendet, falls diese Lösung technisch zweckmäßig ist. Technisch weckmäßig kann eine Steigleiter nur zur Überwindung eines nicht allzu großen Höhenunterschiedes sein. Bei größeren Höhenunterschieden, etwa ab 5 m, zwischen dem höheren und niedrigeren Gebäude gewährt eine Steigleiter dem Schornsteinfeger oder Handwerker nicht mehr die erforderliche unfallverhütende Sicherheit. Läßt sich das Aufstellen einer solchen Steigleiter als eine technisch zweckmäßige Lösung ansprechen, so müssen sich der

Eigentümer und die Nutzungsberechtigten des niedrigeren Grundstücks auch dann auf sie verweisen lassen, wenn die dadurch verursachten Mehrkosten erheblich höhere sind (Abs. 2 S. 2). Dieser Regelung liegt wiederum der Gedanke zugrunde, daß der Duldungspflichtige in seinen Rechten nur insoweit eingeschränkt werden soll, als dies nach Sachlage nicht vermeidbar ist.

5. Berechtigte und Verpflichtete im Sinne der §§ 36 ff. sind der Eigentümer des Grundstücks, dem der Erbbauberechtigte gleichsteht (§ 11 ErbbaurechtsVO), sowie der Nießbraucher (§§ 1030 ff., 100 BGB), der Mieter oder Pächter (§§ 535 ff., 581 ff., 100 BGB) sowie der sonstige Besitzer des Grundstücks.

§ 37
Schadensersatz und Anzeigepflicht

Für die Verpflichtungen zum Schadensersatz und zur Anzeige gelten die §§ 23 bis 25 entsprechend. Die Anzeigepflicht entfällt auch, wenn die nach der Kehrordnung vorgeschriebene Reinigung durchgeführt werden soll.

1. Schaden, der bei Ausübung der Rechte aus § 36 Abs. 1 oder Abs. 2 entsteht, muß ohne Rücksicht auf Verschulden ersetzt werden (§§ 37, 23 S. 1). Im übrigen ist aber keine Entschädigung, also z. B. keine „Benutzungsgebühr", zu entrichten.
   In Höhe des voraussichtlichen Schadensbetrags muß der Berechtigte auf Verlangen Sicherheit leisten (§§ 37, 23 S. 2); wird das Verlangen gestellt, so dürfen die baulichen Maßnahmen erst begonnen oder fortgesetzt werden, nachdem Sicherheit geleistet ist. Dies gilt nicht, wenn das Recht zur Abwendung einer gegenwärtigen erheblichen Gefahr ausgeübt wird (§§ 37, 25). Ein solcher Tatbestand wäre z. B. im Falle eines Schornsteinbrandes oder bei Gefahr des Einsturzes des Schornsteins oder des Lüftungsschachts gegeben; unter solchen Umständen könnte sofort gehandelt werden.

2. Die Absicht, die Rechte aus § 36 Abs. 1 oder Abs. 2 auszuüben, muß grundsätzlich zwei Wochen vor Beginn der Arbeiten den Anzeigeberechtigten nach § 24 (vgl. hierzu § 24 Anm. 1) angezeigt werden. Diese Anzeigepflicht entfällt aber, wenn
   a) das Recht zur Abwendung einer gegenwärtigen erheblichen Gefahr ausgeübt wird (§§ 37, 25) — vgl. hierzu vorst. Anm. 1 — oder
   b) die nach der Kehrordnung vorgeschriebene Reinigung durchgeführt werden soll. Die im allgemeinen zweimonatliche Reinigung

durch den Schornsteinfeger ist ein so sehr dem alltäglichen Leben angehörender Vorgang, daß ihn der Duldungspflichtige, wenn er nicht den Berechtigten auf das Anbringen einer Steigleiter verwiesen hat oder wenn diese Lösung technisch nicht zweckmäßig wäre, ohne weiteres hinnehmen muß. Außerdem wäre sonst die ordnungsmäßige Durchführung der Reinigung gemäß der Kehrordnung praktisch in Frage gestellt.

3. Zum Begriff der Berechtigten und Verpflichteten im Sinne der §§ 36 ff. vgl. oben zu § 36 Anm. 5.

Elfter Abschnitt
GRENZABSTÄNDE FÜR PFLANZEN

Einführung

Jeder Eigentümer und Nutzungsberechtigte eines Grundstücks ist grundsätzlich berechtigt, auf seinem Grundstück beliebig hohe und dichte Bäume und Sträucher über dessen Erdoberfläche zu haben, selbst wenn dadurch dem angrenzenden Grundstück Licht und Luft entzogen werden[1]. Ist durch das Eindringen von Wurzeln oder Zweigen eine unmittelbare Einwirkung auf das Nachbargrundstück gegeben, so greift zugunsten des beeinträchtigten Nachbarn der § 910 BGB ein. Darüber hinaus schrieben einige Partikularrechte für Bäume und Sträucher bestimmte Mindestabstände von der Nachbargrenze aus der Erwägung heraus vor, daß die Bäume und Sträucher durch das Werfen von Schatten, durch das Festhalten von Bodenfeuchtigkeit und auch als Brutstätte für Insekten und andere Schädlinge nachteilig auf das Nachbargrundstück einwirken können. Diese Eigentumsbeschränkungen wurden durch Art. 124 EG.BGB aufrechterhalten.

Nach Gemeinem Recht war es jedem Eigentümer gestattet, innerhalb der Grenzen seines Eigentums nach Höhe, Breite und Tiefe beliebig zu bauen und das Grundstück zu nutzen[2].

Nach Nassauischem Recht durfte gleichfalls jeder sein Grundstück beliebig bepflanzen, auch wenn dadurch der Nachbar an den Nutzungen seines Grundstücks Abbruch erlitt[3].

Für das Gebiet des früheren Großherzogtums Hessen[4] bestimmte

1 Vgl. hierzu „Einführung" vor § 36 sowie § 11 FN. 61.
2 Hesse, Band 2, Teil 2 S. 279.
3 Bertram, Nass. PrivR. § 199.
4 Das Preuß. Allg. Landrecht galt hier nicht (vgl. oben „Rechtsquellen" C 6), so daß die darin enthaltenen Vorschriften entgegen der Ansicht des AG Darmstadt 366 C 1927/72 durch das Hess. NRG. für den Bereich Darmstadt nicht aufgehoben werden konnten.

Art. 85 Hess. AG.BGB, daß Bäume und Sträucher, die über 2 m hoch waren, einen Mindestabstand von 2 m, niedrigere Bäume und Sträucher dagegen einen Mindestabstand von 0,50 m halten mußten. Dieser Abstand war zu messen von der Mittelachse des Baumes oder Strauches an der Stelle, wo derselbe aus der Erde heraustrat. Bei Nichteinhaltung dieser Mindestabstände konnte nach Art. 86 aaO. die Beseitigung des Baumes oder Strauches verlangt werden; das Herunterschneiden des Baumes auf 2 m oder das Abschneiden des Stammes genügte nicht mehr, wenn einmal das Beseitigungsverlangen gestellt war.[5] Die Abstandsvorschriften galten aber nicht gegenüber Bäumen und Sträuchern in Gärten[6], falls diese mit einer festen Umfriedigung[7], d. h. mit einer Mauer, einem Lattenzaun, einer Bretterwand – nicht mit einer lebenden Hecke –, versehen waren und zur Zeit der Anpflanzung der Bäume und Sträucher die Gärten nicht an Äcker, Wiesen oder Weinberge angrenzten (Art. 87 Nr. 2 aaO.). Sie galten ferner nicht gegenüber Bäumen und Sträuchern, die beim Inkrafttreten des Gesetzes vorhanden waren, sofern ihr Abstand vom Nachbargrundstück den bisherigen Vorschriften nicht widersprach (Art. 87 Nr. 3 aaO.). Schließlich waren die Abstandsvorschriften nicht anwendbar bei Grundstücken, die bei Inkrafttreten des Gesetzes dem Betrieb der Forstwirtschaft dienten; grenzten diese forstwirtschaftlichen Grundstücke allerdings an Äcker, Wiesen, Weinberge oder Gärten an, so galt diese Ausnahme nur bis zur nächsten Verjüngung des Waldes (Art. 87 Nr. 1 aaO.). Durch lokalpolizeiliche Verordnung konnten für die Zukunft andere Abstände bestimmt werden und sogar das Halten von Bäumen über 2 m Größe in bestimmten Teilen der Gemarkung schlechthin verboten werden (Art. 85 Abs. 2 aaO.). Die für Bäume und Sträucher auf und neben den Straßen, öffentlichen Wegen und Eisenbahnen geltenden Sondervorschriften wurden ausdrücklich aufrechterhalten (Art. 89 Abs. 1 aaO.).

Für Kurhessen[8] bestimmte § 33 Kurhess. BauO vom 9. 1. 1784, daß derjenige, der Bäume gegen eine Wand setzen wollte, in welcher der Nachbar „Lichter oder Fenster" zu haben berechtigt war, drei oder vier oder sechs Schuh nach Befinden mit den Bäumen zurückweichen sollte. Standen dem Nachbarn neben der Lichtgerechtigkeit wegen des Dachtraufenrechts noch zwei Schuh eigenen Landes zu, sollte der Nachbar mit den zu pflanzenden Bäumen von diesen zwei Schuh, nach Befinden weitere drei bis vier Schuh, zurückgehen. Wer anstelle einer eigenen Dielen- oder Plankenwand einen lebendigen Zaun errichten wollte, mußte mit dessen Pflanzung einen Fuß von dem Ort, wo vorher die Planken- oder Dielenwand gestanden hatte, auf seinen Grund und Boden einrükken (§ 34 Abs. 2 aaO.). Hatte jemand mit seinem Gebäude seinen Grund völlig

5 Dernburg, Hess. PrivR. S. 268.

6 Für den Begriff des Gartens macht es keinen Unterschied, ob dieser als Nutz- oder Ziergarten angelegt worden ist. So zutreffend LG Darmstadt vom 16. 1. 64 – 6 S 263/63.

7 Ein auf dem Sockel stehender Maschendrahtzaun ist nach einem Urteil des LG Darmstadt vom 13. 2. 1963 – 2 O 7/62 – keine feste Einfriedung im Sinne des Art. 87 Abs. 2 Nr. 2 Hess.-AG.BGB, da der Zaun das Hindurchwachsen der Zweige zum Nachbargrundstück nicht verhindert.

8 Vgl. hierzu RG. in Heusers Annalen 25 S. 237.

eingenommen, so sollte der Nachbar, der Bäume oder Weinreben setzen wollte, mangels anderer Vereinbarung mit einem eigenen Geländer bis auf einen halben Schuh herankommen und solche „en espalier" dergestalt ziehen, daß sie die jenseitige Wand nicht berührten; in dieser Wand durfte ohne Genehmigung das Geländer nicht befestigt werden (§ 35 aaO.).

Nach Theil I Titel 8 § 173 ff. Preuß. Allg. Landrecht mußten lebendige Hecken, die zwei Grundstücke voneinander schieden, stets so angelegt werden, daß dem Nachbarn kein Schaden entstand. Daher mußte derjenige, der gegen die Grenze seines Nachbarn eine neue lebendige Hecke anlegen wollte, 1½ Fuß von des Nachbars Grenze zurücktreten. Dagegen konnte der Auswuchs der Hecke bis zur Grenze reichen; die Hecke brauchte also insoweit nicht beschnitten zu werden, als sie nur bis zur Grenze reichte. Gegen den darüber hinausreichenden Auswuchs hatte der Nachbar seit 1900 die Klage aus § 1004 BGB, nicht aus § 910 BGB, da diese Vorschrift ausschließlich auf Bäume und Sträucher anwendbar ist.

Für Alt-Frankfurt und Sachsenhausen bestimmte Art. I § 4 des Frankfurter Wichgesetzes vom 1. 4. 1851 folgende Grenzabstände für Pflanzen: für unfruchtbare Bäume in Feldern, Äckern, Gärten und Weingärten 1 Feldrute (etwa 3,558 m), für fruchtbare Bäume ¾ Feldrute, für Weidenstämme, Ulmen und Pappeln in Wiesen und gegen Wiesen ½ Feldrute, für Gesträuch unter 6 Fuß Höhe ⅜ Feldrute. Sträucher über 6 Fuß Höhe wurden wie Bäume behandelt. Für das übrige Frankfurter Gebiet, also ohne Alt-Frankfurt und Sachsenhausen, nämlich für die Gemarkungen Berkersheim, Bonames Bokkenheim, Bornheim, Eschersheim, Eckenheim, Fechenheim, Ginnheim, Hausen, Niederrad, Oberrad, Praunheim, Preungesheim und den frankfurterischen Teil von Niederursel bestimmte § 2 einer Verordnung des Frankfurter Polizeipräsidenten vom 23. 10. 1933 (Städt. Anzeigebl. 1933 S. 558), daß auf Verlangen des Nachbarn beim Anpflanzen von unfruchtbaren Bäumen (Eschen, Erlen und dgl.) in Wiesen 1,8 m, in Äckern und Gärten 3,5 m, beim Anpflanzen von fruchtbaren Bäumen (Äpfel, Birnen, Steinobst) 3 m und beim Anpflanzen von Hecken, die nur 1,35 m hoch gehalten werden durften, 1,20 m Abstand von der Nachbargrenze einzuhalten waren. Läßt man hier allerdings das Bedenken durchgreifen, daß jene Polizeiverordnung ungültig war, weil sie außerhalb des polizeilichen Aufgabengebiets lag, so ergibt sich, daß im Frankfurter Gebiet – Alt-Frankfurt und Sachsenhausen ausgenommen – keine Abstandsvorschriften vorhanden waren. Zwar schrieben die §§ I ff. des 9. Theils Titel IV der Frankfurter Reformation von 1611 bestimmte Abstände vor: Von den Schiedsteinen oder von der gemeinen Furche (diese sollte in Weingärten 3 Schuh = 0,854 m breit und beiden Nachbarn gemeinsam sein) mußten unfruchtbare Bäume (Eichbäume, Weiden, Erlen und dgl.) grundsätzlich 1 Feldrute = 12½ Werkschuh (bei Anpflanzungen in Weingärten, Gärten oder Wiesen dagegen nur ¾ Feldrute), Weidenstämme, Ulmen und Pappeln in Wiesen ½ Feldrute, fruchtbare Bäume stets ¾ Feldrute, lebende Hecken (diese waren nur in Äckern und Wiesen zugelassen und für Krautäcker und Weingärten ausdrücklich verboten; auch durften sie nicht mehr als $1^1/_2$ Viertel einer Rute hoch sein) $1^1/_2$ Viertel einer Feldrute Grenzabstand halten. Ferner konnte gegen gemeine Wege jeder seine Bäume beliebig setzen. Allerdings mußten die Bäume gegen einen Weg bis zur Höhe von 1 Feldrute aufgeschnitten werden, Hecken und Gesträuch, die in den Weg hineinragten, mußten bis 14 Tage vor Martini abgeräumt werden. Diesen Vorschriften dürfte allerdings wegen jahrzehntelanger Nichtanwendung Rechtswirksamkeit nicht mehr zuzuerkennen sein; bezeichnenderweise wurden sie auch in der vorgenannten PolVO. weder erwähnt noch aufgehoben.

Für das heutige Land Hessen brachte das Hess. Forstgesetz vom 10. 11. 54 (GVBl. S. 211) in § 13 Abs. 3 und 4 unter gleichzeitiger Aufhebung der Art. 85 bis 89, 95 Hess. AG.BGB für die Fälle der Neubegründung oder Verjüngung des Waldes eine gewisse Teilvereinheitlichung. Diese Vorschrift ließ das Hess. NRG unberührt (§ 40 Abs. 3 Hess. NRG). § 13 Abs. 4 und 5 des Hess. ForstG. in seiner geltenden Fassung (GVBl. 70 S. 344 ff.) enthält nun folgende Regelung: „Für die Fälle der Neubegründung oder Verjüngung eines Waldes darf der Waldbesitzer an der Eigentumsgrenze Baumpflanzungen nur im Abstand von fünf Metern anbauen, wenn die Nachbargrundstücke landwirtschaftlich oder gärtnerisch genutzt werden. Bei Wegen oder Wald muß der Abstand ein Meter, bei Rebgelände sechs Meter betragen. Die freigelassenen Streifen können bis zu einem Meter Abstand von der Grenze mit Sträuchern oder Bäumen bis zu einer Höhe von zwei Metern bepflanzt werden. Die untere Forstbehörde kann Ausnahmen zulassen." (§ 13 Abs. 4 aaO.) „Bundesautobahnen, Bundesstraßen, Landesstraßen, Kreisstraßen und Gemeindestraßen gelten nicht als Wege im Sinne des Abs. 4" (§ 13 Abs. 5 aaO.). Vgl. hierzu auch § 40 Anm. 6.

Wegen der Grenzabstände für Anpflanzungen, die bei Inkrafttreten des Hess. NRG, also am 1. 11. 1962 (§ 49) bereits vorhanden waren, vgl. § 43 Abs. 1 Hess. NRG. Im übrigen sind vor diesem Zeitpunkt rechtswirksam getroffene Vereinbarungen über Abstände in Kraft geblieben[9].

§ 38

Grenzabstände für Bäume, Sträucher und einzelne Rebstöcke

Der Eigentümer und die Nutzungsberechtigten eines Grundstücks haben bei dem Anpflanzen von Bäumen, Sträuchern und einzelnen Rebstöcken von den Nachbargrundstücken — vorbehaltlich des § 40 — folgende Abstände einzuhalten:

9 Vgl. hierzu § 46 Anm. 1.

1. mit Allee- und Parkbäumen, und zwar
   a) sehr stark wachsenden Allee- und Parkbäumen, insbesondere dem Eschenahorn (Acer negundo), sämtlichen Lindenarten (Tilia), der Platane (Platanus acerifolia, der Roßkastanie (Aesculus hippocastanum), der Rotbuche (Fagus sylvatica), der Stieleiche (Quercus robur), ferner der Atlas- und Libanon-Zeder (Cedrus atlantica u. libani), der Douglasfichte (Pseudotsuga taxifolia), der Eibe (Taxus baccata), der österreichischen Schwarzkiefer (Pinus nigra austriaca) . . . . . 4 m,
   b) stark wachsenden Allee- und Parkbäumen, insbesondere der Mehlbeere (Sorbus intermedia), der Weißbirke (Betula pendula), der Weißerle (Alnus incana), ferner der Fichte oder Rottanne (Picea abies), der gemeinen Kiefer oder Föhre (Pinus sylvestris), dem abendländischen Lebensbaum (Thuja occidentalis) . . . . 2 m,
   c) allen übrigen Allee- und Parkbäumen . . . . 1,5 m,
2. mit Obstbäumen, und zwar
   a) Walnußsämlingsbäumen . . . . 4 m,
   b) Kernobstbäumen, soweit sie auf stark wachsender Unterlage veredelt sind, sowie Süßkirschenbäumen und veredelten Walnußbäumen . . . . 2 m,
   c) Kernobstbäumen, soweit sie auf schwach wachsender Unterlage veredelt sind, sowie Steinobstbäumen, ausgenommen die Süßkirschenbäume . . . . 1,5 m,
3. mit Ziersträuchern, und zwar
   a) stark wachsenden Ziersträuchern, insbesondere der Alpenrose (Rhododendron-Hybriden), dem Feldahorn (Acer campestre), dem Feuerdorn (Pyracantha coccinea), dem Flieder (Syringa vulgaris), dem Goldglöckchen (Forsythia intermedia), der rotblättrigen Haselnuß (Corylus avellana v. fuscorubra), den stark wachsenden Pfeifensträuchern — falscher Jasmin — (Philadelphus coronarius, satsumanus, ceyheri u. a.), ferner dem Wacholder (Juniperus communis) . . . . 1 m,
   b) allen übrigen Ziersträuchern . . . . 0,5 m,
4. mit Beerenobststräuchern, und zwar
   a) Brombeersträuchern . . . . 1 m,
   b) allen übrigen Beerenobststräuchern . . . . 0,5 m,
5. mit einzelnen Rebstöcken . . . . 0,5 m.

1. Bäume und Sträucher zeichnen sich durch einen mannigfaltigen Artenreichtum aus. Die einzelnen *Arten unterscheiden sich in ihrem Wuchs* zum Teil erheblich voneinander und beanspruchen

demgemäß einen unterschiedlich großen Standraum. Dementsprechend sind die Grenzabstände nach dem möglichen, nicht nach dem tatsächlichen Wuchs der Pflanzen abgestuft[10]. Bei der Anpflanzung sind daher die vorgeschriebenen Grenzabstände ohne Rücksicht darauf einzuhalten, ob es sich um eine noch junge Pflanze oder um einen bereits ausgewachsenen Baum, Strauch oder Rebstock handelt; entscheidend ist nur, welcher der in § 38 aufgeführten Pflanzen die Anpflanzung ihrer Art nach vergleichbar oder zuzurechnen ist. Somit ist auch unerheblich, ob die Pflanze im Einzelfall einen normalen Wuchs erwarten läßt oder ob Anzeichen erkennbar sind, daß sie in ihrem Wachstum zurückbleiben wird. Ferner kann der Anspruch des Nachbarn auf Beseitigung der Anpflanzung wegen Nichteinhaltung des Grenzabstands nicht mit der Begründung abgewiesen werden, die Anpflanzung sei noch so klein oder unentwikkelt, daß sie die Interessen des Nachbarn — noch — nicht berühren oder beeinträchtigen könne. Für die Beseitigungsklage bedarf es also keiner Darlegung und keines Beweises dafür, daß die Anpflanzung im gegebenen Falle tatsächlich das Eigentum des Nachbarn, insbesondere sein Grundstück, beeinträchtige; vielmehr ist der bloße Hinweis auf die Nichteinhaltung des vorgeschriebenen Grenzabstands die notwendige und zugleich ausreichende Begründung für die Beseitigungsklage, deren Geltendmachung allerdings in den Fällen des § 43 Abs. 1 ausgeschlossen ist[11].

2. Zur Charakterisierung der einzelnen Gruppen der Bäume und Sträucher zählt das Gesetz jeweils einige besonders typische Arten auf. Der gesetzliche Grenzabstand für andere, nicht ausdrücklich aufgeführte Bäume und Sträucher ergibt sich aus der Untersuchung, welcher der verschiedenen Gruppen sie ihrem Wuchs nach vergleichbar sind.

a) Der unterschiedlichen Wuchsstärke der Allee- und Parkbäume trägt die Unterscheidung in sehr stark

---

10 Im Gegensatz hierzu richtet sich der von einer lebenden Hecke einzuhaltende Grenzabstand vom Nachbargrundstück danach, welche Höhe sie im Zeitpunkt der Anpflanzung bereits hat oder welche Höhe sie nach der Absicht des Anpflanzers einmal erreichen soll. Halten die Stecklinge einen Grenzabstand von 0,75 m bzw. in den Fällen des § 40 Abs. 1 einen Grenzabstand von 1,50 m ein, so darf die Hecke beim Anpflanzen 2 m oder höher sein oder später über 2 m hochwachsen. Sind die Stecklinge aber nur in einem Grenzabstand von 0,25 m angepflanzt, so darf die Hecke nicht höher als 1,20 m sein oder später nicht über 1,20 m hinaus wachsen; sie muß daher auf einer Höhe von 1,20 m gehalten werden. Im einzelnen vgl. hierzu unten § 39 Anm. 1.

11 Vgl. hierzu unten § 43 Anm. 1 und 2.

wachsende, in stark wachsende[12] und in alle übrigen Allee- und Parkbäume Rechnung.

b) Bei den Obstbäumen unterscheidet man:

aa) die Schalenobstbäume: Zu ihnen gehören die Haselnuß-, Mandel- und Walnußbäume;

bb) die Kernobstbäume: Hierzu zählen Apfel-, Birnen- und Quittenbäume;

cc) die Steinobstbäume: Zu ihnen rechnen die Aprikosen-, Mirabellen-, Pfirsich-, Pflaumen-, Renecloden-, Sauerkirschen-, Süßkirschen- und Zwetschgenbäume.

Von allen Obstarten wachsen die Walnußsämlingsbäume am stärksten. Sie sind die einzigen Obstbäume, die durch Samen vermehrt werden und daher wurzelecht sind. Ihre Kronenausdehnung entspricht der der sehr stark wachsenden Allee- und Parkbäume; demzufolge haben sie den gleichen Abstand wie jene einzuhalten.

Alle übrigen Schalen-, Kernobst- und Steinobstbäume werden auf Wildarten veredelt, die im fachlichen Sprachgebrauch als „Unterlage" bezeichnet werden. Diese Unterlagen können generativ oder vegetativ vermehrt werden. Die generativ vermehrten Unterlagen bezeichnet man als Sämlingsunterlagen; sie zeichnen sich im allgemeinen durch einen besonders starken Wuchs aus, der zur Ausbildung starker Kronen führt. Die vegetativ vermehrten Unterlagen dagegen sind mehr oder weniger schwach wachsend; die hierauf veredelten Bäume bleiben demzufolge mehr oder weniger kleinkronig. Nach ihrem Wuchs entsprechen den stark wachsenden Allee- und Parkbäumen aber nur die Kernobstbäume, die auf stark wachsender Unterlage veredelt sind, sowie alle Süßkirschenbäume und alle veredelten Walnußbäume. Die Steinobstbäume hingegen, mit Ausnahme der Süßkirschenbäume, entsprechen in ihrem Wuchs den übrigen Allee- und Parkbäumen im Sinne des § 38 Nr. 1 c. Die für die Obstbäume vorgeschriebenen Abstände entsprechen jeweils den Abständen, die für die ihnen vergleichbaren Allee- und Parkbäume festgesetzt sind.

Kernobst in der Form von Spindeln oder Spindelbüschen wie auch Spalierobst ist Kernobstgehölz auf schwach wachsender Unterlage. Mit ihnen ist daher ein Abstand von 1,5 m einzuhalten (§ 38 Nr. 2 c).

12 Nach AG Darmstadt – Az. 36 a C 1767/73 – ist die Blautanne den stark wachseendn Bäumen (§ 38 Nr. 1 b) zuzurechnen.

c) Auch bei den Ziersträuchern ist zwischen den stark wachsenden Arten und allen übrigen zu unterscheiden. Der Abstand für nicht namentlich aufgeführte Straucherarten ergibt sich auch hier aus der Feststellung, ob sie den stark wachsenden oder den übrigen Ziersträuchern vergleichbar sind.

d) Beerenobststräucher sind die Brombeer-, Himbeer-, Johannisbeer-, Stachelbeersträucher. Ferner gehören hierzu die Kulturheidelbeer- und Preißelbeersträucher. Die Erdbeere ist wegen ihres staudenartigen Wuchses vom Gesetz unberücksichtigt gelassen. Von den Beerenobststräuchern wächst die Brombeere am stärksten, so daß für sie ein größerer Abstand bestimmt ist.

e) Den Grenzabstand, den Einzelrebstöcke einzuhalten haben, behandelt § 38 Nr. 5. Der im Weinbau einzuhaltende Grenzabstand ist in § 42 geregelt.

3. Der Eigentümer und der Nutzungsberechtigte eines Grundstücks erfüllen die ihnen durch § 38 auferlegte Verpflichtung, wenn sie beim Anpflanzen eines Baums, eines Strauchs oder eines Rebstocks ohne Rücksicht auf Größe, Umfang und Höhe der Pflanze den nach deren Art zu bestimmenden Abstand einhalten. Die weitere Entwicklung der Pflanze ist dann für die Beurteilung grundsätzlich ohne Bedeutung. Hieraus darf aber nicht gefolgert werden, daß der Nachbar es dulden müßte, wenn der im ordnungsgemäßen Abstand angepflanzte Baum oder Strauch im Laufe der Zeit unterirdische Ausläufer treibt oder sich an einer Stelle aussät, die sich in einem Abstand von der Grenze befindet, der nicht zulässig gewesen wäre, wenn der Ableger angepflanzt worden wäre. Eigentümer und Nutzungsberechtigter können sich nicht darauf berufen, daß sie die neue Pflanze nicht gesetzt haben, sondern daß sich diese von selbst aus der im vorschriftsmäßigen Abstand gesetzten Mutterpflanze entwickelt habe, und daß § 38 auf den Zeitpunkt des Anpflanzens abstelle. Dem Sinn und Zweck des Gesetzes entspricht es vielmehr, denjenigen, der die Mutterpflanze, auf die die neue Pflanze zurückgeht, gesetzt hat, für verpflichtet zu erachten[13], dafür zu sorgen, daß der Nachbar nicht mehr als den vorschriftsmäßig angepflanzten Baum oder Strauch selbst zu dulden braucht[14].

---

13 Diese Verpflichtung entspricht der Verpflichtung des Halters einer Hecke, diese durch Zurückschneiden stets in der vorgeschriebenen Höhe zu halten. Vgl. dazu unten § 39 Anm. 1.

14 Abweichend AG. Frankfurt-Höchst – Hö 3 a C 1881/64 –.

4. Die Art und Weise, wie der Grenzabstand von Bäumen, Sträuchern oder einzelnen Rebstöcken gemessen wird, ergibt sich aus § 41.

5. Die Grenzabstände gemäß § 38 sind grundsätzlich von den jeweils bezeichneten Bäumen, Sträuchern und einzelnen Rebstöcken bei deren Anpflanzung gegenüber den angrenzenden Grundstücken einzuhalten. Jedoch bestehen hiervon nachstehende Ausnahmen:

a) In den Fällen des § 40 Abs. 1 Nr. 1 bis 3 sind doppelt so große Abstände vorgeschrieben (vgl. § 40 Anm. 2).

b) Keine Grenzabstände brauchen in den Fällen des § 40 Abs. 2 eingehalten zu werden (vgl. § 40 Anm. 3 bis 5).

c) Die Grenzabstände, die beim Anpflanzen von Rebstöcken auf dem Weinbau dienenden Grundstücken (Weinbergen) maßgebend sind, regelt § 42.

d) Für Anpflanzungen zur Verjüngung oder Neubegründung eines Waldes schreibt § 13 Abs. 4 und 5 Hess. ForstG. besondere Grenzabstände vor. Wald im Sinne dieser Vorschrift setzt allerdings eine Grundfläche von mindestens 1 ha Größe voraus, die wesentlich zur Erzeugung von Holz dient oder bestimmt ist (§ 1 Abs. 1 Hess. ForstG)[15]. Im übrigen vgl. hierzu unten § 40 Anm. 6 und 7.

6. Werden Pflanzenarten, wie sie in § 38 aufgeführt sind, z. B. Eibe, Feldahorn, Lebensbaum nach Art einer üblichen Hecke verwendet[16], so gelten für sie die für Hecken bestimmten Grenzabstände (§ 39 Abs. 1); Spindeln, Spindelbüsche und Spalierobst sind Hecken nicht gleichzustellen (vgl. hierzu oben Anm. 2 b am Ende). Sind durch eine öffentlich-rechtliche Bestimmung Hecken als Einfriedungen vorgeschrieben (§ 15 S. 2), so brauchen sie keinen Abstand einzuhalten (§ 39 Abs. 2); vgl. auch unten § 39 Anm. 4 a).

7. Berechtigte und Verpflichtete im Sinne der §§ 38 ff. sind der Eigentümer des Grundstücks, dem der Erbbauberechtigte gleich-

15 Wald in diesem Sinne liegt daher nicht vor, wenn einzelne Baumgruppen oder Baumreihen oder gewerbliche Baumschulen oder Parkanlagen angepflanzt werden (§ 1 Abs. 3 Hess.ForstG.); in diesen Fällen bestimmen sich daher die Grenzabstände nicht nach § 13 Abs. 4 und 5 Hess.-ForstG., sondern nach den §§ 38, 40 Hess.NRG.

16 Vgl. unten zu § 39 Anm. 1 und dort FN. 18–22.

steht, sowie der Nießbraucher (§§ 1030 ff., 100 BGB), der Mieter oder der Pächter (§§ 535 ff., 581 ff., 100 BGB) und der sonstige Besitzer des Grundstücks.

§ 39

Grenzabstände für lebende Hecken

(1) Der Eigentümer und die Nutzungsberechtigten eines Grundstücks haben bei dem Anpflanzen lebender Hecken von den Nachbargrundstükken – vorbehaltlich des § 40 – folgende Abstände einzuhalten:

1. mit Hecken über 2 m Höhe . . . . 0,75 m,
2. mit Hecken bis zu 2 m Höhe 0,50 m,
3. mit Hecken bis zu 1,2 m Höhe 0,25 m

(2) Abs. 1 gilt nicht für Hecken, die das öffentliche Recht als Einfriedung vorschreibt.

1. § 39 – vgl. auch § 40 – regelt die Grenzabstände für lebende Hecken. Eine solche Hecke ist gegeben, wenn die Stecklinge so dicht in einer Reihe nebeneinander angepflanzt sind und wenn sie zugleich in der Höhe und an den Seiten so beschnitten werden, daß ein Dichtschluß sowie eine Höhen- und Seitenbegrenzung erreicht werden; Sträucher, die ohne beschnitten zu werden, wachsen, sind keine Hecken im Sinne des § 39. Der Abstand der Stecklinge voneinander läßt in der Regel bereits bei der Anpflanzung den Schluß zu, daß sich diese zu einer Hecke fortentwickeln soll; allerdings fehlt es in diesem Zeitpunkt noch am Dichtschluß, der sich erst im Laufe der Zeit einstellen muß.

Unerheblich ist, welche Pflanzenart als Hecke verwendet wird. Die Grenzabstände nach §§ 39 Abs. 1, 40 Abs. 1 gelten daher gleichermaßen für Hecken aus Feldahorn, Eibe, Lebensbaum[17], Blautanne[18], Fichte[19], Rotbuche[20], Pappel[21].

17 Vgl. oben § 38 Anm. 6.

18 AG Darmstadt Az. 36 a C 1767/63.

19 AG Groß-Gerau vom 19. 5. 72 – Rü C 257/72; LG Frankfurt vom 27. 1. 72 – 2/16 S 164/71 –.

20 LG Frankfurt vom 18. 1. 67 – 2/1 S 284/66 –.

21 AG Kassel vom 4. 5. 66 – 56 C 489/65 –. Abweichend hält AG Limburg vom 23. 3. 72 – 4 C 781/71 – (in 2. Instanz wurde der Rechtsstreit verglichen) § 39 Abs. 1 auf Pappelhecken-„Baumwände" für nicht anwendbar mit der Begründung, daß hochstämmige Bäume wie Pappeln, auch wenn sie beschnitten oder gekappt sind, wegen der von ihnen ausgehenden lästigeren Einwirkungen (schnell zunehmende Zahl von Schößlingen bei Beschneidung des ausgedehnten Wurzelwerks und Geästs) nach dem Willen des Gesetzgebers nicht unter § 39 gefaßt seien; der Grenzabstand müsse hier von der Natur des Baumes abhängig gemacht werden; als „Hecken" aus Pappeln seien nur solche Anpflanzungen anzusehen, die bearbeitungsfähige Höhen erreichen und kurze Jahrestriebe haben. Diese Ansicht ist mit dem Gesetz nicht vereinbar; ihr kann daher nicht beigetreten werden.

Der von einer lebenden Hecke einzuhaltende Grenzabstand zum Nachbargrundstück besimmt sich nach der Höhe der Anpflanzung: Nach § 39 Abs. 1 hat der Eigentümer oder Nutzungsberechtigte eines Grundstücks bei der Anpflanzung einer Hecke über 2 m Höhe einen Grenzabstand von 0,75 m, einer Hecke bis zu 2 m Höhe einen Grenzabstand von 0,50 m und einer Hecke bis zu 1,2 m Höhe einen Grenzabstand von 0,25 m einzuhalten. Diese Grenzabstände verdoppeln sich, wenn einer der in § 40 Abs. 1 Nr. 1 bis 3 aufgeführten Tatbestände gegeben ist (vgl. dazu unten § 40 Anm. 1 und 2). Im übrigen müssen folgende Fälle unterschieden werden:

a) Die Hecke ist schon vor dem Inkrafttreten des Hess. NRG, also vor dem 1. Nov. 1962, mit einem Grenzabstand angepflanzt worden, der

aa) dem Partikularrecht entsprach, z. B. weil dort Grenzabstände nicht vorgeschrieben waren. Hier blieb der Grenzabstand rechtmäßig, die Beseitigungsklage war nicht gegeben (§ 43 Abs. 1 Nr. 1), vorausgesetzt allerdings, daß die Hecke nicht später ihren Status in der Weise verändert hat, daß sie z. B., nachdem sie am 1. Nov. 62 bei einer Höhe von 1,5 m einen Grenzabstand von 0,25 m eingehalten hat, später auf eine Höhe von 1,80 m hochgewachsen ist. Vgl. unten c).

bb) dem Partikularrecht widersprach. Dieser Grenzabstand wurde rechtmäßig, wenn der Nachbar nicht binnen 5 Jahren, d. h. bis spätestens 31. Okt. 1967, Beseitigungsklage erhoben hat (§ 43 Abs. 1 Nr. 2) und die Hecke durch rechtzeitiges und ausreichendes Zurückschneiden auf der Höhe vom 1. Nov. 1962 gehalten worden ist. Vgl. unten c).

Zu aa) und bb): War also eine vor dem 1. Nov. 1962 angepflanzte Hecke in der Zeit vom 1. Nov. 1962 bis zum 31. Okt. 1967 in gleicher Höhe gehalten worden und hatte der Nachbar in diesem Zeitraum Beseitigungsklage nicht erhoben, so war der Grenzabstand rechtmäßig und das etwa entgegenstehende Partikularrecht gegenstandslos geworden. Damit kann in solchen Fällen künftig die Frage dahinstehen, ob und welche Grenzabstände das Partikularrecht vorgeschrieben hatte. Somit ist auch auf diesem Gebiet das frühere Partikularrecht heute praktisch ausgeschaltet[22].

b) Die Hecke ist nach dem Inkrafttreten des Hess.

22 Vgl. auch die Anm. zu § 13 Nr. 2, § 16 Abs. 2 und § 46 Anm. 2.

NRG, also nach dem 1. Nov. 1962, angepflanzt worden oder sie wird in Zukunft angepflanzt werden, und zwar

aa) unter Einhaltung des durch §§ 39 Abs. 1, 40 Abs. 1 vorgeschriebenen Grenzabstandes. Dann ist die Anpflanzung rechtmäßig, solange die Höhe der Hecke und ihr Grenzabstand im richtigen Verhältnis zueinander sich verhalten (vgl. hierzu unten c).

bb) unter Einhaltung eines geringeren Grenzabstandes, als er durch die §§ 39 Abs. 1, 40 Abs. 1 vorgeschrieben ist. Hat z. B. der Eigentümer oder Nutzungsberechtigte des Grundstücks bei der Anpflanzung einer 1,5 m hohen Hecke einen Grenzabstand von nur 0,25 m eingehalten, so steht dem Nachbarn eine Frist von 5 Jahren, von der Anpflanzung an gerechnet, für die Erhebung der Beseitigungsklage, hilfsweise der Klage auf Zurückschneiden der Hecke, bis auf die zulässige Höhe von 1,2 m, zu. Läßt er diese Frist ungenützt verstreichen, so wird der rechtswidrige Zustand so, wie er zu diesem Zeitpunkt besteht, rechtmäßig, also auch dann, wenn er in der Zeit zwischen Anpflanzung und Fristablauf durch weiteres Höherwachsen „verstärkt" worden ist (§ 43 Abs. 1 Nr. 2). Vgl. unten c).

c) Die §§ 39 Abs. 1, 40 Abs. 1 schreiben vor, welche Grenzabstände der Eigentümer und die Nutzungsberechtigten eines Grundstücks „bei dem Anpflanzen" lebender Hecken von den Nachbargrundstükken einzuhalten haben. § 43 Abs. 1 Nr. 2 bestimmt, daß der Anspruch auf Beseitigung von Anpflanzungen, die einen geringeren als den in den §§ 39 ff. vorgeschriebenen Grenzabstand einhalten, ausgeschlossen ist, wenn der Nachbar nicht binnen 5 Jahren „nach dem Anpflanzen" Klage auf Beseitigung erhoben hat.

Nach ihrem Wortlaut regeln also die §§ 39 Abs. 1, 40 Abs. 1 einerseits und § 43 Abs. 1 Nr. 2 andererseits, welcher Grenzabstand mit einer Hecke bestimmter Höhe „beim Anpflanzen" eingehalten werden muß, und daß im Falle eines zu geringen Grenzabstandes „beim Anpflanzen" Klage auf Beseitigung der Hecke binnen 5 Jahren nach dem Anpflanzen erhoben werden kann bzw. bei Gefahr des Verlustes des Anspruchs erhoben werden muß. Nicht ausdrücklich geregelt erscheint hiernach der Fall, daß beim Anpflanzen der Hecke der richtige Grenzabstand eingehalten wird, dann aber die Hecke sich überlassen bleibt, so daß sie schon bald nach dem Anpflanzen die zulässige Höhe überschreitet. Ferner fehlt es an einer ausdrücklichen Aussage des Gesetzgebers darüber, was nach dem Ablauf der 5-Jahres-Frist im Anschluß an das Anpflanzen der Hecke (§ 43 Abs. 1 Nr. 2) rechtens sein soll, insbesondere ob und welche Ansprüche der Nachbar soll geltend machen können, wenn der Heckenbesitzer im 6. Jahr nach der Anpflanzung die Hecke hochwachsen läßt und es ablehnt, sie zurückzuschneiden. Die erwähnten Fälle sind aber gerade die hauptsächlichen Konflikte, die wegen Hecken sich zwischen Nachbarn ergeben können. Wären diese Fälle von den §§ 39 Abs. 1, 40 Abs. 1, 43 Abs. 1 Nr. 2 nicht miterfaßt, so wären diese Vorschriften praktisch zu fast völliger Bedeutungslosigkeit herabgemindert[23].

Einem solchen Ergebnis wörtlicher Auslegung widerspricht die Überlegung, daß der Gesetzgeber mit den genannten Vorschriften eine ins einzelne gehende Regelung geschaffen hat. Es kommt hinzu, daß der Grenzabstand für Hecken zu der laufend veränderlichen Höhe der „lebenden" Hecke in Beziehung gesetzt ist. Dem würde entgegenstehen, den fixen Zeitpunkt des Anpflanzens der Hecke als den maßgeblichen schlechthin zu bewerten. Dies zeigt auch ein Vergleich mit § 38. Wird nämlich ein Baum oder Strauch im Sinne des § 38 angepflanzt, so bestimmt sich der Grenzabstand ausschließlich nach der Art der Pflanze, die bereits bei der Anpflanzung vorhanden ist und sich später nicht mehr ändert. In diesen Fällen ist daher die Bezugnahme des Gesetzes auf den Zeitpunkt des Anpflanzens durchaus sinnvoll; bei Hecken dagegen wird das Verhältnis zwischen Grenzabstand und Höhe der Hecke ständig durch den Wuchs der Hecke verändert. Schließlich bleibt zu bedenken, daß der Gesetzgeber nicht nur für den Zeitpunkt des Anpflanzens der Hecke, sondern für alle Zukunft, d. h. solange die Hecke steht, den nachbarlichen Frieden gewährleisten wollte. Dieses Ziel kann aber nur erreicht werden, wenn die für die Hecke durch die §§ 39 Abs. 1, 40 Abs. 1 vorgeschriebenen Grenzabstände grundsätzlich vom Zeitpunkt der Anpflanzung der Hecke bis zum Zeitpunkt ihrer Beseitigung für die Nachbarn verbindlich bleiben.

Aus diesen Überlegungen folgt zwingend[24], daß die §§ 39 Abs. 1, 40 Abs. 1 den Grundeigentümer bzw. Nutzungsberech-

23 Offensichtlich ist hier wie auch bei der Fassung des § 43 Abs. 1 Nr. 2 ein Redaktionsversehen unterlaufen; vgl. hierzu Hodes HuGr 74 S. 177 ff.
24 So zutreffend LG Fulda vom 24. 3. 65 – 2 S 26/64 –.

tigten eines Grundstücks verpflichten, beim Anpflanzen einer Hecke einen solchen Grenzabstand zu wahren, wie er mit Rücksicht auf die Höhe der Hecke durch die §§ 39 Abs. 1, 40 Abs. 1 vorgeschrieben ist. Darüber hinaus ist der Heckenbesitzer verpflichtet, nach dem ordnungsgemäßen Anpflanzen der Hecke dafür zu sorgen, daß der Grenzabstand einerseits und die jeweilige Höhe der Hecke andererseits jederzeit den §§ 39 Abs. 1, 40 Abs. 1 entsprechen; dies wird regelmäßig durch Kappen oder Zurückschneiden der Hecke auf die zulässige Höhe geschehen, allerdings kann auch die Hecke auf den zulässigen Grenzabstand gebracht werden.

Dem Nachbarn stehen folgende Ansprüche zu: Er kann auf der Einhaltung des vorgeschriebenen Abstands von der Grenze bei der Anpflanzung der Hecke bestehen. Diesen Anspruch kann er mit der Klage auf Beseitigung der Hecke, hilfsweise auf Zurückschneiden der Hecke bis zur zulässigen Höhe, geltend machen. Die Klage muß aber binnen 5 Jahren nach dem Anpflanzen erhoben werden (§ 43 Abs. 1 Nr. 2); bloßes Abmahnen oder Klagedrohen genügt nicht.

Die gleichen Ansprüche erwachsen dem Nachbarn, wenn und sobald nach ordnungsmäßigem Anpflanzen der Hecke diese nicht auf der zulässigen Höhe gehalten wird. Der an die Klagefrist von 5 Jahren gebundene Anspruch entsteht jedesmal neu, sobald das gesetzmäßige Verhältnis zwischen Grenzabstand und Heckenhöhe in ein gesetzwidriges übergeführt wird, weil die Hecke den zugelassenen Höchststand überschritten hat. Der Beseitigungsanspruch entsteht aber nicht neu, und die Klagefrist fängt nicht von neuem an zu laufen, wenn sich der bestehende rechtswidrige Zustand nur verstärkt; dann bleibt der Zeitpunkt der Entstehung des rechtswidrigen Zustandes für den Beginn der Ausschlußfrist maßgebend: Ist z. B. eine 1,5 m hohe Hecke im Abstand von 0,25 m angepflanzt worden und wächst nun die Hecke über die 2-m-Grenze hinaus, so rechnet die Ausschlußfrist nach wie vor vom Zeitpunkt der Anpflanzung an mit der Folge, daß nach fruchtlosem Ablauf von 5 Jahren von der Anpflanzung ab der rechtswidrige Zustand, wie er sich in diesem Zeitpunkt darstellt, rechtmäßig wird. Nur wenn nach rechtswidrigem Anpflanzen oder rechtswidrigem Höherwachsen der Hecke diese auf die ihrem Grenzabstand entsprechende Höhe gebracht wurde und dann im weiteren Verlauf wieder höher wachsen würde, entstünde mit dem Höherwachsen ein neuer Anspruch mit der Ausschlußfrist nach § 43 Abs. 1 Nr. 2.

Gegenüber diesen Ergebnissen kann man nicht einwenden, es bedürfe solcher Überlegungen nicht, da dem Nachbarn gegen den Besitzer einer angrenzenden, unvorschriftsmäßig hohen Hecke ein Anspruch gemäß §§ 903, 1004 BGB zustehe, der zudem der 30jährigen Verjährung unterliege. Hier würde übersehen, daß der Nachbar im einzelnen den Nachweis führen müßte, daß der höhere Heckenwuchs ihn tatsächlich in seinem Eigentum beeinträchtige. Ein solcher Nachweis wäre aber nur schwer zu erbringen, wenn die Höhe der Hecke nur um wenige Zentimeter die zulässige Höhe überschreiten würde. Nach den hier dargelegten Rechtsgrundsätzen ist aber der Anspruch stets begründet, wenn Höhe der Hecke und Grenzabstand sich nicht entsprechen. Im übrigen dürfte die Klagefrist von 5 Jahren oder von 30 Jahren nicht erheblich sein, da das Höherwachsen der Hecke jederzeit dem Nachbarn erkennbar ist, so daß dieser alsbald und damit lange vor Ablauf der 5-Jahres-Frist seine Ansprüche geltend machen kann.

2. Da, abgesehen von den Sonderfällen des § 40 Abs. 1, eine über 2 m hohe Hecke nur einen Grenzabstand von 0,75 m einhalten muß, der von der Mitte der Stämme der früheren Stecklinge aus sich berechnet (§ 41), können im Einzelfalle, wenn die Hecke sehr hoch gezogen ist, z. B. aus Pappeln zu einer „Baumwand", bei dem Beschneiden der Hecke auf der Seite zum Nachbargrundstück hin Schwierigkeiten auftreten, wenn nicht dem Heckeneigentümer gestattet wird, bei der Durchführung der Arbeiten die Grenze zum Nachbargrundstück zu übertreten. Kommt es aber nicht zu einem solchen Einverständnis zwischen den Nachbarn, so ist ein entsprechender Rechtsanspruch nicht gegeben, denn weder sind hier die §§ 28, 29 Hess. NRG unmittelbar oder entsprechend anwendbar, noch kann ein solcher Anspruch mit dem Hinweis auf das „nachbarliche Gemeinschaftsverhältnis"[25] begründet werden, wie das AG. Michelstadt entschieden hat[26]. Zwar sind die Grundsätze von Treu und Glauben auf die Beziehungen der Nachbarn zuein-

25 Hierzu vgl. Meisner-Stern-Hodes § 38 I 1.
26 Urteil vom 17. 3. 64 – C 164/63 – DWW 68, 114.

ander anzuwenden. Da aber der Heckenbesitzer es von vorneherein in der Hand hat und behält, nur eine solche Hecke entstehen zu lassen, die ihm die Möglichkeit beläßt, sie rechts und links sowie oben ordnungsgemäß zu beschneiden, ohne daß ein Übertreten auf das Nachbargrundstück erforderlich wird, ist eine Verpflichtung des Nachbarn, das Übertreten auf sein Grundstück zu gestatten, nicht gegeben.

3. Die Abstände nach Abs. 1 erhöhen sich auf das Doppelte in den Fällen des § 40 Abs. 1. Vgl. unten § 40 Anm. 2

4. Nicht anwendbar sind die §§ 39, 40 auf Hecken, die

a) vom öffentlichen Recht, insbesondere vom Baurecht (vgl. § 15 Anm. 2), als Einfriedung vorgeschrieben sind (Abs. 2); zu denken ist hier weiter an Vorschriften im Straßenverkehrsrecht, im FStrG, im Forstrecht oder auch in Gesetzen, die der Landesverteidigung oder der Wasserwirtschaft dienen; ferner können hierunter Windschutzanlagen und dem Naturschutz unterliegende Anlagen fallen[27].

b) ortsübliche oder vereinbarte Einfriedungen nach § 14 Abs. 1 darstellen, weil § 14 Abs. 1 fordert, daß diese Einfriedungen entweder entlang der Grenze oder auf der Grenze zu errichten sind, und nur einen Vorbehalt für § 16 Abs. 1, nicht jedoch für § 39 enthält.

c) hinter einer Wand oder Mauer angepflanzt werden und diese nicht überragen (§ 40 Abs. 2 Nr. 1), vgl. unten § 40 Anm. 3.

d) an der Grenze zu öffentlichen Straßen, zu öffentlichen Grünflächen und zu Gewässern stehen (§ 40 Abs. 2 Nr. 2), vgl. unten § 40 Anm. 4.

e) auf öffentlichen Straßen angepflanzt werden (§ 40 Abs. 2 Nr. 3). Vgl. § 40 Anm. 5.

5. Zum Begriff der Berechtigten und Verpflichteten im Sinne der §§ 38 ff. vgl. oben § 38 Anm. 7.

§ 40

Ausnahmen

(1) Die doppelten Abstände nach den §§ 38 und 39 sind einzuhalten gegenüber Grundstücken, die

1. dem Weinbau dienen,

---

27 Manke in Landwirtsch. Wochenblatt für Hessen-Nassau 1962 S. 10.

2. **landwirtschaftlich nutzbar sind oder dem Erwerbsgartenbau oder dem Kleingartenbau dienen und im Außenbereich (§ 19 Abs. 2 des Bundesbaugesetzes) liegen oder**
3. **durch Bebauungsplan der landwirtschaftlichen, erwerbsgärtnerischen oder kleingärtnerischen Nutzung vorbehalten sind.**

(2) Die §§ 38 und 39 gelten nicht für

1. **Anpflanzungen, die hinter einer Wand oder Mauer vorgenommen werden und diese nicht überragen,**
2. **Anpflanzungen an den Grenzen zu öffentlichen Straßen, zu öffentlichen Grünflächen und zu Gewässern,**
3. **Anpflanzungen auf öffentlichen Straßen.**

(3) § 13 Abs. 4 und 5 des Hessischen Forstgesetzes in der Fassung vom 5. Juni 1970 (GVBl. S. 344) bleibt unberührt[28].

1. Diese Vorschrift normiert Ausnahmen verschiedener Art: In den Fällen des Abs. 1 werden im Interesse des Weinbaus, der Landwirtschaft, des Erwerbsgartenbaus und des Kleingartenbaus die Regelabstände der §§ 38, 39 auf das doppelte Maß erhöht. Abs. 2 beseitigt für bestimmte Tatbestände jeglichen Grenzabstand. Abs. 3 schließlich bestimmt, daß die von Waldgrundstücken einzuhaltenden Grenzabstände sich weiterhin nach dem Hess.ForstG. bestimmen.

2. Die doppelten Grenzabstände der §§ 38, 39 müssen von Anpflanzungen eingehalten werden — wegen der von Waldgrundstücken einzuhaltenden Abstände vgl. unten Anm. 6 —:

   a) gegenüber dem Weinbau dienenden Grundstücken, gleichgültig wo sie liegen (Abs. 1 Nr. 1); hierbei muß es sich um zusammenhängende Rebanlagen (Weinberge) handeln, nicht nur um einzelne Rebstöcke;

   b) gegenüber landwirtschaftlich nutzbaren oder dem Erwerbsgartenbau oder dem Kleingartenbau dienenden und zugleich im Außenbereich gelegenen Grundstücken (Abs. 1 Nr. 2). Diese Regelung bezweckt einen erhöhten Schutz gegen beeinträchtigende Einwirkungen, die von benachbarten Anpflanzungen ausgehen können[29]. Landwirtschaftliche Nutzbarkeit genügt, nicht erforderlich ist die tatsächliche Nutzung im Zeitpunkt der Anpflanzung auf dem Nachbargrundstück. An der landwirt-

28 Die jetzige Fassung des § 13 Abs. 4 und 5 Hess. ForstG. beruht auf der Änderung des Hess. ForstG. vom 10. Nov. 1954 (GVBl. S. 211) durch Art. 3 des Ges. vom 16. 3. 70 (GVBl. S. 234) und auf der Neufassung vom 15. 6. 70 (GVBl. S. 344 ff.).

29 Vgl. „Einführung" vor § 38.

schaftlichen Nutzbarkeit fehlt es z. B. bei Ödland oder bei einem als Hofraum zu einem Wohnhaus gehörenden Grundstück.
Im Außenbereich gelegen sind gemäß § 19 Abs. 2 BBauG. solche Grundstücke, die sich außerhalb des räumlichen Geltungsbereichs eines Bebauungsplans im Sinne des § 30 BBauG. und auch außerhalb eines im Zusammenhang bebauten Ortsteils befinden. Der Bebauungsplan im Sinne des § 30 BBauG. muß Festsetzungen über die Art und das Maß der baulichen Nutzung, über die überbaubaren Grundstücksflächen und über die örtlichen Verkehrsflächen enthalten. Diese Festsetzungen brauchen nicht in einer Plankarte enthalten zu sein. Sie können sich auf mehrere Plankarten und auf Bebauungspläne in Textform verteilen, die zusammen den Bebauungsplan im Sinne des § 30 BBauG. bilden. Von den als Bebauungspläne gemäß § 173 Abs. 3 BBauG. fortgeltenden Bauleitplänen des Hess. AufbauG. enthalten die Festsetzungen über Art und Maß der baulichen Nutzung der Baugebietsplan nach § 5 Hess. AufbauG. (oder der Flächennutzungsplan mit den Merkmalen des Baugebietsplanes — § 8 Abs. 1 S. 3 Hess. AufbauG. —), die übrigen Festsetzungen der Fluchtlinienplan nach § 6 Hess. AufbauG. (die Fluchtlinien bestimmen den überbaubaren Teil des Grundstücks, die Straßenfluchtlinien die Verkehrsflächen).
Einem forstwirtschaftlich genutzten Grundstück gegenüber brauchen nur die Regelabstände nach §§ 38, 39 beobachtet zu werden, da für dieses die Voraussetzungen nach § 40 Abs. 1 Nr. 2 nicht zutreffen; wird ein Waldgrundstück später gerodet und der landwirtschaftlichen Nutzung zugeführt, so gelten von da ab die Vorschriften des § 40 Abs. 1 Nr. 2. Im übrigen vgl. die Zusammenstellung der Grenzabstandsvorschriften unten Anm. 7, die anwendbar sind, wenn auf dem Nachbargrundstück eines Waldgrundstücks eine Anpflanzung vorgenommen werden soll oder wenn gegenüber anderen Grundstücken (einschließlich eines Waldgrundstücks) ein Wald verjüngt oder neugebildet werden soll.

c) gegenüber Grundstücken, die durch den Bebauungsplan[80] der landwirtschaftlichen, erwerbsgärtnerischen oder kleingärtnerischen Nutzung vorbehalten sind (Abs. 1 Nr. 3). Diese Vorschrift sorgt vor, daß keine vollendeten Tatsachen geschaffen werden und hieraus später Schwierigkeiten für die Einhaltung des nach Abs. 1 Nr. 2 vorgeschriebenen Abstandes entstehen.

3. Eine Anpflanzung (Baum, Strauch, Rebstock oder Hecke), die

80 Vgl. jetzt § 9 BBauG; siehe § 14 Anm. 2 b.

hinter einer Wand (Betonwand, Mauer, geschlossene Bretterwand) vorgenommen wird und diese nicht überragt, beeinträchtigt den Eigentümer oder Nutzungsberechtigten des Nachbargrundstücks nicht. Daher entfällt hier die Verpflichtung zur Einhaltung eines Grenzabstandes (Abs. 2 Nr. 1).

4. Unter den Begriff öffentliche Straßen fallen auch die öffentlichen Plätze und öffentlichen Wege (§ 2 Abs. 1 Hess. StraßenG.). Ihnen gegenüber wie auch gegenüber öffentlichen Grünflächen sowie gegenüber öffentlichen oder privaten Gewässern brauchen Anpflanzungen von Bäumen, Sträuchern, einzelnen Rebstöcken oder Hecken grundsätzlich keinerlei Abstand zu halten (Abs. 2 Nr. 2).
Unberührt hiervon bleiben aber gemäß § 45 die öffentlich-rechtlichen Vorschriften, die aus öffentlich-rechtlichen Notwendigkeiten heraus den Anliegern öffentlicher Straßen bestimmte Verpflichtungen auferlegen, z. B. vorhandene Anpflanzungen zu beseitigen, Bäume zu beschneiden oder ähnliches. Hier sind zu erwähnen vor allem § 11 Abs. 2 FStrG. sowie § 27 Abs. 2 Hess. StraßenG.; letztere Vorschrift bestimmt, daß Anpflanzungen aller Art nicht angelegt werden dürfen, wenn sie die Sicherheit oder Leichtigkeit des Verkehrs beeinträchtigen können; soweit sie bereits vorhanden sind, haben die Eigentümer und Besizter ihre Beseitigung zu dulden.

5. Die Frage nach der Zulässigkeit von Anpflanzungen auf öffentlichen Straßen, öffentlichen Wegen und Plätzen ist in diesem Gesetz nicht geregelt (Abs. 2 Nr. 3); sie beantwortet sich nach öffentlichem Recht. Dazu bestimmt § 28 Hess. StraßenG.:
„(1) Die Bepflanzung des Straßenkörpers bleibt dem Träger der Straßenbaulast vorbehalten. Dem Natur- und Landwirtschaftsschutz ist Rechnung zu tragen. Die Straßenanlieger haben alle Maßnahmen zu dulden, die zur Erhaltung und Ergänzung der im öffentlichen Interesse auf dem Straßenkörper befindlichen Pflanzungen erforderlich sind.
(2) In Ortsdurchfahrten im Zuge von Landesstraßen und Kreisstraßen obliegt die Befugnis nach Abs. 1 Satz 1 der Gemeinde auch dann, wenn sie nicht Träger der Straßenbaulast ist."

6. Nach Abs. 3 bleibt § 13 Abs. 4 und 5 Hess. ForstG. i. d. F. vom 13. 5. 70 (GVBl. S. 344) unberührt. Diese Bestimmung regelt die Grenzabstände, die bei Verjüngung oder bei

Neubegründung von Wald gegenüber Nachbargrundstücken einzuhalten sind[31]. Sie gilt sowohl für den Fiskus wie auch für private Waldeigentümer[32].

Gemäß § 13 Abs. 4 und 5 Hess. ForstG. müssen gegenüber der Eigentumsgrenze bei Verjüngung oder Neubegründung von Wald, d. h. einer Grundfläche von mindestens 1 ha Größe, die wesentlich zur Erzeugung von Holz dient oder bestimmt ist, folgende Grenzabstände eingehalten werden:

a) wenn das Nachbargrundstück landwirtschaftlich oder gärtnerisch genutzt wird,

aa) mit Bäumen von 2 m Höhe und mehr ein Grenzabstand von 5 m (§ 13 Abs. 4 S. 1 und S. 3 aaO.);

bb) mit Bäumen bis zu 2 m Höhe ein Grenzabstand von 1 m (§ 13 Abs. 4 S. 3 aaO.);

cc) mit Sträuchern ein Grenzabstand von 1 m (§ 13 Abs. 4 S. 3 aaO.);

b) wenn das Nachbargrundstück forstwirtschaftlich genutzt wird, also ein Waldgrundstück ist, mit Bäumen und Sträuchern ein Grenzabstand von 1 m (§ 13 Abs. 4 S. 2 aaO.);

c) wenn das Nachbargrundstück ein Weg — jedoch weder eine Bundesautobahn noch eine Bundes-, Landes-, Krenz- oder Gemeindestraße — ist, mit Bäumen und Sträuchern ein Grenzabstand von 1 m (§ 13 Abs. 4 S. 2 und Abs. 5 aaO.);

d) wenn das Nachbargrundstück Rebgelände, also ein Weinberg ist,

aa) mit Bäumen von 2 m Höhe und mehr ein Grenzabstand von 6 m (§ 13 Abs. 4 S. 2 aaO.);

bb) mit Bäumen bis zu 2 m Höhe und mit Sträuchern einen Grenzabstand von 1 m (§ 13 Abs. 4 S. 3 aaO.);

Die untere Forstbehörde kann Ausnahmen zulassen (§ 13 Abs. 4 S. 4 aaO.).

Hiernach müssen also stark wachsende Allee- oder Parkbäume, wenn das Nachbargrundstück ein Weinberg ist, einen Grenzabstand von 4 m beachten; die gleichen Bäume müssen aber, wenn sie zwecks Verjüngung oder Neubegründung eines Waldes angepflanzt werden, dessen Nachbargrundstück ein Rebgelände (= Weinberg) ist, 6 m Grenzabstand wahren. Ferner müssen stark wachsende Allee- oder Parkbäume einen Abstand von 4 m einhalten, wenn das

31 Vgl. hierzu oben § 38 Anm. 5 d.
32 Vgl. hierzu die „Einführung" vor § 38, vorletzter Absatz.

Nachbargrundstück landwirtschaftlich nutzbar ist oder dem Erwerbsgartenbau oder dem Kleingartenbau dient und zugleich im Außenbereich liegt oder wenn das Nachbargrundstück durch Bebauungsplan der landwirtschaftlichen, erwerbsgärtnerischen oder kleingärtnerischen Nutzung vorbehalten ist; für die gleichen Bäume beträgt der Grenzabstand aber 5 m, wenn sie zum Zwecke einer Verjüngung oder Neubegründung eines Waldes gepflanzt werden und das Nachbargrundstück landwirtschaftlich oder gärtnerisch genutzt wird. Diese unterschiedlichen Regelungen zu Lasten des Waldanbauers erscheinen durch die Erwägung gerechtfertigt, daß die Besitzer der zahlreichen in Hessen vorhandenen Waldungen bis zum Ergehen der vorerwähnten Vorschriften im allgemeinen überhaupt keinen Grenzabstand einzuhalten brauchten, und daß das Freimachen eines Streifens durch Zurücknehmen der Waldgrenze von der Eigentumsgrenze sich nur ganz allmählich im Laufe der Jahre jeweils mit der Verjüngung oder Neubegründung von Wald vollziehen wird. Schließlich ist den Waldanbauern zum Ausgleich des beim Zurückweichen entstehenden Nutzungsausfalls die Befugnis zugestanden, den frei werdenden Streifen mit Bäumen bis zu 2 m Höhe, also z. B. mit Weihnachtstannen, oder mit Sträuchern zu bepflanzen und sich damit eine zusätzliche Einnahmequelle zu erschließen. Im übrigen kann die untere Forstbehörde — in Härtefällen — Ausnahmen zulassen.

7. Zusammenfassung
der anwendbaren Grenzabstandsvorschriften für die Fälle, in denen Nachbargrundstück ein Waldgrundstück ist oder in denen ein Wald verjüngt oder neubegründet werden soll:

1. Soll eine Anpflanzung auf einem Grundstück vorgenommen werden, dessen Nachbargrundstück ein Waldgrundstück ist, so sind die §§ 38, 39 Hess. NRG anwendbar; dies gilt auch bei der Anpflanzung einzelner Baumgruppen oder Baumreihen oder gewerblicher Baumschulen oder Parkanlagen (§ 1 Abs. 3 Hess. ForstG.).

2. Soll ein Wald verjüngt oder auf einer Mindestgrundfläche von 1 ha (§ 1 Abs. 1 Hess. ForstG.) neu begründet werden, so sind folgende Abstandsvorschriften anwendbar:
a) wenn das Nachbargrundstück landwirtschaftlich oder gärtnerisch genutzt wird: § 13 Abs. 4 S. 1 und S. 3 Hess. ForstG. (vgl. oben Anm. 6 a).

b) wenn es sich bei dem Nachbargrundstück um ein forstwirtschaftlich genutztes Grundstück (Waldgrundstück) handelt: § 13 Abs. 4 S. 2 Hess. ForstG. (vgl. hierzu oben Anm. 6 b).

c) wenn es sich bei dem Nachbargrundstück um einen Weg — jedoch nicht um eine Bundesautobahn oder eine Bundes-, Landes-, Kreis- oder Gemeindestraße — handelt: § 13 Abs. 4 S. 2 und Abs. 5 Hess. ForstG. (vgl. oben Anm. 6 c).

d) wenn es sich bei dem Nachbargrundstück um Rebgelände (Weinberg) handelt: § 13 Abs. 4 S. 2 und S. 3 Hess. ForstG. (vgl. oben Anm. 6 d).

§ 41
Berechnung des Abstandes

Der Abstand wird von der Mitte des Baumstammes, des Strauches oder des Rebstocks bis zur Grenzlinie gemessen, und zwar an der Stelle, an der der Baum, der Strauch oder der Rebstock aus dem Boden austritt.

1. Diese Vorschrift bezieht sich außer auf Bäume und auf Sträucher nur auf einzelne Rebstöcke, nicht auf Rebanlagen oder Weinberge, für die die Sondervorschriften des § 42 gelten.
2. Für die Berechnung des Abstandes ist maßgebend die Mitte des Baumes, Strauches oder Rebstocks an der Stelle, wo der Baum, Strauch oder Rebstock aus der Erde tritt. Sind mehrere Stämme oder Triebe vorhanden, so ist von dem aus zu messen, der der Grenze am nächsten steht. Die kürzeste Entfernung zwischen der vorerwähnten Austrittsstelle und der Grenze wird gemessen; bei unebenem Gelände, d. h. wenn das Gelände zur Grenze hin ansteigt oder fällt, ist nicht am Grund und Boden entlang, sondern in der Horizontale zu messen; in diesem Falle ist also der Abstand gleich der Strecke, die sich ergibt, wenn man von der Mitte des Baumstamms an dessen Austrittsstelle aus dem Boden in der Horizontalebene als gedachte Linie ein Lot auf die Eigentumsgrenze fällt.

§ 42
Grenzabstand im Weinbau

(1) Der Eigentümer und die Nutzungsberechtigten eines dem Weinbau dienenden Grundstücks haben bei dem Anpflanzen von Rebstöcken folgende Abstände einzuhalten:

1. gegenüber den parallel zu den Rebzeilen verlaufenden Grenzen die

Hälfte des geringsten Zeilenabstandes, gemessen zwischen den Mittellinien der Rebzeilen, mindestens aber 0,75 m,

2. gegenüber den sonstigen Grenzen, gerechnet von dem äußersten Rebstock oder von der Verankerung, falls eine solche vorhanden ist, 0,5 m.

(2) Übersteigt die Gesamthöhe der Rebanlage 1,8 m (Rebschnittgärten, Weitraumanlage), so beträgt der Abstand nach Abs. 1 Nr. 1 mindestens 1,5 m.

1. Diese Vorschrift regelt nur die Abstände, die bei der Anpflanzung von Rebstöcken auf dem Weinbau dienenden Grundstücken, also in Weinbergen, gegenüber anderen Grundstücken (Weinbergen oder sonstigen Grundstücken), einzuhalten sind. Dabei ist zu unterscheiden:

a) Die Rebzeilen verlaufen parallel zur Grundstücksgrenze. Dann ist als Abstand die Hälfte des geringsten Zeilenabstandes, gemessen zwischen den Mittellinien der Rebzeilen, mindestens aber sind 0,75 m einzuhalten (Abs. 1 Nr. 1).

b) Die untereinander parallel verlaufenden Rebzeilen stehen zur Grundstücksgrenze schräg oder in einem spitzen Winkel, dann muß der Abstand zur Eigentumsgrenze von dem äußersten Rebstock in der Rebzeile aus oder, falls eine solche vorhanden ist, von der Verankerung der Rebzeile oder des Rebstocks aus 0,5 m betragen (Abs. 1 Nr. 2).

c) Übersteigt die Gesamthöhe der Rebanlage 1,8 m, wie es bei Rebschnittgärten oder bei Weitraumanlagen zutrifft, so gilt folgendes:

aa) Verlaufen die Rebzeilen parallel zur Grundstücksgrenze, so erhöht sich der Abstand gemäß Abs. 1 Nr. 1 auf 1,5 m (Abs. 2).

bb) Verlaufen die Rebzeilen schräg, d. h. im spitzen Winkel zur Grundstücksgrenze, so verbleibt es bei dem Abstand von 0,5 m (Abs. 1 Nr. 2 in Verbindung mit Abs. 2).

2. Der Abstand, der bei der Anpflanzung einzelner Rebstöcke gegenüber anderen Grundstücken einzuhalten ist, ergibt sich aus § 38 Nr. 5, § 40 Abs. 1.

3. Die mit Anpflanzungen gegenüber Rebgelände (Weinbergen) einzuhaltenden Abstände ergeben sich aus §§ 38, 39 Abs. 1, 40 Abs. 1 Nr. 1. Die Abstände von Anpflanzungen zwecks Verjüngung oder Neubegründung von

Wald gegenüber Rebgelände (Weinbergen) sind durch § 13 Abs. 4 S. 2 und 3 Hess. ForstG. vorgeschrieben (vgl. dazu oben § 40 Anm. 6 d).

4. Zum Begriff der Berechtigten und Verpflichteten im Sinne der §§ 38 ff. vgl. oben § 38 Anm. 11.

§ 43

Ausschluß des Beseitigungsanspruchs und Ersatzanpflanzungen

(1) Der Anspruch auf Beseitigung von Anpflanzungen, die geringere als die in den §§ 38 bis 42 vorgeschriebenen Abstände einhalten, ist ausgeschlossen,

1. **wenn die Anpflanzungen bei Inkrafttreten dieses Gesetzes vorhanden sind und ihre Abstände dem bisherigen Recht entsprechen oder**
2. **wenn der Nachbar nicht binnen fünf Jahren nach dem Anpflanzen Klage auf Beseitigung erhoben hat; diese Frist beginnt frühestens mit dem Inkrafttreten dieses Gesetzes.**

(2) Werden für die in Abs. 1 genannten Anpflanzungen Ersatzanpflanzungen vorgenommen, so gelten die §§ 38 bis 42. Werden aber in geschlossenen Obstanlagen einzelne Obstbäume nachgepflanzt, so bleibt der Abstand der anderen Obstbäume maßgebend.

1. Halten Anpflanzungen einen geringeren Abstand ein, als dies durch die §§ 38 bis 42 vorgeschrieben ist, so steht dem Nachbarn grundsätzlich ein Anspruch auf Beseitigung der Anpflanzung gemäß §§ 38 ff. in Verbindung mit § 1004 BGB zu. Wenn also ein Baum, Strauch oder Rebstock in einem geringeren Abstand als vorgeschrieben angepflanzt wird oder wenn die Hecke bei ihrer Anpflanzung eine Höhe aufweist, die nach § 39 Abs. 1 die Einhaltung eines größeren Abstands erfordert hätte, kann auf Beseitigung der Anpflanzung geklagt werden. Gleiches gilt, wenn Rebzeilen in einem Weinberg nicht den Grenzabstand nach § 42 einhalten.
   Der Anspruch geht auf Beseitigung, nicht auf Zurücksetzung der Anpflanzung auf den gesetzlichen Abstand. Wohl aber kann der Grundstückseigentümer bzw. der Nutzungsberechtigte den Beseitigungsanspruch dadurch gegenstandslos machen, daß er den bestehenden rechtswidrigen Zustand beseitigt, indem er die Anpflanzung zurücksetzt oder die zu hohe Hecke auf die richtige Höhe zurückschneidet und sie auf diesem Stand hält. Die Entscheidung, wie er

den rechtmäßigen Zustand wiederherstellen will, liegt bei dem Nachbarn[33].

2. Abs. 1 des § 43 schließt unter bestimmten Voraussetzungen die Geltendmachung des Beseitigungsanspruchs aus. Dabei muß unterschieden werden:

a) Die Anpflanzung war bereits bei Inkrafttreten des Hess. NRG, also am 1. Nov. 1962 (§ 49), vorhanden:

aa) War die Anpflanzung bei Inkrafttreten des Hess. NRG bereits vorhanden, so ist der Beseitigungsanspruch wegen zu geringen Abstands ausgeschlossen, wenn der Abstand dem bis dahin maßgebenden Partikularrecht entsprochen hat, sei es, weil Abstandsvorschriften überhaupt nicht vorhanden waren oder der eingehaltene Abstand partikularrechtlich zugelassen war (Abs. 1 Nr. 1). In diesem Fall ist also die nach früherem Recht begründete Rechtmäßigkeit des Abstands unberührt geblieben.

bb) War die Anpflanzung bei Inkrafttreten des Hess. NRG bereits vorhanden und hat der eingehaltene Abstand bereits dem Partikularrecht widersprochen, so ist der Beseitigungsanspruch ausgeschlossen, wenn die dahingehende Klage nicht binnen 5 Jahren seit der Anpflanzung erhoben worden ist, wobei diese Ausschlußfrist aber frühestens am 1. Nov. 1962 zu laufen begonnen hat (Abs. 1 Nr. 2); spätestens am 31. Okt. 1967 hätte somit die Klage erhoben werden müssen.

Zu aa) und bb): Zieht man in Erwägung, daß einerseits dem früheren Partikularrecht entsprechende Abstände rechtmäßig geblieben sind und daß andererseits dem Partikularrecht widersprechende Abstände nur bis 31. 10. 1967 geltend gemacht werden konnten und daher künftig nicht mehr geltend gemacht werden können, weil die 5jährige Klagefrist verstrichen ist, so folgert hieraus, daß in Zukunft die Frage dahinstehen kann, ob die Anpflanzung dem Partikularrecht entsprochen oder widersprochen hat, da in jedem Falle jetzt rechtmäßige Abstände anzunehmen sind. Damit ist auch auf diesem Rechtsgebiet das frühere Partikularrecht ausgeschaltet[34].

b) Die Anpflanzung ist mit geringerem Abstand als nach §§ 38 ff. vorgeschrieben nach dem Inkrafttreten des Hess. NRG, also nach dem 1. Nov. 1962, vorgenommen worden, oder sie

33 Vgl. auch oben § 16 Anm. 3.
34 Vgl. hierzu die Anm. zu § 13 Nr. 2, § 16 Abs. 2 und § 46 Anm. 2.

wird in Zukunft mit einem rechtswidrigen Abstand angebracht:
Hier muß der Nachbar bei Verlust seines Beseitigungsanspruchs binnen 5 Jahren nach dem Anpflanzen Klage auf Beseitigung erheben (Abs. 1 Nr. 2); Androhung der Klage oder bloße mündliche oder schriftliche Aufforderung zur Beseitigung des rechtswidrigen Zustandes genügen nicht.
Im Falle des Selbstaussäens der Pflanze oder des Vortreibens eines — unterirdischen — Ablegers[35] kann die Frist aber erst zu laufen beginnen, nachdem für den Nachbarn der rechtswidrige Zustand, nämlich der Wuchs der Pflanze in dem Abstandsraum, erkennbar geworden ist.

c) Nach Abs. 1 Nr. 2 muß der Nachbar den Anspruch auf Beseitigung von Anpflanzungen, die geringere als die in den §§ 38 bis 42 vorgeschriebenen Abstände einhalten, „binnen 5 Jahren nach dem Anpflanzen" klageweise geltend machen. Für Anpflanzungen, die bei Inkrafttreten des Hess. NRG, also am 1. 11. 1962, bereits vorhanden waren, lief diese Klagefrist ab 1. 11. 1962 und ging daher am 31. 10. 1967 zu Ende (vgl. oben a) bb).
Die Beseitigung später vorgenommener Anpflanzungen mit rechtswidrigen Grenzabständen kann somit nur verlangt werden, wenn zwischen der Anpflanzung und der Klageerhebung noch nicht 5 Jahre verstrichen sind. Diese Regelung, die als Ausgangspunkt für die Klagefrist den Zeitpunkt der Anpflanzung bezeichnet, paßt nur für die in § 38 bezeichneten Bäume, Sträucher, Rebstöcke und für die in § 42 geregelten Rebanlagen. Denn bei diesen Pflanzen richtet sich der Grenzabstand nach Art und Wuchs der Pflanze, die bereits beim Anpflanzen feststehen und sich künftig nicht verändern. Anders dagegen verhält es sich mit den Hecken. Hier richtet sich der Grenzabstand nach der Höhe der „lebenden" Hecke. Diese Höhe ändert sich, sofern nicht durch Beschneiden eingegriffen wird, ständig vom Zeitpunkt des Anpflanzens ab. Somit ist es möglich, daß die Hecke bei ihrer Anpflanzung einen ihrer Höhe entsprechenden Grenzabstand einhält, daß sie aber schon nach verhältnismäßig kurzer Zeit die ihrem Grenzabstand entsprechende Höhe überschreitet und damit den ursprünglich rechtmäßigen Zu-

35 Vgl. oben § 38 Anm. 3.

stand in einen rechtswidrigen verkehrt. Nach dem bloßen Wortlaut des § 43 Abs. 1 Nr. 2 wäre unter solchen Umständen die Beseitigungsklage nicht gegeben, da es an der Voraussetzung fehlte, daß bereits beim Anpflanzen ein geringerer Grenzabstand als vorgeschrieben eingehalten sein müßte. Ferner wäre bei formaler Anwendung des § 43 Abs. 1 Nr. 2 die Beseitigungsklage auch dann nicht — mehr — gegeben, wenn nach dem Anpflanzen der Hecke unter Einhaltung des gesetzlichen Grenzabstandes und nach 5jähriger Beibehaltung der richtigen Höhe der Hecke der Heckenbesitzer nun die Hecke nicht mehr beschneiden und über die zugelassene Höhe hinaus wachsen ließe, denn hier würde der rechtswidrige Zustand sich erst nach Ablauf der 5-jährigen Klagefrist seit der Anpflanzung ergeben. Auf Heckenanpflanzungen könnte somit § 43 Abs. 1 Nr. 2 nur in den zahlenmäßig geringfügigen Fällen zur Anwendung kommen, in denen bereits bei der Anpflanzung ein zu geringer Grenzabstand eingehalten bzw. eine zu große Höhe der Hecke beibehalten würde. Damit würden die Vorschriften der §§ 39 Abs. 1, 43 Abs. 1 Nr. 2 bis zur Bedeutungslosigkeit entwertet werden. Im übrigen bestünde mit Ablauf von 5 Jahren nach der Anpflanzung für den Nachbarn kein Rechtsschutz mehr gegen zu hohe Hecken. Ein solches Ergebnis würde dem Willen und der Absicht des Gesetzgebers nicht gerecht, denn auf solche Weise würde der Gesetzesumgehung Vorschub geleistet und der nachbarliche Friede nicht mehr gewährleistet sein, den §§ 39 Abs. 1, 40 Abs. 1 sichern sollen. Hieraus folgt, daß die reine Wortauslegung des § 43 Abs. 1 Nr. 2 nicht zum Ziel führt[36]. Die sinnentsprechende Auslegung dagegen weist fogendes Ergebnis aus[37]:

Der Anspruch auf Beseitigung der Hecke, hilfsweise auf ihr Zurückschneiden, entsteht beim Anpflanzen der Hecke, wenn der durch §§ 39 Abs. 1, 40 Abs. 1 vorgeschriebene Grenzabstand nicht eingehalten ist. Im übrigen entsteht der Anspruch jedes Mal neu, sobald durch Höherwachsen der Hecke infolge unterlassenen Zurückschneidens der Hecke ein geringerer Grenz-

36 Offensichtlich ist hier wie oben bei der Fassung des § 39 Abs. 1 dem Gesetzgeber ein Redaktionsversehen unterlaufen; vgl. dazu Hodes HuGr. 74 S. 177 ff.
37 Zutreffend LG Fulda vom 24. 3. 65 – 2 S 26/64 –.

abstand, als nach §§ 39 Abs. 1, 40 Abs. 1 vorgeschrieben, sich ergibt. Jeweils vom Zeitpunkt der Entstehung des Anspruchs ab läuft alsdann die 5-jährige Klagefrist. Der Beseitigungsanspruch entssteht aber nicht neu, und die Klagefrist fängt nicht an von neuem zu laufen, wenn sich ein bereits bestehender rechtswidriger Zustand nur verstärkt, indem die bereits zu hohe Hecke weiter in die Höhe wächst. Hier rechnet die Ausschlußfrist von der Eestehung des rechtswidrigen Zustandes ab, also von der Anpflanzung ab, wenn hierbei bereits ein zu geringer Grenzabstand eingehalten worden ist; sonst aber von dem Zeitpunkt an, in welchem die Hecke über das gesetzlich zugelassene Höchstmaß erstmals hinausgewachsen ist. Nur dann, wenn ein eingetretener rechtswidriger Zustand beseitigt worden ist, indem die Hecke zurückgesetzt oder entsprechend zurückgeschnitten worden ist und dann die Hecke erneut über das zulässige Höchstmaß hinaus gewachsen ist, entsteht ein neuer Anspruch mit neuer Ausschlußfrist nach § 43 Abs. 1 Nr. 2. Vgl. hierzu auch oben zu § 39 Anm. 1.

3. Ergibt sich im Laufe der Zeit die Notwendigkeit, die bei Inkrafttreten dieses Gesetzes vorhanden gewesenen oder später vorgenommenen Anpflanzungen (Bäume, Sträucher, Rebstöcke, Rebanlagen), die geringere Abstände einhalten, weil sie dem bisherigen Recht entsprachen (vgl. oben Anm. 2 a) aa)) oder weil die Frist für die Beseitigungsklage versäumt worden ist (vgl. oben Anm. 2 a) bb) und b)), durch andere zu ersetzen, so müssen in jedem Falle die Ersatzanpflanzungen nun die Abstände nach den §§ 38 ff. voll einhalten; geschieht dies nicht, sondern sind die Abstände geringer, so ist der Fall oben Anm. 2 b) gegeben (Abs. 2 S. 1).

Eine Ausnahme hiervon ist nur begründet für geschlossene Obstanlagen, da deren wirtschaftliche Bearbeitung es notwendig macht, im Einzelfalle anstelle eingegangener Bäume neue mit den übrigen in eine Reihe zu stellen; daher dürfen diese einzelnen nachgepflanzten Obstbäume, auf die an sich die §§ 38 ff. anzuwenden wären, ausnahmsweise den Abstand beibehalten, den der Vorgänger-Baum eingehalten hatte (Abs. 2 S. 2). In jedem Falle muß es sich aber um eine echte Nachpflanzung einzelner Bäume und nicht um eine allmähliche und systematische Erneuerung der gesamten Obstanlage handeln; die Auswechselung der Obstbäume in einer Weise und mit dem Ziel, nach und nach die Obstplantage zu erneuern und ihr damit für dauernd den geringeren Abstand zu sichern, ist unzulässig. Im Zweifelsfalle wird man bei Beantwortung der Frage, ob noch eine Nachpflanzung oder bereits eine Ersatzanpflanzung vorliegt, auf die durchschnittliche Lebensdauer einer solchen Obstanlage abstellen müssen.

§ 44
Nachträgliche Grenzänderungen

Die Rechtmäßigkeit des Abstandes einer Anpflanzung wird durch nachträgliche Grenzänderungen nicht berührt; jedoch gilt § 43 Abs. 2 entsprechend.

1. Die Abstandsvorschriften der §§ 38 ff. behandeln sämtlich den Tatbestand, daß eine Anpflanzung gegenüber einer bereits vorhandenen Grenze vorgenommen worden ist oder werden soll. Im Gegensatz hierzu trifft § 44 den Fall, daß eine neue Grenze gezogen wird, nachdem Anpflanzungen bereits vorhanden sind. Halten diese die Abstände der §§ 38 ff. auch gegenüber der neuen Grenze ein, so können Schwierigkeiten nicht auftreten. Ist der Abstand aber geringer als die an sich gesetzlich vorgeschriebenen Abstände, so könnte es zweifelhaft sein, ob die Anpflanzungen auf den gesetzlichen Abstand gebracht werden müssen. Im Falle einer privatrechtlichen Herstellung einer neuen Grenze, z. B. durch Aufteilung eines Grundstücks oder durch Abveräußerung einer von zwei nebeneinander gelegenen Parzellen an einen Dritten, wird diese Frage regelmäßig bereits im Vertrag ihre Lösung finden. Anders aber ist es, wenn im Zuge behördlicher Bodenordnungsmaßnahmen, insbesondere im Verlauf von Flurbereinigungen, neue Grenzen bestimmt und damit neue Abstände zu vorhandenen Anpflanzungen festgesetzt werden, ohne daß zugleich im Umlegungsverfahren etwas darüber gesagt wird, ob trotz des neuen Grenzabstands die Anpflanzung bestehen bleiben darf oder nicht.

   Für alle Fälle nachträglicher Grenzänderungen bestimmt § 44, daß die Rechtmäßigkeit des Abstandes einer Anpflanzung durch eine neue Grenzziehung nicht berührt wird, d. h., daß die Anpflanzung, mit der der vorgeschriebene Abstand eingehalten worden ist oder deren geringerer Abstand nach fruchtlosem Ablauf der 5jährigen Klagefrist (§ 43 Abs. 1 Nr. 2) vom Nachbarn nicht mehr geltend gemacht werden kann, ohne Rücksicht auf den veränderten Grenzabstand bestehen bleiben kann, bis eine Ersatzanpflanzung vorgenommen wird, allerdings mit der Einschränkung des § 43 Abs. 2 S. 2 gegenüber geschlossenen Obstanlagen (§ 44 Halbs. 2 in Verbindg. mit § 43 Abs. 2). Die Vorschrift ist hiernach auch anwendbar, wenn im Falle einer privatrechtlichen Neufestsetzung einer Grenze über die Abstände vorhandener Anpflanzungen im Vertrag nichts gesagt worden ist. Entscheidend ist stets, daß der vor der neuen Grenzziehung von der Anpflanzung eingehaltene Abstand rechtmäßig in dem Sinne war, daß zur Zeit der Grenzänderung die Beseitigung der Anpflanzung nicht oder nicht mehr gefordert werden konnte.

Zwölfter Abschnitt
ANWENDUNGSBEREICH DES GESETZES

§ 45

Die §§ 1 bis 44 gelten nur, soweit öffentlich-rechtliche Vorschriften nicht entgegenstehen oder die Beteiligten nichts anderes vereinbaren.

1. Diese Vorschrift stellt den Vorrang der öffentlich-rechtlichen, insbesondere der baurechtlichen Bestimmungen sowie zulässiger privater Abmachungen vor den Normen dieses Gesetzes fest. Das bedeutet, daß aus den §§ 1–44 dieses Gesetzes Rechte nicht hergeleitet werden können, soweit das öffentliche Recht, insbesondere das Baurecht, oder abweichende Vereinbarungen ihrer Entstehung oder Geltendmachung entgegensteht; allerdings hängt die Rechtswirksamkeit privatrechtlicher Vereinbarungen ihrerseits davon ab, daß diese nicht zu den öffentlichr-echtlichen Vorschriften im Widerspruch stehen.

a) Somit ist z. B. der Vertrag über die Errichtung einer Nachbarwand (§ 1 Abs. 1) nur rechtswirksam, wenn die Wand baurechtlich zulässig ist. Das Recht auf den Anbau an eine Nachbarwand (§ 3) oder an eine Grenzwand (§ 8) kann nicht verwirklicht werden, wenn öffentlich-rechtliche Vorschriften entgegenstehen. Die Erhöhung und die Verstärkung einer Nachbarwand (§§ 6, 7) setzen voraus, daß statische oder andere baurechtliche Bedenken nicht entgegenstehen. § 28 Abs. 1 Nr. 3 schreibt ausdrücklich vor, daß das Hammerschlags- und Leiterrecht nur für solche Bauvorhaben in Anspruch genommen werden kann, die den baurechtlichen Vorschriften entsprechen.

Nach ihrem Inhalt gehen in der Wirkung folgende Vorschriften noch über § 45 hinaus:
aa) § 15 S. 2 trägt der Möglichkeit Rechnung, daß die Bauaufsichtsbehörde eine besondere Art der Einfriedung vorsieht; diese gilt dann als die zwischen den beteiligten Grundstückseigentümern vereinbarte Einfriedung.
bb) Die §§ 12 Nr. 3, 19, 26 Abs. 2, 28 Abs. 3, 35, 40 Abs. 2 Nr. 2 u. 3 nehmen öffentliche Straßen oder öffentliche Grünflächen oder Gewässer von der Anwendbarkeit der jeweiligen nachbarrechtlichen Vorschriften schlechthin aus.
b) Im übrigen sind sämtliche Vorschriften des Gesetzes sogenanntes nachgiebiges Recht, d. h. sie gelten nur, soweit die Beteiligten eine abweichende Vereinbarung nicht getroffen haben.
Für den Geltungsbereich des Gesetzes ergibt sich folgendes: Seine Vorschriften sind nur insoweit anzuwenden, als das öffentliche Recht nicht entgegensteht und als eine zulässige abweichende privatrechtliche Vereinbarung nicht gegeben ist. Letztere kann sich dabei auf Einzelfragen eines Komplexes beschränken, dann greift die gesetzliche Regelung nur im übrigen ein.

Dreizehnter Abschnitt
SCHLUSSBESTIMMUNGEN

§ 46
Übergangsvorschriften

Der Umfang von Rechten, die bei Inkrafttreten dieses Gesetzes bestehen, richtet sich — unbeschadet des § 13, des § 16 Abs. 2 und des § 43 Abs. 1 — nach den Vorschriften dieses Gesetzes.

1. § 46 hat die bisherigen partikularrechtlichen Rechte, soweit sie bei Inkrafttreten dieses Gesetzes (§ 49) bestanden haben, in die durch dieses Gesetz geregelten Rechte übergeleitet. Voraussetzung war dabei allerdings, daß entsprechende Regelungen wie im partikularen Recht auch in diesem Gesetz enthalten sind; dies ist z. B. nicht der Fall hinsichtlich des Anwenderechts, da insoweit eine Regelung nicht geboten erschien.
Von der Überleitung nicht betroffen sind außer den ausdrücklich vorgesehenen Ausnahmen (vgl. nachst. Anm. 2) zulässig getroffene Vereinbarungen über belie-

bige nachbarrechtliche Befugnisse und deren Inhalt und Umfang, da auch für § 46 der in § 45 niedergelegte Grundsatz gelten muß, daß das Nachbarrechtsgesetz nachgiebiges Recht darstellt; wenn nämlich eine nach Ergehen des Nachbarrechtsgesetzes zu treffende Vereinbarung dieses gegenstandslos machen kann, so muß dies erst recht für rechtmäßige Vereinbarungen gelten, die vor Bestehen des Gesetzes abgeschlossen worden sind. Haben sich also die Nachbarn z. B. über die Art und Weise der Ausübung eines Hammerschlags- und Leiterrechts geeinigt, vielleicht sogar eine Grunddienstbarkeit darüber begründet, so ändert sich an ihren Rechtsbeziehungen nichts.

Hieraus folgt, daß auch Rechte auf Grund einer Observanz, d. h. auf Grund einer Rechtsnorm, die in einem bestimmten Bereich alle Rechtsverhältnisse der betreffenden Art beherrscht und aus einer auf Grund innerer Überzeugung gepflogenen fortdauernden Übung[1] hervorgegangen ist, von der Überleitung nicht betroffen werden, wenn — wie im Falle eines Heu- und Dungfahrtsrechts auf Grund Observanz — das Hess. NRG ein entsprechendes Recht, in das die Observanz hätte übergeleitet werden können, nicht kennt[2]. Im übrigen aber entspricht die auf Grund einer gemeinsamen Rechtsüberzeugung gepflogene Übung einer vor dem Inkrafttreten des Hess. NRG getroffenen Vereinbarung zwischen den Beteiligten, der gegenüber den nachgiebigen Normen des Hess. NRG der Vorrang zukommt[3].

2. Ausnahmen von dem Grundsatz, daß das bisherige partikulare Recht in toto ab 1. 11. 1962 für die Zukunft aufgehoben ist (§ 48), und Ausnahmen von der Überleitung bisheriger partikularer Rechte ihrem Umfang nach in das neue Recht (§ 46) enthalten die §§ 13 Nr. 2, 16 Abs. 2 und 43 Abs. 1; denn in diesen Fällen wurde dem Nachbarn die rechtliche Möglichkeit vorbehalten, gegen einen auf den genannten Rechtsgebieten am 1. 11. 1962 bestehenden Rechtszustand, der gegen das bisherige partikulare Recht verstieß, im Klageweg binnen bestimmter Fristen vorzugehen. Diese Klagefristen liefen ab 1. Nov. 1962 auf die Dauer von 1 Jahr, von 2 Jahren und von 5 Jahren; sie waren daher bis 31. Okt. 1963 bzw. bis 31. Okt. 1964 bzw. bis zum

1 Vgl. Meisner-Stern-Hodes § 29 III und § 36 II 3.
2 Zutreffend AG. Darmstadt vom 16. 2. 73 – 366 C 1927/72 –.
3 So zutreffend LG Wiesbaden vom 20. 11. 1964 – 1 S 71/64 –.

31. Okt. 1967 abgelaufen. Da bis zu diesen Zeitpunkten etwa eingereichte Klagen längst erledigt sein dürften, ist zu folgern, daß das früher geltende Partikularrecht in vollem Umfang gegenstandslos geworden und daher nicht mehr anzuwenden ist[4].

§ 47

Änderung des Hessischen Wassergesetzes

§ 73 des Hessischen Wassergesetzes vom 6. Juli 1960 (GVBl. S. 69) erhält folgende Fassung:

„§ 73

Veränderung des Zu- und Abflusses

Aus Gründen des Wohles der Allgemeinheit, insbesondere der Wasserwirtschaft und des öffentlichen Verkehrs, kann die obere Wasserbehörde eine künstliche Veränderung des Zu- und Abflusses von wild abfließendem Wasser anordnen. Stellt die Anordnung eine Enteignung dar, so ist dafür Entschädigung zu leisten."

1. § 73 Abs. 1 und Abs. 2 Hess. WasserG enthielt wasserrechtliches Nachbarrecht. Seine Regelung in dem öffentlich-rechtlichen Wassergesetz war nur so lange gerechtfertigt, wie ein kodifiziertes hessisches Nachbarrecht, in das es rechtssystematisch hineingehört, nicht vorlag. Inzwischen ist jene Vorschrift in die §§ 21 bis 23 dieses Gesetzes übernommen worden. § 73 Abs. 3 Hess. WasserG als öffentlich-rechtliche Vorschrift verbleibt dagegen an seiner Stelle. Insoweit bedurfte es lediglich einer redaktionellen Änderung, die § 47 enthält. Die Übernahme des § 73 Abs. 1 und 2 in die §§ 21 bis 23 dieses Gesetzes und die Neufassung des bisherigen § 73 Abs. 3 Hess. WasserG in § 47 dieses Gesetzes bedeuten also keine sachliche Änderung.

§ 48

Außerkrafttreten von Vorschriften

Die diesem Gesetz entgegenstehenden Vorschriften werden aufgehoben. Namentlich werden folgende Vorschriften aufgehoben, soweit sie nicht bereits außer Kraft getreten sind:

1. **Achter Theil Titel I §§ VI bis XX, Titel III § II, Titel IV §§ I bis IV, Titel VI §§ V bis VII, Titel VII §§ II bis XI, Neunter Theil, Titel IV §§ I bis X, Titel V §§ II und III der Frankfurter Reformation vom 10. September 1611,**

4 Vgl. auch eingangs den Abschnitt „Die Rechtsquellen des bisherigen partikularen Nachbarrechts im heutigen Land Hessen" (am Ende). Vgl. aber § 13 Anm. 1 und FN. 79 daselbst.

2. Beschluß des Frankfurter Senats vom 7. Februar 1708: „Inwieferne der Nachbar eine Brandmauer mit zu bauen verbunden seyn solle",
3. 6. Theil Cap. III der Nassau-Catzenelnbogischen Land-Ordnung vom 1. Mai 1711,
4. Titel XXII §§ 2, 8 bis 16 des Landesrechts des Ertzstiffts Trier vom 27. April 1713,
5. Art. VI § 8, Art. XIII § 3, Art. XX § 8 der Kurhessischen Greben-Verordnung vom 6. November 1739,
6. Beschluß des Frankfurter Senats vom 3. Juni 1749: „Inwieferne des Nachbars Fenster verbauet werden können",
7. Titulus VII §§ 18 bis 23, 25, 32 bis 35 und Titulus VIII § 13 der Churfürstlich-Mayntzischen Lands-Ordnung vom 24. Juli 1755,
8. §§ 19 bis 47 der Kurhessischen Bauordnung vom 9. Januar 1784,
9. Erster Theil Titel 8 §§ 118 bis 186, Erster Theil Titel 22 §§ 55 bis 62 des Allgemeinen Landrechts für die preußischen Staaten vom 5. Februar 1794,
10. Kap. 1 §§ 11 bis 22, 24 bis 26,
    Kap. 2 § 4,
    Kap. 4 §§ 1 bis 5,
    Kap. 6 §§ 4 bis 8,
    Kap. 7 §§ 3 bis 18,
    Kap. 8 §§ 1 bis 3 des Neuen Baustatuts für die Stadt Frankfurt und Sachsenhausen vom 11. Juni 1809,
11. § 11 Abs. 1 der Verordnung, die Güterconsolidation sowie die Anlegung von Lagerbüchern und das Ab- und Zuschreiben in denselben betreffend, vom 12. September 1829 (Verordnungsblatt des Herzogtums Nassau S. 65),
12. Art. I §§ 1, 3, 4 und 23 des Frankfurter Gesetzes, den Wich, die Einfriedigungen, die Furchen und Notwege in den Gemarkungen von Frankfurt und Sachsenhausen betreffend, vom 1. April 1851,
13. § 3, § 4 Abs. 2, § 7 des Frankfurter Gesetzes, die Errichtung von Brandmauern betreffend, vom 1. April 1851,
14. Art. 46 des Gesetzes, die allgemeine Bauordnung betreffend, vom 30. April 1881 (RegBl. S. 71) in der Fassung des Art. 278 des Hessischen Gesetzes, die Ausführung des Bürgerlichen Gesetzbuches betreffend, vom 17. Juli 1899 (RegBl. S. 133),

15. Art. 82 bis 89 des Hessischen Gesetzes, die Ausführung des Bürgerlichen Gesetzbuches betreffend, vom 17. Juli 1899 (RegBl. S. 133),

16. Art. 23 §§ 1 bis 3 des Preußischen Ausführungsgesetzes zum Bürgerlichen Gesetzbuch vom 20. September 1899 (Preuß. Gesetzsamml. S. 177),

17. § 2 der Verordnung des Oberbürgermeisters der Stadt Frankfurt am Main als Ortspolizeibehörde vom 23. Oktober 1933 (Städt. Anzeigeblatt S. 558).

1. § 48 führt die bisher in Hessen gültig gewesenen Vorschriften des Partikularrechts[5] auf, die infolge Neuregelung der Materie in diesem Gesetz überholt sind und daher aufgehoben werden, soweit sie nicht schon zuvor außer Kraft getreten waren. Vgl. hierzu auch § 46 Anm. 1.

§ 49
Inkrafttreten des Gesetzes

Dieses Gesetz tritt am 1. November 1962 in Kraft.

1. Der Zeitpunkt des Inkrafttretens ist neben seiner allgemeinen Bedeutung in den Fällen der §§ 13, 16 Abs.. 2, 43 Abs. 1, 46 und 48 von besonderer Wichtigkeit. Vgl. dort die Anmerkungen.

---

5 Vgl. oben die „Einführungen" vor den einzelnen Abschnitten.

ANHANG

Hessisches Gesetz zur Überleitung des Stockwerkseigentums

vom 6. Februar 1962 (GVBl. S. 17)

§ 1
Überleitungsvorschriften

Sondereigentum an Stockwerken oder Räumen, dem als wesentlicher Bestandteil das Miteigentumsrecht des Sondereigentümers an den gemeinschaftlichen Gebäudeteilen und an der Grundstücksfläche zugehört (echtes Stockwerkseigentum), wird in folgender Weise bei Wohnungen in Wohnungseigentum, bei nicht zu Wohnzwecken dienenden Räumen in Teileigentum im Sinne des § 1 Abs. 2 und 3 des Wohnungseigentumsgesetzes vom 15. März 1951 (Bundesgesetzbl. I S. 175) übergeleitet:

1. An die Stelle des Stockwerkseigentums tritt Wohnungseigentum (Teileigentum). Rechte und Pflichten der Wohnungseigentümer (Teileigentümer) bestimmen sich nach den Vorschriften des Wohnungseigentumsgesetzes. Insbesondere hat jeder Wohnungseigentümer (Teileigentümer) eine Stimme ohne Rücksicht auf die Größe seines Miteigentumsanteils. Auch ist der Aufwand für die Erhaltung der Treppe von den Wohnungseigentümern (Teileigentümern) nach dem Verhältnis ihrer Anteile gemeinschaftlich zu tragen. Jedoch bleiben früher getroffene Vereinbarungen unberührt, soweit sie nach dem Wohnungseigentumsgesetz zulässig sind; dies gilt auch für die Vereinbarung, wonach der gemeinsam genutzte Hofraum im Alleineigentum eines der Stockwerkseigentümer steht.
2. Die Miteigentumsanteile des Stockwerkseigentums werden Miteigentumsanteile des Wohnungseigentums (Teileigentums) entsprechend den Wertverhältnissen der Miteigentumsanteile des Stockwerkseigentums. Sind die Wertverhältnisse der Miteigentumsanteile des Stockwerkseigentums aus dem Grundbuch nicht ersichtlich oder sonst nicht feststellbar, so sind die Wertverhältnisse der Miteigentumsanteile des Wohnungseigentums (Teileigentums) gleich den Wertverhältnissen der Sondereigentumsrechte.
3. Ein vor Inkrafttreten dieses Gesetzes von den Stockwerkseigentümern bestellter Verwalter gilt als Verwalter im Sinne des § 26 Abs. 1 des Wohnungseigentumsgesetzes. Fehlt ein Verwalter, so ist ein solcher binnen drei Monaten nach dem Inkrafttreten dieses Gesetzes von den Wohnungseigentümern (Teileigentümern) zu bestellen. Der Antrag nach § 26 Abs. 2 des Wohnungseigentumsgesetzes kann erst nach fruchtlosem Ablauf dieser Frist gestellt werden.

4. Nach bisherigem Recht den Stockwerkseigentümern zustehende persönliche Vorkaufsrechte bleiben zugunsten der Wohnungseigentümer (Teileigentümer) bestehen.
5. Ist vor Inkrafttreten dieses Gesetzes an dem Gebäude ein Brandschaden eingetreten, der ganz oder teilweise durch eine Brandversicherung gedeckt ist, und weigert sich der davon betroffene Wohnungseigentümer (Teileigentümer), die zerstörten oder beschädigten Gebäudeteile wiederherzustellen, so regeln sich die Rechtsbeziehungen zwischen den Wohnungseigentümern (Teileigentümern) nach bisherigem Recht.

§ 2

Grundbuch

Wird die Berichtigung des Grundbuchs beantragt, so gilt § 7 Abs. 1 bis 3 und Abs. 5 des Wohnungseigentumsgesetzes entsprechend.

§ 3

Geschäftswert und Gebühren

Wird die Berichtigung des Grundbuchs binnen zwei Jahren nach Inkrafttreten dieses Gesetzes beantragt, so beträgt der Geschäftswert für die Berechnung der Gebühren der Gerichte und Notare $^1/_{25}$ des Einheitswerts. Ferner ist nur die Hälfte der nach diesem Geschäftswert ermittelten Gebühren zu erheben.

§ 4

Aufhebung von Vorschriften

Die Art 216 bis 219 des Hessischen Gesetzes, die Ausführung des Bürgerlichen Gesetzbuches betreffend, vom 17. Juli 1899 (Hess. Reg. Bl. S. 133), werden, vorbehaltlich des § 1 Nr. 4 und 5 dieses Gesetzes, aufgehoben.

§ 5

Inkrafttreten

Dieses Gesetz tritt am 1. April 1962 in Kraft.

Erläuterungen

Einführung

Bei dem Stockwerkseigentum, das zum Nachbarrecht im weiteren Sinne gehört, weil es das Rechtsverhältnis zwischen mehreren Eigentümern auf dem gleichen Grundstück, nicht aber zwischen den Eigentümern benachbarter Grundstücke zueinander zum Inhalt hat, unterscheidet man das echte und das unechte Stockwerkseigentum. Echtes Stockwerkseigentum liegt vor, wenn einem wirklichen Sonder(Allein-)eigentum an einzelnen Stockwerken oder Wohnräumen ein Miteigentumsrecht des Sondereigentümers an der Grundfläche und an den gemeinschaftlichen

Teilen des Gebäudes (Umfassungsmauern, Treppenhaus, Dach) als wesentlicher Bestandteil zugehört. Unter unechtem Stockwerkseigentum versteht man das Miteigentumsverhältnis mehrerer an der Grundfläche und an dem Gebäude mit Ausschluß der Teilung und mit Zuweisung einzelner Teile des Gebäudes an die einzelnen Teilnehmer zur ausschließlichen Benutzung[1].

Dem Gemeinen Recht war entsprechend dem römisch-rechtlichen Satz „superficies solo cedit" das echte Stockwerkseigentum unbekannt[2]. In einzelnen Partikularrechten entwickelte sich aber im Gegensatz hierzu die Auffassung, daß die verschiedenen Räumlichkeiten eines und desselben Gebäudes im Eigentum und Besitz mehrerer Personen stehen könnten[3].

Nach Nassauischer Rechtsauffassung war das Stockwerkseigentum lediglich ein selbständiges, frei veräußerliches und vererbliches, dingliches Benutzungsrecht an Grund und Boden. Häufig war es Miteigentum an einer ganzen Liegenschaft mit bestimmten Sonderrechten der Teilhaber; es konnte auch als bloße Dienstbarkeit bestellt werden[4]. Durch die Ministerialverordnung vom 28. 3. 1827 (Edikt IV S. 282) wurde die Neubegründung solchen unechten Stockwerkseigentums für die Zukunft unterbunden.

In der zum Großherzogtum Hessen gehörigen Provinz Rheinhessen, zu der in dem nach Art. 182 EG.BGB maßgeblichen Zeitpunkt, nämlich am 1. 1. 1900, auch die rechtsrheinisch gelegenen Stadtteile Mainz-Kastel und Mainz-Kostheim gehörten, galt der Code civil, der in seinen Artikeln 664 ff. die Vereinbarung echten Stockwerkseigentums ausdrücklich zuließ. Durch seinen Art. 286 Abs. 1 Nr. 12 hob zwar das Gess. AG.BGB mit Wirkung vom 1. 1. 1900 den Code civil auf; es ließ aber zugleich gemäß Art. 182 EG.BGB das bis dahin begründete Stockwerkseigentum unberührt, wobei es allerdings in den für die Provinz Rheinhessen geschaffenen Sondervorschriften (Art. 209 ff.) die Rechtsnormen des Code civil durch die Art. 216 bis 219 neu faßte und ersetzte.

Gemäß Art. 216 Hess. AG.BGB standen bei dem am 1. 1. 1900 bereits existenten Stockwerkseigentum der Grund und Boden, die Hauptmauern und das Dach sowie die anderen dem gemeinschaftlichen Gebrauch dienenden Bestandteile des Gebäudes und – mangels anderer Vereinbarung – auch der dem gemeinschaftlichen Gebrauch dienende Hofraum im Miteigentum der Stockwerkseigentümer im Verhältnis des Wertes der Stockwerke. Der Anteil der Gemeinschaft galt als wesentlicher Bestandteil des Alleineigentums an dem Stockwerk (Art. 216 Abs. 2 aaO.). Eine Verfügung über den Grund und Boden konnte somit nur zugleich mit einer Verfügung über den Anteil am Gebäude vorgenommen werden. Für die Gemeinschaft der Stockwerkseigentümer galten die §§ 743 Abs. 2, 744 bis

1 Meisner-Stern-Hodes § 3 I.

2 Vgl. Entscheidung des OAppG Berlin in Fenner-Mecke 8/248; Dernburg, Hess. LandesPrivR, S. 202 Anmerkung 52.

3 Vgl. Stobbe, Deutsches Privatrecht II S. 50.

4 Vgl. Sayn, NassPrivR, S. 71 ff.; Rundschau 1910 S. 56.

746, 748 BGB entsprechend. Außerdem hatte der Eigentümer eines jeden Stockwerks den Aufwand für die Erhaltung des Fußbodens, der Decke des Stockwerkes und der Treppe, die von dem unteren Stockwerk zu seinem Stockwerk führte, zu tragen (Art. 217 aaO.). Ferner normierte Art. 218 ein Vorkaufsrecht für die übrigen Beteiligten im Falle des Verkaufs des Stockwerkseigentums. Schließlich war der Stockwerkseigentümer im Falle der Zerstörung oder der Beschädigung des Gebäudes zur Wiederherstellung nicht verpflichtet; im Falle seiner Weigerung, die Wiederherstellung vorzunehmen, mußte er aber auf Verlangen sein Recht gegen Entschädigung an die übrigen Stockwerkseigentümer abtreten.

Im übrigen Großherzogtum Hessen, wo der Code civil niemals in Geltung war, wie beispielsweise in der Provinz Starkenburg, war das Stockwerkseigentum als Gewohnheitsrecht sehr verbreitet, wie der Beschluß des Landgerichts Darmstadt vom 12. 11. 1928[5] feststellte. Somit hatte sich auch im rechtsrheinischen Hessen die deutsch-rechtliche Auffassung von der Zulässigkeit echten Stockwerkseigentums durchgesetzt.

Im Geltungsbereich der Frankfurter Reformation vom 10. 9. 1611 hatte § VI des 6. Theils Titels IV das Stockwerkseigentum verboten. Trotzdem erhielt es sich in der Form der sog. Schirnen. Bei diesen handelte es sich um offene Fleischverkaufsstände, zu denen ein Hackklotz und eine Wand mit Nägeln zum Aufhängen sowie ein Überbau und in der Regel ein darunter liegender Keller gehörten, die in ein fremdes Haus eingebaut waren[6]. An diesen Schirnen bestand ein Sondereigentumsrecht, das vom Eigentumsrecht des Hauseigentümers verschieden war. Die Schirnberechtigung wurde als selbständiges unbewegliches Rechtsobjekt behandelt, welches in den öffentlichen Büchern eigene Bezeichnungen führte und unabhängig vom Recht am Hause veräußert und verpfändet werden konnte[7]. Diese Schirnen sind im Bombenkrieg vernichtet worden. Zugleich sind damit die Schirnengerechtigkeiten untergegangen; wenn nämlich die zu eigen gehörige Sache ihrer Substanz nach untergeht, muß an ihr auch jedes Recht erlöschen, soweit nicht das Gesetz etwas anderes bestimmt. Entsprechend hat auch der Bundesgerichtshof[8] das Erlöschen des dinglichen Wohnrechts im Falle des Untergangs des Gebäudes angenommen. Im Gegensatz hierzu hat ein Urteil des Landgerichts Frankfurt (Main) vom 10. 7. 1958 (Az. 2/4 O 8/56) das Weiterbestehen der Schirngerechtigkeit bis zur Enteignung des Grundstücks durch die Stadt Frankfurt (Main) auf Grund des Aufbaugesetzes bejaht und einen entsprechenden Entschädigungsbetrag zugebilligt. Es ist zu dieser Auffassung gekommen, weil es in der Schirngerechtigkeit kein echtes Stockwerkseigentum auf gewohnheitsrechtlicher Grundlage, sondern ein gewohnheitsrechtlich entstandenes, privates dingliches Nutzungsrecht an fremdem Eigentum gesehen hat. Abgesehen von einer entsprechenden Entschädigungsverpflichtung der Stadt

---

5 Hess. Rechtsprechung 29/11; vgl. auch Wolff, Hess. LandesprivR, S. 202.
6 Bender, Frankfurter Privatrecht 1. Teil S. 884.
7 Seuff. A 9 Nr. 264.
8 Haus und Wohnung 1954 S. 12; DNotZ 54/383; LM 1 und 2 zu § 1093 BGB.

Frankfurt (Main) ist die angeschnittene Frage aber heute müßig, da die Schirnen nicht mehr vorhanden sind.

Das Bürgerliche Gesetzbuch hat das bei seiner Einführung am 1. 1. 1900 kraft Gesetzes oder kraft Gewohnheitsrechts vorhandene Stockwerkseigentum bestehen lassen (Art. 182 EG.BGB); seine Neubegründung dagegen wurde untersagt (Art. 189 Abs. 1 Satz 3 EG.BGB). Nur unechtes Stockwerkseigentum konnte und kann nach wie vor neu begründet werden (Art. 131 EG.BGB).

Inzwischen hat das Bundesgesetz über Wohnungseigentum und Dauerwohnrecht vom 15. 3. 1951 — BGBl. I S. 175 — eine dem Stockwerkseigentum ähnliche, aber mit ihm nicht völlig übereinstimmende Regelung gebracht. In den Vorschriften der Artikel 182 und 189 Abs. 1 Satz 3 und 131 EG.BGB hat sich dadurch nichts geändert[9]. Durch § 63 Abs. 3 WEG hat der Bundesgesetzgeber aber den Landesgesetzgeber zu Vorschriften zwecks Überführung bestehender, auf Landesrecht beruhender Verhältnisse in die durch das WEG geschaffenen Rechtsformen ermächtigt.

§ 1

Überleitungsvorschriften

Sondereigentum an Stockwerken oder Räumen, dem als wesentlicher Bestandteil das Miteigentumsrecht des Sondereigentümers an den gemeinschaftlichen Gebäudeteilen und an der Grundstücksfläche zugehört (echtes Stockwerkseigentum), wird in folgender Weise bei Wohnungen in Wohnungseigentum, bei nicht zu Wohnzwecken dienenden Räumen in Teileigentum im Sinne des § 1 Abs. 2 und 3 des Wohnungseigentumsgesetzes vom 15. März 1951 (Bundesgesetzbl. I S. 175) übergeleitet:

1. **An die Stelle des Stockwerkseigentums tritt Wohnungseigentum (Teileigentum). Rechte und Pflichten der Wohnungseigentümer (Teileigentümer) bestimmen sich nach den Vorschriften des Wohnungseigentumsgesetzes. Insbesondere hat jeder Wohnungseigentümer (Teileigentümer) eine Stimme ohne Rücksicht auf die Größe seines Miteigentumsanteils. Auch ist der Aufwand für die Erhaltung der Treppe von den Wohnungseigentümern (Teileigentümern) nach dem Verhältnis ihrer Anteile gemeinschaftlich zu tragen. Jedoch bleiben früher getroffene Vereinbarungen unberührt, soweit sie nach dem Wohnungseigentumsgesetz zulässig sind; dies gilt auch für die Vereinbarung, wonach der gemeinsam genutzte Hofraum im Alleineigentum eines der Stockwerkseigentümer steht.**

9 Bärmann Anm. 1 zu § 63 WEG, Diester Anm. 2 zu § 63 WEG.

2. **Die Miteigentumsanteile des Stockwerkseigentums werden Miteigentumsanteile des Wohnungseigentums (Teileigentums) entsprechend den Wertverhältnissen der Miteigentumsanteile des Stockwerkseigentums. Sind die Wertverhältnisse der Miteigentumsanteile des Stockwerkseigentums aus dem Grundbuch nicht ersichtlich oder sonst nicht feststellbar, so sind die Wertverhältnisse der Miteigentumsanteile des Wohnungseigentums (Teileigentums) gleich den Wertverhältnissen der Sondereigentumsrechte.**

3. **Ein vor Inkrafttreten dieses Gesetzes von den Stockwerkseigentümern bestellter Verwalter gilt als Verwalter im Sinne des § 26 Abs. 1 des Wohnungseigentumsgesetzes. Fehlt ein Verwalter, so ist ein solcher binnen drei Monaten nach dem Inkrafttreten dieses Gesetzes von den Wohnungseigentümern (Teileigentümern) zu bestellen. Der Antrag nach § 26 Abs. 2 des Wohnungseigentumsgesetzes kann erst nach fruchtlosem Ablauf dieser Frist gestellt werden.**

4. **Nach bisherigem Recht den Stockwerkseigentümern zustehende persönliche Vorkaufsrechte bleiben zugunsten der Wohnungseigentümer (Teileigentümer) bestehen.**

5. **Ist vor Inkrafttreten dieses Gesetzes an dem Gebäude ein Brandschaden eingetreten, der ganz oder teilweise durch eine Brandversicherung gedeckt ist, und weigert sich der davon betroffene Wohnungseigentümer (Teileigentümer), die zerstörten oder beschädigten Gebäudeteile wiederherzustellen, so regeln sich die Rechtsbeziehungen zwischen den Wohnungseigentümern (Teileigentümern) nach bisherigem Recht.**

1. Diese Vorschrift regelt die Überleitung des am 1. 1. 1900 vorhanden gewesenen und noch heute bestehenden, echten Stockwerkseigentums kraft früherer Vereinbarung nach den Bestimmungen des Code civil oder kraft Gewohnheitsrechts, in beiden Fällen mit dem durch die Artikel 216 bis 219 Hess. AG.BGB umschriebenen Rechtsinhalt, in Wohnungseigentum bzw. Teileigentum. Die bundesgesetzliche Ermächtigung hierzu enthält § 63 Abs. 3 WohnungseigentumsG. vom 15. 3. 1951 (BGBl. I S. 175). Im einzelnen gilt folgendes:

   a) An die Stelle des bisherigen echten Stockwerkseigentums tritt nun Wohnungseigentum (Teileigentum) — Nr. 1 S. 1 —, und zwar auch dann, wenn die Wohnungen oder die sonstigen Räume ausnahmsweise nicht besonders abgeteilt sind. Zwar schreibt § 3 Abs. 2 WEG vor, Sondereigentum solle nur eingeräumt werden, wenn die Wohnungen oder sonstigen Räume in sich abgeschlossen sind. Hierbei handelt es sich aber lediglich um eine Sollvorschrift; durch ihr Beiseitelassen sollte jeder Zweifel über die Überführung allen echten Stockwerkseigentums in Wohnungseigentum (Teileigentum) durch dieses Gesetz ausgeschlossen werden.

b) Nach bisherigem Recht standen der Grund und Boden, die Hauptmauern und das Dach sowie die anderen, dem gemeinschaftlichen Gebrauch dienenden Bestandteile des Gebäudes und, falls anderes nicht vereinbart war, auch der dem gemeinschaftlichen Gebrauch dienende Hofraum im Miteigentum der Stockwerkseigentümer im Verhältnis des Wertes der Stockwerke. Entsprechend beinhaltet das Wohnungseigentum (Teileigentum) neben dem Sondereigentum an einer Wohnung (an nicht zu Wohnzwecken dienenden Räumen) das Miteigentum an dem gemeinschaftlichen Eigentum, zu dem es gehört (§ 1 Abs. 2 und 3 WEG), nämlich an dem Grundstück, sowie an den Teilen, Anlagen und Einrichtungen des Gebäudes, die nicht im Sondereigentum und nicht im Eigentum eines Dritten stehen (§ 1 Abs. 4 WEG); Miteigentum besteht hiernach am Grund und Boden, an den für Bestand oder Sicherheit des Gebäudes erforderlichen Gebäudeteilen (an den Fundamenten, der tragenden Konstruktion, den Außenwänden, dem Kamin, dem Dach), ferner an Anlagen und Einrichtungen, die dem gemeinsamen Gebrauch der Miteigentümer dienen (am Treppenhaus, an der Waschküche, am Trockenboden, an Wasserleitungen, Gas- und Heizungsanlagen, elektr. Installation), weiter an allen vom Sondereigentum ausgenommenen Gebäudeteilen sowie an den nicht zum Gebäude gehörenden Anlagen (§ 5 WEG). Soweit vereinbarungsgemäß der gemeinsam benutzte Hofraum nicht im Miteigentum der Stockwerkseigentümer steht, ändert sich hieran nichts (Nr. 1 S. 5 2. Hälfte).

c) Der Anteil der Gemeinschaft galt nach Art. 216 Abs. 2 Hess. AGBGB als wesentlicher Bestandteil des Alleineigentums an dem Stockwerk. Zum gleichen Ergebnis führt § 6 WEG, der Sondereigentum und Miteigentumsanteil untrennbar miteinander verbindet.

d) Die Rechte und Pflichten der bisherigen Stockwerkseigentümer und jetzigen Wohnungseigentümer (Teileigentümer) bestimmen sich nun nach den Vorschriften des WEG (Nr. 1 S. 2). Allerdings bleiben früher zwischen ihnen getroffene Vereinbarungen grundsätzlich, d. h. soweit sie auch nach den Vorschriften des WEG zulässig sind, wirksam. Auf die Gemeinschaft der Stockwerkseigentümer fanden die §§

743 Abs. 2, 744 bis 746, 748 BGB entsprechende Anwendung (Art. 217 Hess. AG.BGB); auch nach § 10 Abs. 1 S. 1 WEG bestimmt sich das Verhältnis der Wohnungs-(Teil-)eigentümer zueinander, soweit das WEG nicht anderes bestimmt, nach den Vorschriften über die Gemeinschaft (§§ 742 ff. BGB). An die Stelle des bisher anwendbaren § 745 Abs. 1 BGB ist aber nun § 25 Abs. 2 WEG getreten, der jedem Wohnungseigentümer (Teileigentümer) nur ein Stimmrecht zubilligt. Ferner ist die Vorschrift des Art. 217 Abs. 2 Hess. AG.BGB, die den Aufwand für die Erhaltung der Treppe zwischen zwei Stockwerken dem oberen Stockwerkseigentümer aufbürdete, durch § 16 Abs. 2 WEG ersetzt, wonach die Kosten der Instandsetzung, Instandhaltung, sonstigen Verwaltung und des gemeinschaftlichen Gebrauchs des gemeinschaftlichen Eigentums von den Wohnungseigentümern (Teileigentümern) gemeinschaftlich nach dem Verhältnis ihrer Anteile zu tragen ist.

e) Die bisherigen Miteigentumsanteile des Stockwerkseigentums werden in gleichem Umfang zu Miteigentumsanteilen des Wohnungs-(Teil-)eigentums. Ist die Größe dieser Anteile weder aus dem Grundbuch noch in sonstiger Weise (zum Beispiel durch Urkunden) feststellbar und kommt es zwischen den beteiligten Wohnungs-(Teil-)eigentümern nicht zu einer Vereinbarung darüber, so muß eine Entscheidung des ordentlichen Gerichts herbeigeführt werden; maßgebend sind die Wertverhältnisse der bisherigen Sondereigentumsrechte (Nr. 2 S. 2).

f) Ein Verwalter war nach dem hessischen Stockwerksrecht nicht vorgesehen. Nach § 20 Abs. 2 WEG kann aber seine Bestellung nicht ausgeschlossen werden. Daher bestimmt Nr. 3, daß ein bei Inkrafttreten des Überleitungsgesetzes bereits vorhandener Verwalter als Verwalter im Sinne des § 26 Abs. 1 WEG gilt, daß aber im übrigen der Verwalter binnen 3 Monaten nach Inkrafttreten des Gesetzes von den Wohnungs(Teil-)eigentümern bestellt werden muß, widrigenfalls der Antrag nach § 26 Abs. 2 WEG zulässig wird.

g) Art. 218 Hess. AG.BGB räumte den Stockwerkseigentümern ein persönliches, vererbliches Vorkaufsrecht ein. Diese Rechtsstellung ist durch Nr. 4 aufrecht erhalten.

h) Art. 219 Hess. AG.BGB regelt die Rechtsverhältnisse der Stockwerkseigentümer bei Eintritt eines Brandschadens. Mit Rücksicht auf § 22 Abs. 2 WEG werden solche bei Inkrafttreten des Gesetzes etwa bereits entstandenen Rechte und Pflichten durch Nr. 5 aufrecht erhalten.

§ 2
Grundbuch

Wird die Berichtigung des Grundbuchs beantragt, so gilt § 7 Abs. 1 bis 3 und Abs. 5 des Wohnungseigentumsgesetzes entsprechend.

1. Diese Vorschrift normiert die grundsätzliche Anwendbarkeit der auf das Grundbuchverfahren sich beziehenden Bestimmungen des WEG, die im Falle einer vertraglichen Begründung von Wohnungseigentum (Teileigentum) für die grundbuchliche Durchführung der Vereinbarung bestehen. Von der entsprechenden Anwendung ist nur § 7 Abs. 4 WEG ausgenommen, da § 7 Abs. 4 Nr. 1 WEG mit Rücksicht auf die hier erfolgte Schaffung von Wohnungseigentum (Teileigentum) kraft Gesetzes ohnehin nicht anwendbar ist, während § 7 Abs. 4 Nr. 2 WEG dieser Vorschrift aus dem oben in § 1 Anm. 1 a angeführten Gründen von der Anwendung ausgeschlossen worden ist.

§ 3
Geschäftswert und Gebühren

Wird die Berichtigung des Grundbuchs binnen zwei Jahren nach Inkrafttreten dieses Gesetzes beantragt, so beträgt der Geschäftswert für die Berechnung der Gebühren der Gerichte und Notare $^{1}/_{25}$ des Einheitswerts. Ferner ist nur die Hälfte der nach diesem Geschäftswert ermittelten Gebühren zu erheben.

1. Die möglichst baldige Berichtigung der durch die Überleitung nach § 1 unrichtig werdenden Grundbücher durch die Berechtigten liegt im Interesse weiterer Rechtsvereinheitlichung und weiterer Beseitigung partikularrechtlicher Rechtsinstitute. Durch eine zeitlich begrenzte Herabsetzung des Geschäftswerts und der Gebühren war für die Beteiligten ein Anreiz gegeben, die Berichtigung des Grundbuchs möglichst bald nach Inkrafttreten des Gesetzes zu veranlassen. Entsprechende Vergünstigungen hatte auch der Bundesgesetzgeber zwecks Förderung der Begründung von Wohnungseigentum (Teileigentum) in § 63 Abs. 1 und Abs. 3 WEG gewährt.

§ 4
Aufhebung von Vorschriften

Die Art. 216 bis 219 des Hessischen Gesetzes, die Ausführung des Bürgerlichen Gesetzbuches betreffend, vom 17. Juli 1899 (Hess. Reg.Bl.

S. 133), werden, vorbehaltlich des § 1 Nr. 4 und 5 dieses Gesetzes, aufgehoben.

1. Diese Vorschrift stellt noch klar, daß etwaige, nach bisherigem Recht begründete Rechte (Vorkaufsrechte, Ansprüche auf Grund eines Brandschadens – § 1 Nr. 4 und 5 –) von der Aufhebung der Art. 216 bis 219 Hess. AG.BGB nicht berührt werden.

§ 5

Inkraftttreten

Dieses Gesetz tritt am 1. April 1962 in Kraft.

WORTREGISTER

Einl. = Rechtsquellen S. 1 ff.

E = Einführung vor dem Abschnitt

Die Zahl vor dem Komma heißt §, die Zahl dahinter nennt die Anmerkung

(Beispiel: 3,2 = § 3 Anm. 2)

FSC
www.fsc.org
MIX
Papier | Fördert gute Waldnutzung
FSC® C083411

Kolibri 360 GmbH
Ferdinand-Jühlke-Straße 7
99095 Erfurt, Deutschland
produktsicherheit@kolibri360.de